装版

四柱推命の
と真実

星龍

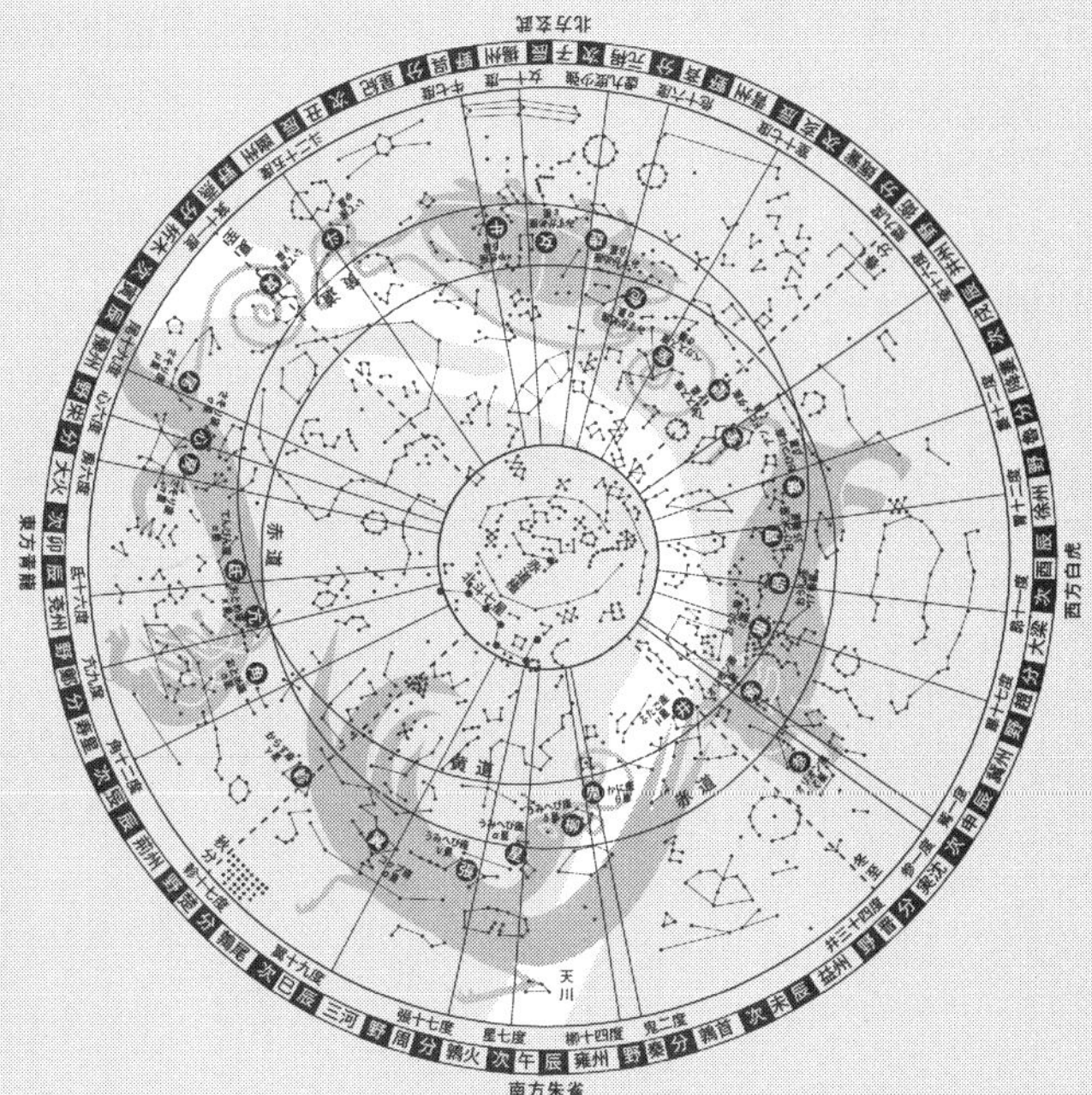

八幡書店

四柱推命の謎と真実

はじめに

台北の観光地として有名な龍山寺の近くに、「進源書局」と云う〝占い関係の本〟ばかりを扱う専門書店があります。日本にもいくつかの〝占い関係の本〟を主体とする書店はありますが、品ぞろえの豊富さや、中華圏全ての書籍をカバーしているという点で、進源書局に並ぶ書店はありません。

その「進源書局」では、インターネットによる書籍販売も行っていますが、その項目別で「四柱推命」に該当する「八字叢書」には、七百点以上の書籍が表紙画像付きで掲載されています。つまり、そのくらいの数の推命学書は通販で入手することが可能だということです。

ちなみに日本の某古書店で毎年発行している『運命学書基本目録』に掲載されている推命学書（「算命学」を含む）は二百点弱ですが、その内、一般書店でも入手可能な書籍は五十点にも届きません。それくらい日本では、台湾や香港などの中華圏に比べると「四柱推命」への関心度は低いようです。

さまざまな理由はあると思いますが、その一つに日本人の〝占い愛好者〟の多くが女性に偏っていることも大きいのではないかと私には思われます。推命学のような〝理論的な占い〟は、感覚的に占いを受け入れている日本女性には〝難しい〟と敬遠されることも多いからです。

実際、中華圏の国々へ行って私が感じたのは、男性が〝占い書籍を読んでいる〟ケースが極めて多いということです。何故か「占い書籍」のコーナーで、若い女性の姿を見ることは少なく、真面目そうな男性、或いは知的な雰囲気を持っている男性たちが立ち読みをしている姿を見掛けることが多かったものです。

今日まで、日本で市販された「四柱推命」の関連書籍を調べてみても、若い女性をターゲットとした入門書的書籍が多く、そうでなければ分厚く高価で〝上から目線の専門書〟で、現代の日本人に理解しやすいような形で〝知的好奇心を満たしてくれる〟真摯な推命学書は存在していないように思うのです。

また頭から〝既存の推命学〟を絶対視し、五百年以上経過した現代においても、中国・明代に著述された『滴天髄』のみが正しく、それ以外の推命学手段を認めない、というような方に、本書は理解できないと思われます。

その一方、これから述べていく「推命学の世界」は、お手軽な〝占いサイト〟や〝女性向け雑誌〟と同じように気軽な感覚で踏み込むと、たじろいでしまう「領域」が、幾分かは含まれているかもしれません。それは、この本が扱っている「占い領域」が、ただ単に占い師に観てもらう立場としての占いではなく、自ら学んでみる、或いは占ってみる、さらには研究してみる立場での占いを意図しているからです。

今回は「四柱推命」の世界を通して、古代文明も含めた「謎と真実」の姿を、読者と一緒に探索していくことになります。私は幼い頃から「占いが好き」というより、どうして人間には「運命が存在しているのか」に興味を持つ〝変わった少年〟でした。そして早くも十歳の時には、将来プロ占い師になって「運命の謎を解き明かそう」と勝手に決めていたものです。

「運命の謎」それ自体にメスを入れることが出来るのは「四柱推命」以外にはありません。

やがて成人して後、普通の会社勤めも経験しましたが、結局、母の惨死などあって運命の糸に導かれるように「プロ占い師」となり、今日に至っています。ＰＣ・携帯電話の〝占いコンテンツ〟も多数提供しておりますし、雑誌・新聞の占い連載も持ち、ＴＶ出演も十数回あり、単行本も各種占いを著述していて、本書で七冊目となります。

占いというものを、研究者としても、実占家としても、十分に熟知したうえで「謎と真実」の扉を開こうとしているのです。誰もが手を付けなかった「四柱推命」の〝妖しさ〟〝不思議さ〟に、メスを入れようとしているのです。

これまで「四柱推命」という占いは、先哲たちによって鉄壁のガードで守られ、妖しく不思議な〝真実の姿〟を垣間見ることは許されませんでした。強固な理論武装が「四柱推命」をベールで被い隠し、すべてをバラバラに分解して〝仮面の奥を覗く〟ことを許さなかったのです。

本書は、秘められてきた「四柱推命」のすべての疑問に答えていきます。

プロの占い師も、占いの研究生も、普通の占い愛好者も、異口同音に「むずかしい」と答えるのが「四柱推命」占いです。その名称として「子平推命《しへいすいめい》」と呼ぶ方や、「命理《めいり》」「八字《はちじ》」「算命学《さんめいがく》」と呼ぶ方もいます。最初のうち、慣れない漢字や用語が沢山出て来るので、まごついてしまうのは仕方がありません。

私が教えている占い教室でも、最初はほとんどの方がそのような印象から入ります。けれども、四柱推命で用いる漢字や用語に慣れて来るにしたがって、眼を輝かせてくる方が多いのも、この占いの特徴です。

確かにＴＶや雑誌の簡略化された占いに比べると、難しい雰囲気を漂わせていますが、漢字や用語に慣れてしまえば、一つ一つ具体的な意味を知ることが出来れば、特別、難しい占いではありません。実に合理的で興味深い〝組み立て〟を持っているパズルのような占いだからです。そして「東洋の占い」と誤解されていますが、本当は西洋占星術を背景として成立・発展した経緯もあるのです。

「四柱推命」成立の謎めいた経緯と、不可思議な真実を語りながら、興味深く〝信じがたい事実〟を、次々と証拠を掲げながら解説したいと思っています。そうすることで、新たな視点から先哲たちが捉えた「運命」の全体像と、その対処法を知ることが出来るからです。

既に「四柱推命」の知識を持っている方には、新たな角度からの「十干《じっかん》・十二支《じゅうにし》」「蔵干《ぞうかん》」「月令《げつれい》」「通変《つうへん》」「格局《かくきょく》」「用神《ようじん》」について解説し、そのそれぞれに対し「目からウロコ」の真実まですべて公開いたします。

実占家として数十年にわたって集めたデータや、内外で出版されてきた百冊以上の推命書も参考にしながら、誰が読んでも理解できるよう、やさしく、興味深く、誰も書かなかった謎と真実を解き明かしていきましょう。

目 次

第3章　十干・十二支に潜む謎と真実

第8章 「用神」と呼ばれるものの正体

第1章　東洋占術の最高峰「四柱推命」の仮面

東洋占術の中で最高峰に位置する「四柱推命」占いですが、実はさまざまな「謎と疑惑」を抱えた占術でもあるのです。例えば、推命学が現代のような占い方として定着したのは十七世紀で、まだ五百年も経っていない歴史の浅い占いなのです。プロの占い師たちでさえ知らない「四柱推命」の成り立ちと裏側を、歴史的な裏付けを基に興味深く解き明かしていきましょう。

●あなたは「四柱推命」占いを知っていますか？

この本を読まれる方の多くは、一般に日本で「四柱推命《しちゅうすいめい》」と呼ばれる占いに関して、一度は目にされたり、耳にされたことがあるでしょう。東洋系の占いとしては最高峰の理論と伝統を持ち日本だけでなく中華圏で幅広く信じられ、実践されている占いです。「干支暦《かんしれき》」と呼ぶ特殊な暦を用いて、個々の生年月日時を十《じっ》干《かん》・十二支《じゅうにし》に置き換え、「命式」と呼ばれる【出生図表】を作成し、それを運命判断の手掛かりとします。

生年月日時に基づく点では西洋のホロスコープ占星学と似ていますが、ホロスコープが実際の惑星を扱う「天文暦」を手掛かりとするのに対し、四柱推命は実際には存在しない陰陽・五行・干支を基にした「干支暦」を手掛かりとしている点で、まったく雰囲気の異なる推命学（人間の運命を生年月日時から推し量る占い）となっています。

この本を読まれる方の中には、既に「四柱推命」による占いを体験されている方も多数おられることでしょう。さらに現在「四

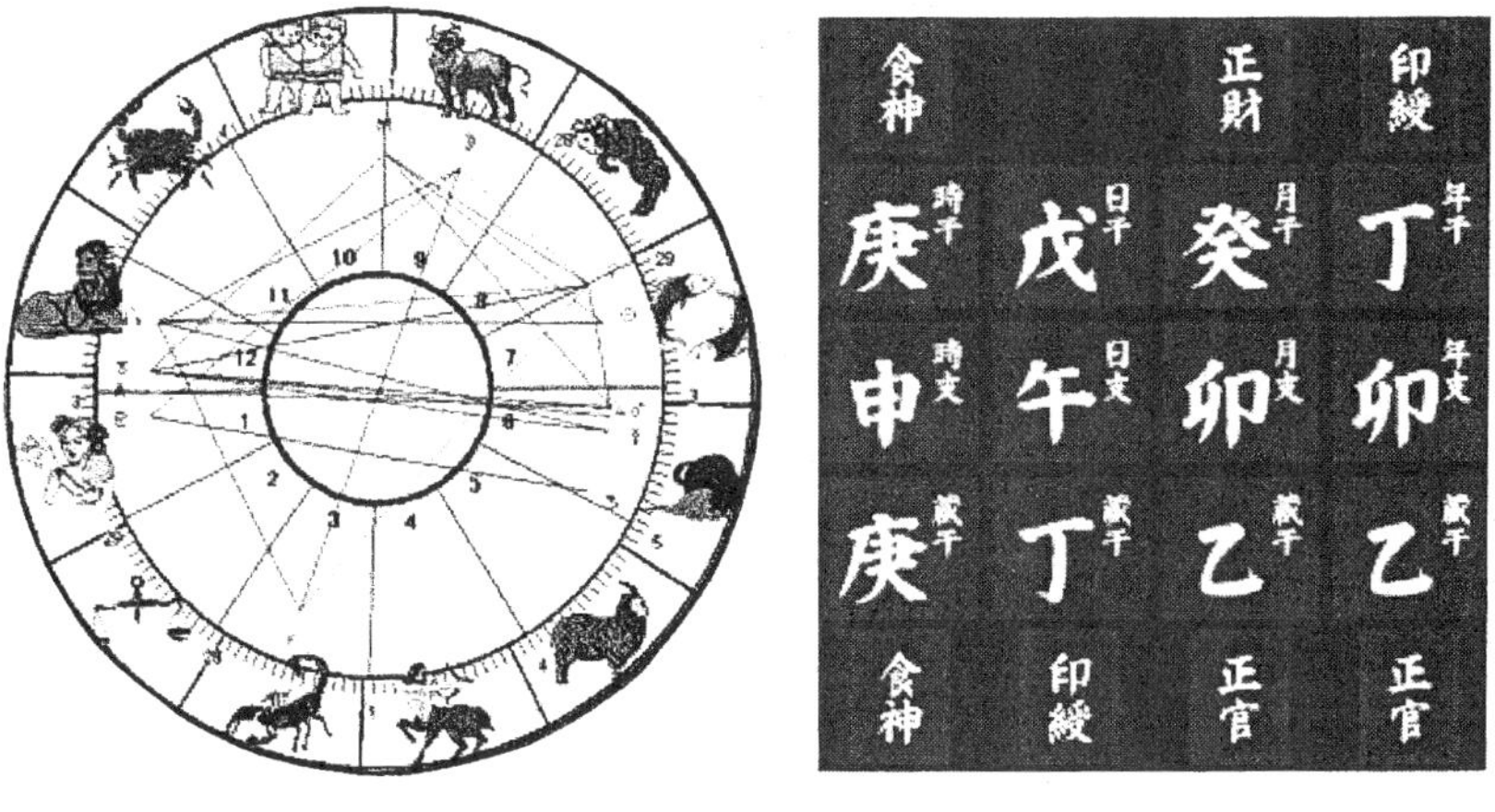

【図表1】「天文暦」に基づくホロスコープ（左）と「干支暦」に基づく四柱命式（同一人物）の例

柱推命」を学ばれている方、長きにわたって研究・実践されてきた方もいるものと思われます。

本書を読み進めばわかりますが、そういう方達がイメージする「四柱推命」と、本書の内容とはかなり違っているはずです。それは、ほとんどの推命学の本が、既存の四柱推命占いを肯定する側に立って、〝既に完成された占術〟として記されているのに、本書では、必ずしもそういう観点から記述されない部分もあるからです。

私は過去に、我が国でも、台湾でも、シンガポールでも、インドネシアでも、推命学による占いを受けたことがありますが、それぞれの地域で行われている推命方法は微妙に異なり、同じ四柱推命（子平推命《しへいすいめい》・算命学《さんめいがく》）でも、流派（門派）により「命式《めいしき》」も違えば、その判断方法も大きく異なっていました。おそらく皆さんも、さまざまな推命家に鑑定を受けられれば感じられると思いますが、四柱推命ほど占い師によって吉凶判断が大きく分かれる占術も少ないものです。

けれども、だからと言って巷に出回っているさまざまな「四柱推命」を、批判しようとする目的で書かれた本ではありません。日頃「四柱推命」を実践している立場の私が、永年の研究者・実占家なら誰もが感じるはずの疑問や問題点を正直に告白し、そもそもどのような〝組み立ての占い〟なのかを見つめ直し、いったんすべての〝部品〟をバラバラに戻して原点に立ち返り、「陰・陽」「五行」「十干・十二支」「蔵干《ぞうかん》」「月令《げつれい》」「通変《つうへん》」「神殺《しんさつ》」「格局《かっきょく》」「用神《ようじん》」のすべてを裸にして再構築しながら、どうすれば〝個々の運命が本当に見えて来るのか〟、どうすれば〝運命を根底から変えられるのか〟、改めて問い直そうとしているにすぎません。

そういう基礎的な検証が行われてこなかったことが、「四柱推命」に多くの誤解と錯覚を与えたのです。或る種、権威的な押し付けが「四柱推命」を複雑にし、抽象化し、理論倒れの占術へと駆り立てていったのです。

日本では、大きく分けて三系統の「四柱推命」が普及しています。

まず、主として「通変星」「十二運」「神殺」に基づく推命学で、どちらかというと明代（十四世紀）までの中国で用いられた推命方式です。次に、「五行強弱」→「格局」→「用神」へと進んでいく推命学で、明代以降の中華圏で広く用いられてきた推命方式です。そしてもう一つは日本で「算命学」と呼ばれている推命学で、星の名称は違っているのですが、基本的には明代までの推命学と同系列の推命方式です。但し、一般の推命学にない〝種々の技法〟を備えていること、生年月日だけで〝出生時刻を省いている〟点に特徴があります。

「四柱推命」という占術は、今日でこそ一般の方でもその名を知る人が多くなりましたが、私が研究を始めた四十数年前までは、どちらかといえば〝珍しい特殊な占い〟に属する占術でした。江戸時代に『推命書』（桜《さくら》田虎門《だこもん》著）と呼ばれる翻訳書が出版されていますが、日本ではその後の空白期間が長く、実占的研究者が限られていたせいです。私がまだ十代だった頃、一般書店で市販されていた教科書と言えば、『生れ日の神秘・四柱推命学』（高木乗著）くらいのものだったのを憶えています。

最初に取り組んだのが十代だった私は、四柱推命で用いる見慣れない漢字や用語に戸惑いを隠せませんでした。読み進むのがやっとで、難解な用語や漢字が私の行く手に立ち塞がって十分消化できなかったのです。さらに私の場合、中華圏のホロスコープ「紫微斗数《しびとすう》」占いを先に習得していたせいで、理論的に複雑な四柱推命は後回しとなり、なかなか実占するまでには至りませんでした。私が実占の現場でも徐々に四柱推命を使い始めたのは、二十代後半だったかもしれません。

ただ四柱推命の良いところは、いったん身に付くと短時間で【出生図表】としての「命式」が作れ、大まかな性格や運命が即断しやすいことです。西洋式ホロスコープや中国式ホロスコープ「紫微斗数」の場合は、手書きなら【出生図表】の作成に手間取るのですが、四柱推命にはそれがありません。実占の場で、短時間に運勢を即断しなければならない時等には大変便利なのです。

私が占い教室で教える時にも、西洋占星学を学ぶか四柱推命を学ぶか迷っている人には、四柱推命の方を奨めています。実占家としてすぐに役立つのは、ホロスコープより四柱命式だからです。じっくり取り組むならホロスコープは有効なのですが、或る段階までなら四柱推命の方が早く身に付きます。もっとも、四柱推命や易占等の東洋系占術は奥が深いので、中級以上まで進むと、今度は逆に難しく迷い始めるのが普通です。

●あなたの知らない「もう一つの四柱推命」

先に日本で普及している三系統の推命学について述べましたが、それはあくまで大まかな分類で、実際にはもう少し複雑です。この主要な三系統には属さない四柱推命も存在するからです。

例えば「四柱」では物足りず、二時間ごとの出生時刻を細分し、新たな干支を与え「五柱」として判断する研究者もいます。生月干支を基に「次元星」と呼ぶ新たな干支を与え「五柱」として判断する研究者もいます。

新たに加えるのが干支ではなく、各柱に気学・遁甲で用いる「九星（九宮）」を与え「命宮」を表出して判断する研究者もいます。各柱に「九星（九宮）」を与えるまでは同じですが、それを八卦に置き換え、合わせて判断する研究者もいます。

通常の「干支暦」構造そのものに疑問を抱く推命家もいて、その一部を入れ替え「黄帝暦」として使用している推命家もいます。一年の起点を「立春」でなく、「冬至」において推命している研究者もいます。中華圏で「星平参合《せいへいさんごう》」と呼ばれる〝二占術を組み合わせた推命〟方法で、「紫微斗数《しびとすう》」（ホロスコープ）と「四柱推命」を合わせて判断する研究者もいます。同じように〝二占術を組み合わせた推命〟方法で、「星平会海《せいへいかいかい》」と呼ばれる「七政四余《しちせいしよ》」（ホロスコープ）と「四柱推命」を合わせて判断する研究者もいます。

通常の十干や十二支と違って、陰陽・五行の法則を無視した〝十干関係〟を取り入れている研究者もいます。

さらに年干支から「納音《なっちん》」と呼ばれるものを出して判断に組み込む研究者もいます。出生月と出生時刻を組み合わせ「本命宮《ほんめいきゅう》」と呼ぶものを表出して判断に組み込む研究者もいます。

このように、実にさまざまな判断方法を用いる四柱推命や、その実践家達が存在しているのです。

実は、このような傾向は近年になって起こった現象ではなく、中国で四柱推命が本格的に普及しだした明代（一三六八～一六四四年）から既に存在していました。当時の文献には「十三家の子平」という記述が見受けられます。つまり「十三の流派に分かれた四柱（子平）推命」という意味です。しかも、その多くの流派の技法・理論は、残念ながら現代まで継承されていません。

なぜ、このようにさまざまな判断方法が存在しているのかというと、四柱推命にはいくつかの〝致命的な弱点〟が存在しているからです。

その一つは、単純な観方を用いる〝やさしい四柱推命〟の場合、大まかな吉凶は理解できても具体的事象は読み取りにくいからです。さらに上級者向けともいえる〝難しい四柱推命〟でもその点は解消されず、吉凶と

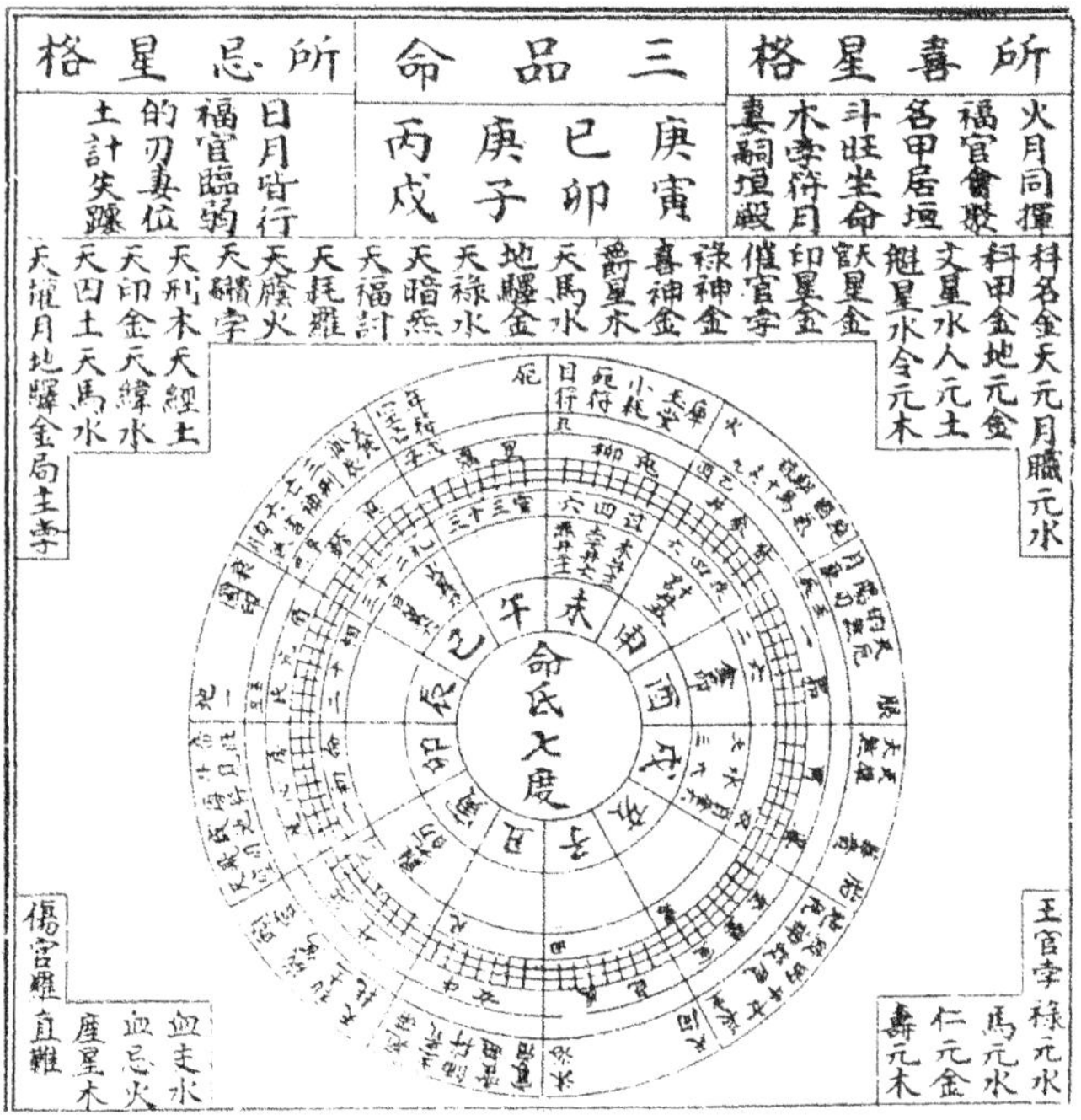

【図表2】上は珍しくイラスト化されている「納音」のテキストの一例
下は『張果星宗大全』に掲載された〝二占術〟を組み合わせた一例

人生の大要は判断出来ても、具体的事象については、やさしい観方と大きな違いはなく、実占面での〝統一基準を作れないでいる〟のが実情です。

もう一つの問題は、世間一般の捉え方として四柱推命は論理的・合理的な占術であると思われていますが、実際には肝心な部分があいまいで、理論的に判然とせず、矛盾した解釈や観方がいくつもあって、学習や研究が進めば進むほど、古典的な原書と格闘することが多くなるものです。

これは西洋占星学でもいえることですが、解釈や判断方法が複雑だからと云って、実践的に優れているとは限りません。明快な理論と判断の方法があれば、いたずらに難しく複雑化してしまう必要はないのです。

ところが推命学や占星学の権威者は、時として自ら〝迷宮を作り上げていく〟ところを持っています。

例えば、昭和を代表的する推命の研究団体であった香草社（東洋五術協会）では、昭和四十年代から毎年のように〝四柱推命の専門書〟を出し続けていますが、いまだに完結を見ていません。何十年経っても完結できない運命学では、人々を本当に救うことは出来ません。同じようなことは総計二十二巻の阿部泰山《あべたいざん》全集にも、武田考玄《たけだこうげん》著作集にも言えます。特に香草社の本は、何万円もする高価で立派な本ばかりですが、文字数が極端に少なく、無味乾燥な記述ばかりで頭に入りにくく、そこから優秀な実占家を輩出したという話を聞きません。迷宮のような古典的な推命理論で〝運命を読み取ることのむずかしさ〟を教えているとしか思われません。

私がこの本を書く動機の一つは、そういう迷宮に誘い込む「四柱推命」の仮面を剥いで、その素顔を曝《さら》しだし、もっと明確でわかりやすく、誰もが理論的に納得でき、習得しやすい方法論を探し出すことでした。

また、これまで隠されてきた東洋と西洋の融合が編み出した〝四柱推命の正体〟を明らかにし、運命の構造がどうなっているのか、どうすればより良い運命を歩むことが出来るのか、ゼロから再構築することでした。

そして、その鍵の第一は、意外にも古代王朝にあったのです。

●殷王朝の呪術思想が形になった「生まれ日」判断

中国の実質的な歴史は四千年前の「夏《か》王朝」に始まります。それに続いたのが「殷《いん》（商）王朝」で、その後「周《しゅう》王朝」→「戦国時代」→「秦《しん》王朝」→「前漢《ぜんかん》王朝」へと続いていきます。

これら王朝の中で、推命学で用いる「六十干支」の暦を最初に使用したのは「殷（商）王朝」でした。干支による暦だけでなく、どの王朝よりも占いを尊重・神聖視し、占いや祭祀と真摯に取り組み、〝呪術王朝を作り上げた〟のが殷（商）王朝でした。「殷墟」と呼ばれる遺跡地帯からは、十五万余ともいわれる「甲骨文字《こうこつもじ》」文書が発見されていますが、その九割は占いと祭祀に関しての文書です。因みに、日本では遺跡地域名から「殷王朝」と呼ばれることが多いのですが、彼ら自身による正式王朝名は「商」です。

古代文明に属するのは「夏王朝」→「殷（商）王朝」→「周王朝」の三王朝です。その初期三王朝の系譜を見比べていただけばわかるように、三王朝の中で唯一「十干を含む王名」で統一されているのが殷（商）王朝です。先を行く夏王朝の系譜にも、後を継いだ周王朝の系譜にも、十干王名を継続させる風習はありません。

殷（商）王朝だけが、必ず「十干を含む王名」となっているのです。五百年余とも目される長い王朝期間、それは誰一人の例外もなく継承され続けたのです。もちろん、意味もなく「十干の王名」にしているはずがなく、各王は「干支暦」による〝それぞれの十干日に出生した王〟との仮説が有力です。

中国の古代史書として有名な司馬遷《しばせん》の『史記《しき》』にも、《字は「上甲」、その母「甲」の日を以って産むの故なり。「商」の家は児を産むと、「日」を以って名と為す》と記されています。つまり、「商」王朝の家系では、伝統的に男児を出産した場合、「干支暦」の十干日を組み入れて「幼名」を与える、というのです。

また数多くの神話伝承を伝える古典『山海経《せんがいきょう》』の注にも、《十子を生み、各々日名をもってこれを名付くるを言う》との記述が見受けられます。「十干の王名」は、出生時点で与えられていたのです。

さらに殷（商）王朝における実際の甲骨文書の中で、先祖の王達を祭祀する場合、必ず、王名と同一の「十干日」に行っていたことが確かめられています。「殷（商）」という呪術王朝では、ことさら自分たちが発明し

	夏王朝	殷王朝	周王朝
1	禹	天乙	文王
2	啓	太丁	武王
3	太康	外丙	成王
4	仲康	太甲	康王
5	相	沃丁	昭王
6	少康	太庚	穆王
7	杼	小甲	共王
8	槐	雍己	懿王
9	芒	太戊	孝王
10	池	仲丁	夷王

【図表3】初期三王朝の王名比較
殷（商）王朝のみ「十干王」が続く。

た〝干支暦法による暦日〟が神聖視されていたのです。

なぜ出生日の「十干」を王名に附したのかというと、個々の出生日に出現する太陽には個別の「太陽神霊」が備わっていると見立てていて、その太陽神霊を〝姓名に宿そう〟という意図があったためです。「十干」それぞれ〝十種類の神霊〟が存在し、「干支暦」として循環する〝同一の十干日〟に、再びその太陽神霊は出現する、と捉えていたようです。つまり「十干・太陽神」としての〝能力〟や〝魔力〟が、その日に産まれた王子にも宿っているはず、と信じていたからです。

それは結果的に干支暦上の個々の十干が、神霊・魔力を反映した「十個の太陽」として捉えられていたことを意味します。そして王名に十干は含ませても、十二支を含ませていないのは、十二支の方は太陽神そのものとは捉えていなかったからです。

張揖《ちょうゆう》撰の字書『広雅《こうが》』には、《甲乙を幹となす。幹（干）は「日」の神なり。寅卯を枝となす。枝（支）は「月」の霊なり》と記されていて、十干が「太陽神」、十二支が「月の精霊」であることを示唆しています。

歴史学的には、完成された甲骨文字や干支暦の発明は、今から三千五百年以上前の「殷（商）王朝期」と目されています。推命学で今も用いる「十干」「十二支」の組合せによる「干支暦」の誕生は、そのまま殷王朝の〝十干王名による系譜〟として、さらに〝卜占を行う日付〟として、重要な役割を甲骨文の中で果たしています。殷の遺跡からは、甲骨文字による占い記録だけでなく、完全な原初「六十干支表」も見つかっています。

これまでの推命学の本では、「十干」を「幹」とし、「十二支」を「枝」とし、十干・十二支＝幹・枝として、

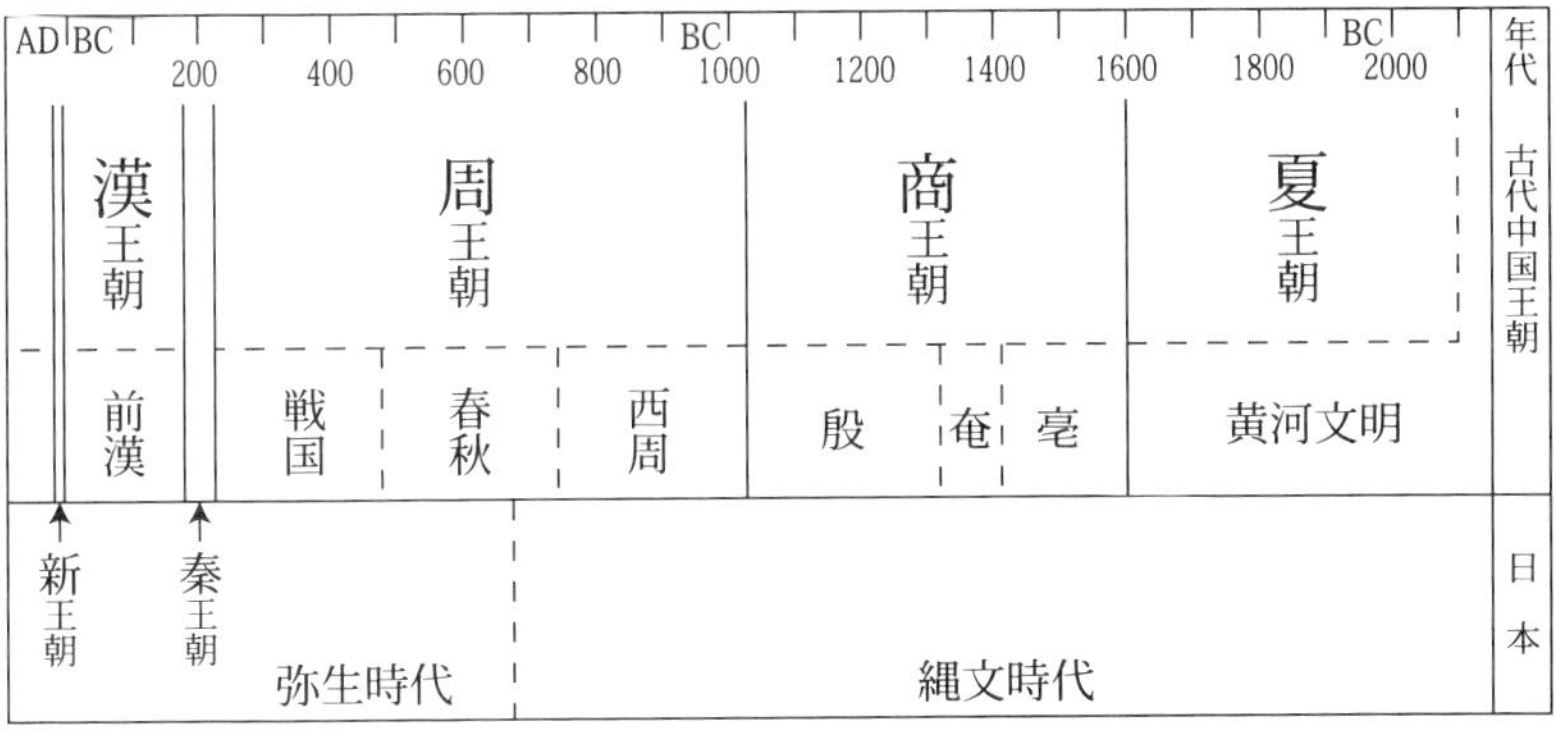

初期王朝の歴史的な時代区分

『中国甲骨学史』より転載

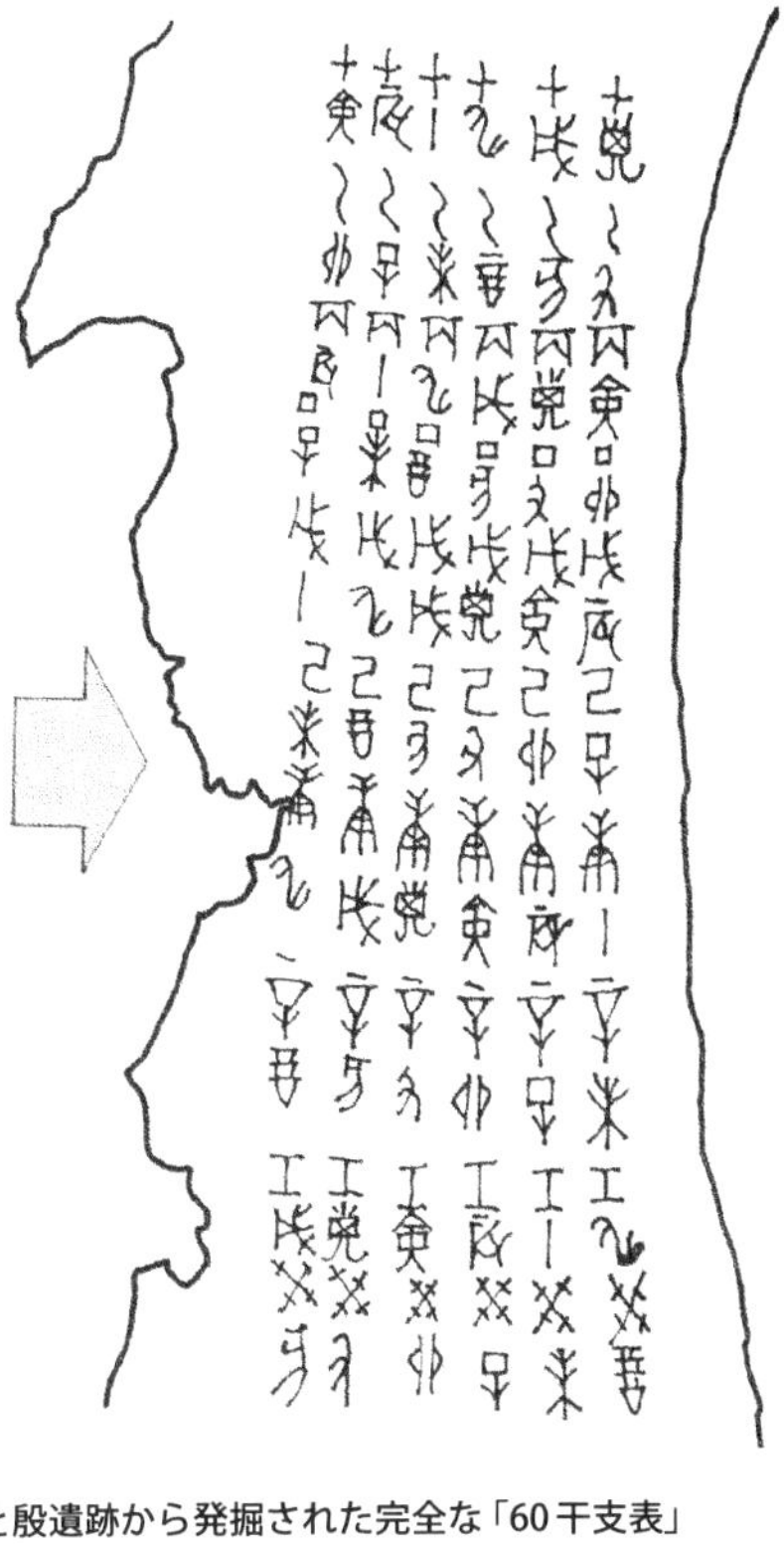

【図表4】初期王朝の歴史的な時代区分と殷遺跡から発掘された完全な「60干支表」

古代から扱われてきたと教える本が少なくありません。けれども、それだけでは正しくないのです。確かに、今から二千年前の漢代以降「十干・十二支」は、「十幹・十二枝」として扱われてきました。けれども同時に、それよりも千年以上前の誕生である「干」は〝日の神〟として、「支」は〝月の霊〟として扱われていた王朝期があったことも伝承されていたのです。

実際、「十干・十二支」は、原初から「十幹・十二枝」だったのではなく、漢代以前は「十母・十二子」として扱われ、さらにそれ以前の殷（商）代には「十日・十二辰」と記されていたことが判明しています。元々「象形文字」の一種である甲骨文字表記では、「日」は「太陽」を表す象形文字です。また「辰」は「月（太陰）」と関係が深い「大蛤《おおはまぐり》」の象形文字です。

つまり殷（商）王朝においては、十干はあくまでも「十種類の太陽」であり、十二支は「十二朔望月の月（太陰）」を表し、「大蛤の象形」が意図していたのは「新月（厳密に言えば、その直前の姿）」なのです。

もちろん殷（商）王朝の各王は、各種伝承にある如く、それぞれの出生日に基づいて「十干王名」を与えられたと推定されます。それは「殷（商）王朝」が、自分たちを〝「太陽王」一族〟として意識し、その自覚と継承とがあったからです。十干である「甲」から「癸」まで、十種類どれかの〝太陽神としての性質や能力〟が、神霊として出生時に授けられた王子たち、と見做《みな》していたからに違いありません。

奇妙なことには、このような出生日干に基づく〝性質・能力の伝授〟は、そのまま現代の「四柱推命」が、出生日の十二支ではなく、十干を「我」と観立てて、十干の性質・能力が先天的に与えられている、という仮説から、推命学理論をスタートさせているのと同様な発想なのです。

殷（商）王朝一族の発想を、偶然にも三千五百年以上の時を経て、我々は無意識に継承する形で推命学を実占していたのです。しかも、もっと奇妙なのは、殷（商）王朝時代から「干支暦日」だけは一日も途切れることなく、入れ替えられることなく、存続され続けていた、という事実です。

歴史を振り返れば、中国の歴代王朝は五十回にも及ぶ〝改暦〟を行ってきています。異常なほど改暦しているのです。それにもかかわらず「干支暦日」だけは〝神霊〟でも宿っているかのように、変更されていないのです。

それと同時に、推命学を学ばれてきた多くの人が誤解している事実をお教えしなければなりません。それは殷（商）王朝一族が伝承していた「出生日の十干」を拠り所とする推命方法は、その跡を継いだ周王朝以降、完全に姿を消してしまった、という事実です。現代のように「出生日」を「我」と観立てての推命方法が蘇ったのは、たかだか千年前に過ぎないのです。それまでの約二千年間（周王朝〜唐王朝の期間）、「干支暦」出生日による推命技法は完全に〝世の中から姿を消していた〟のです。

●最初は「生年干支」主体の占いだった

殷（商）王朝期からスタートした干支暦法は、古代中国からその周辺諸国へと伝播しました。日本を含めた周辺諸国では、干支循環による暦日が今日まで命脈を保っていますが、周王朝〜唐王朝にかけての約二千年間、個々の〝出生日に基づく推命判断〟が行われることはありませんでした。

多くの日本の推命学書で「四柱推命は三千年以上の歴史がある」など記されていますが、そういう意味から云えば明らかに間違いなのです。

もっとも伝説上では、戦国時代（前五世紀〜三世紀頃）に鬼谷子《きこくし》という占術家が「算命」（推命術）を行った、という伝承はあるのですが、現存する文献記録がなく、歴史学上では大いに疑問視されています。中国ではしばしば自分自身の著述であるのに、昔の著名人の名を騙《かた》った著作とするケースが少なくありません。仮に「鬼谷子」の伝説が事実だったとしても、彼は「生まれ日」による推命を行ったのではなく、今日の「気学・九星」のような「生まれ年」主体の推命学だったはずです。

鬼谷子から約千年の後、五行の相生《そうしょう》・相剋《そうこく》に基づく実質的な推命学の考案者として、李虚中《りきょちゅう》（七六一〜八一三年）が唐代に出現します。彼こそ『李虚中・命書《めいしょ》』三巻の撰（編著）を後世まで遺すことが出来た最初の推命家です。

但し歴史考証的な文献を辿ると、実際に彼が編纂《へんさん》したのは上巻のみとする説が有力です。因みに中国の占術書は、近代まで圧倒的に撰（編著）が多く、自分自身が著述したというより、それまでの巷にあふれる諸説を著述・編集・註訳した内容となっているのが普通です。

李虚中自身が編著したことが確実な『命書』上巻では、十干・十二支の組合せによる〝生まれ年判断〟と、「神殺」と呼ばれる〝干支に基づく表出星〟の判断方法が述べられています。

当時の他の文献からも、個々の出生年月日を基に推命をしたのはほぼ確実ですが、「出生日干」を基準として「年」「月」の干支を観るのではなく、出生した「年干支」を基準として「月」「日」の干支を観る、という推命方式でした。出生時刻も用いていないので「四柱」ともなっていません。

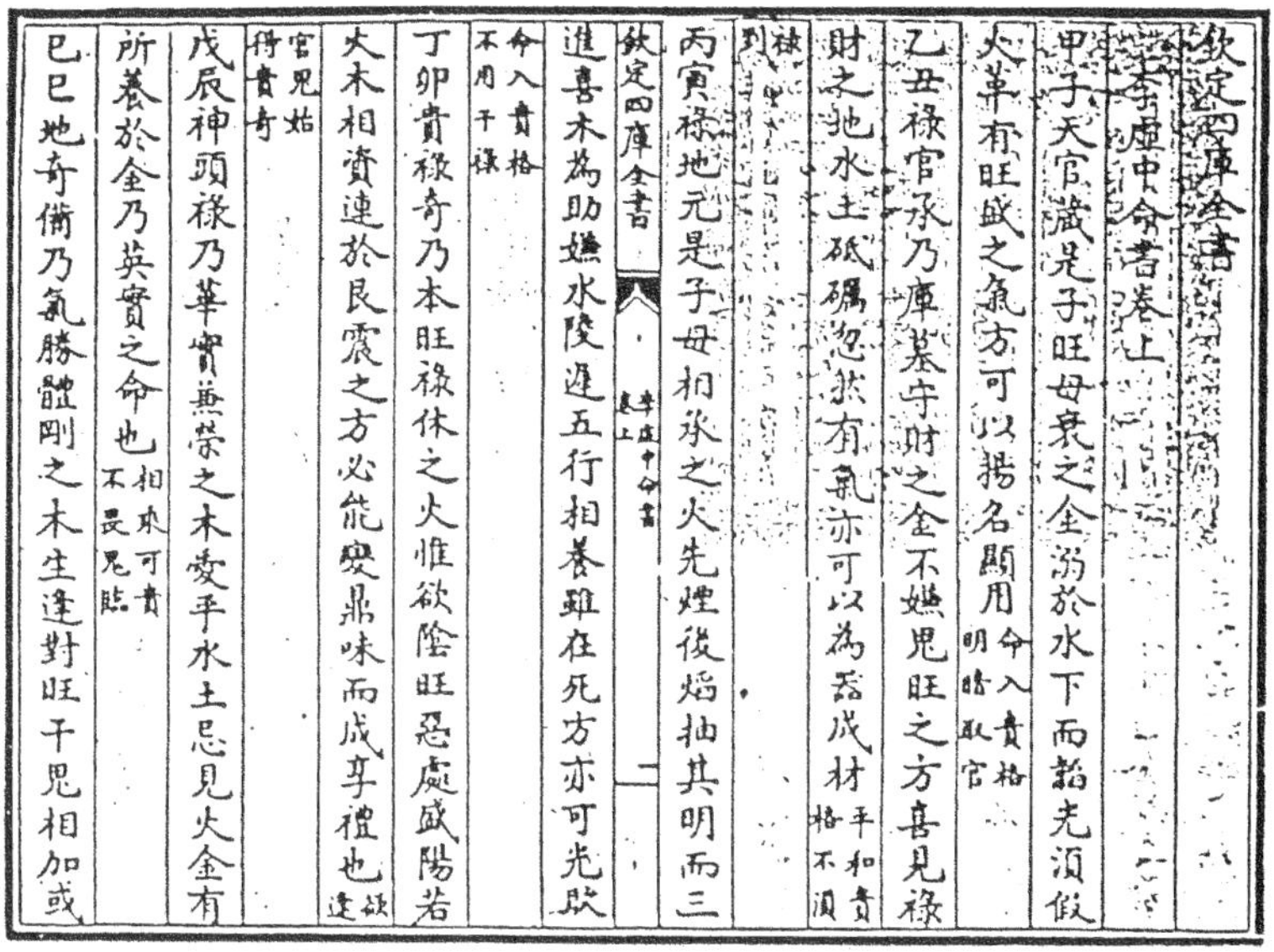

欽定四庫全書
李虚中命書巻上
甲子天官藏是子旺母衰之金溺於水下而豁先須假
火革有旺畝之氣方可以揚名顯用 命入貴格 明暗取官
乙丑祿官承乃庫基守財之金不嬿鬼旺之方喜見祿
財之地水土砥礪忽然有氣亦可以為器成材 平和貴格不須
丙寅祿地元是子母相承之火先煙後焰抽其明而三
欽定四庫全書　李虚中命書 巻上
進喜木為助嬿水陵遅五行相養雖在死方亦可光耿
命入貴格 不用干祿
丁卯貴祿奇乃本旺祿休之火惟欲陰旺忌處盛陽若
火木相資連於艮震之方必能變鼎味而成享禮也 欲逢
官鬼始得貴奇
戊辰神頭祿乃華實蕪榮之木愛乎水土忌見火金有
所養於金乃英實之命也 相承可貴 不忌鬼賊
己巳地奇備乃氣勝體剛之木生逢對旺干鬼相加或

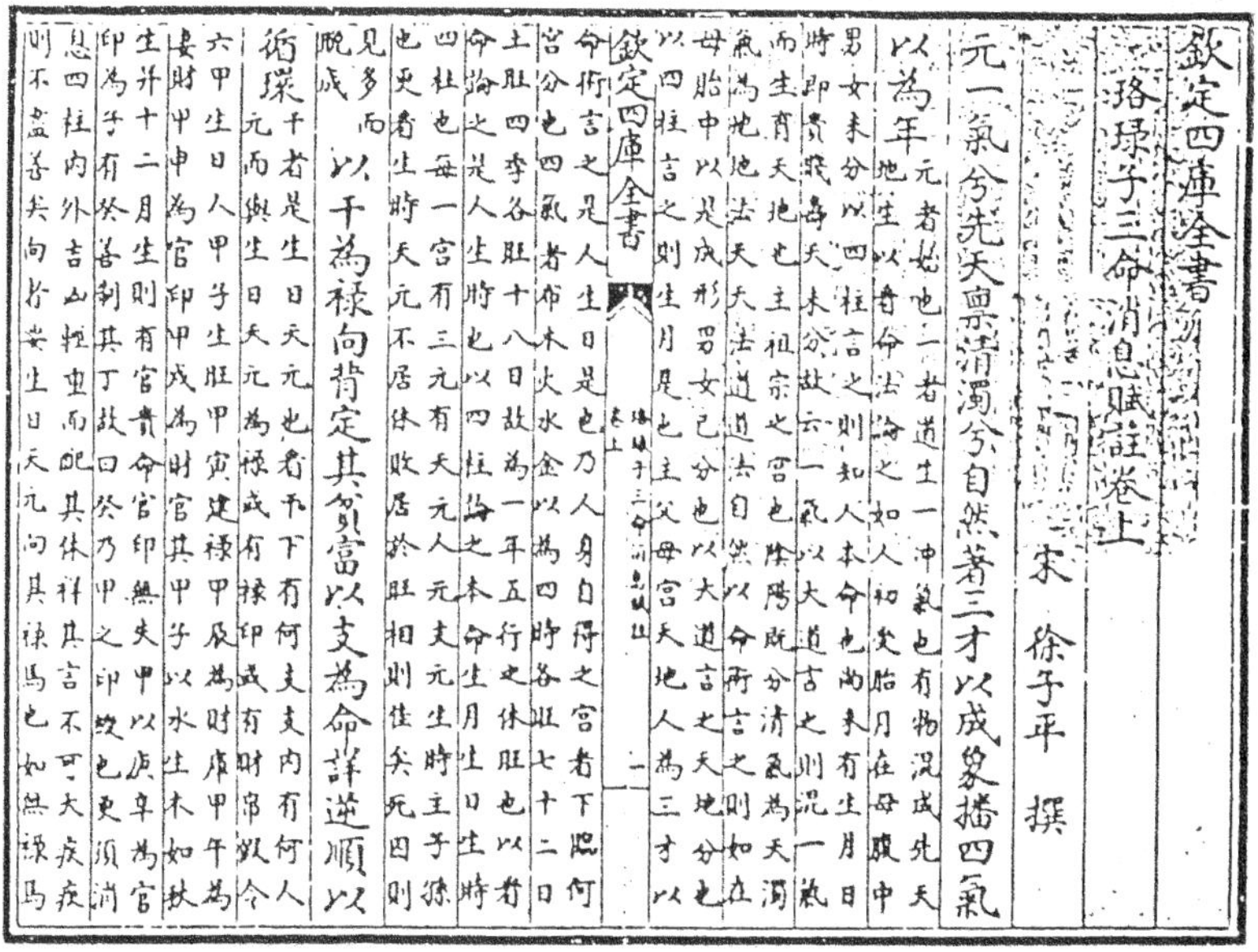

欽定四庫全書
珞琭子三命消息賦註巻上
宋 徐子平 撰
元一氣兮先天禀清濁兮自然著三才以成象播四氣
以為年 元者始也一者道生一沖氣也有物混成先天地生以為命法論之如人初受胎月在母腹中
男女未分以四柱言之則知人本命也尚未有生月日時即貴賤尚天未分故云一氣以大道言之則混一氣
而生育天地也主祖宗之宮也陰陽既分清氣為天濁
氣為地地法天天法道道法自然以命術言之則如在
母胎中以是成形男女已分也以大道言之天地分也
以四柱言之則生月是也主父母宮天地人為三才以
欽定四庫全書　珞琭子三命消息賦 巻上　一
命術言之見人生日是也乃人身自得之宮者下照何
宮分也四氣者布木火水金以為四時各旺七十二日
土旺四季各旺十八日故為一年五行之休旺也以若
命論之是人生時也以四柱論之本命生月生日生時
四柱也每一宮有三元有天元人元支元生時主子孫
也更者生時天元不居休敗居於旺相則佳矣死囚則
見多而
脫成
以干為祿向背定其貧富以支為命詳逆順以
術環 千者是生日天元也者下下有何支支內有何人
元而與生日天元為祿或有祿印或有財帛奴令
六甲生日人甲子生旺甲寅建祿甲辰為財庫甲午為
妻財甲申為官印甲戌為財官其甲子以水生木如秋
生卄十二月生則有官貴命官印無夫甲以庚辛為官
印為子有癸卷剋其丁故曰癸乃甲之印也更須消
息四柱內外吉凶控重而配其休祥其言不可大疾疾
則不盡善矣向背要生日天元向其祿馬也如無祿馬

【図表5】上は現存する最古の推命学書『命書』の書き出し部分。撰者の李虚中は「年干支」主体の推命学
下は現代に通ずる〝子平術〟の創始者・徐子平の現存する推命学書『三命消息賦』書き出し部分

つまり、中国の戦国時代・鬼谷子～唐代・李虚中までの推命学では、種々な占術の流派（門派）があったにもかかわらず、殷（商）王朝期に信じられていた〝日干を「我」と観立てる方式〟は継承されていなかったのです。「干支暦日」そのものは継承されながら、その根底に流れていた〝十干を十種の太陽とする〟捉え方は忘れ去られ、その太陽神の性質や魔力が付与される、という発想も失われていたのです。

実は、李虚中による「年干支」主体の判断方法は、その後完全に消え去ってしまったわけではなく、今日でも一部で採用している推命家たちがいます。このように記すと驚かれる方が多いと思いますが、「年干支」から月支や日支の十二支を観て表出する「神殺」は、その当時の名残だからです。

方位主体の占術・奇門遁甲《きもんとんこう》による命理占法でも、文字通り「年干」を「我」と観立てる方式が現代でも採用されています。同じく方位主体の気学・九星による「生まれ年・九星」を「本命星」とする観方も、唐代までの「生まれ年」重視の判断方法を引き継いでいると言えるのです。

現代の推命学書では「年干」からばかりではなく、「日干」からも年支・月支・日支・刻支の十二支を観て神殺を表出するよう変わっているので、「年干支」主体の方法が混じっていたことに気付かない方が多かったかもしれません。近年、日本で出版された中華系四柱推命の教科書三冊でも、混合方式が採用されています。

理論的に云えば、出生年と出生日が共に「我」ということになって奇妙なのですが、一時期完全に中華系教科書から消えていた「神殺」が、近年になって再び蘇り始めているという事実は注目しなければなりません。

この「神殺」と呼ばれる干支からの表出星ですが、もちろん、天空上に実在する星ではありません。運命学上では、実在している惑星や恒星のように肉眼観察が可能な星を「実星《じっせい》」と呼び、天空上で実在していない星を「虚星」と呼んで分けています。古来、密教系では「実星」を使用した占星術が継承され、道教系では「虚星」を使用した占星術が継承され続けています。

そういう意味では「四柱推命」で用いる星は、古典的な「神殺」だけでなく、現代推命でも用いる「通変」なども、そのことごとくが実在していない「虚星」です。時々、神殺判断を蔑視している推命家がいますが、「虚星である」という点からいえば、すべての十干・十二支に基づく観方・判断の仕方が同列と言えるのです。

●「四柱推命」が現在の形になったのは十七世紀

推命学の歴史上で李虚中の後に登場するのは、徐子平《じょしへい》です。年代的には「五代（西暦九〇七〜九六〇年）」から「宋代（西暦九六〇〜一二七九年）」初期にかけての人物とみられていますが、明確な活躍年代は不明です。彼が今日「四柱推命生みの親」と目されるのは、それまで「年」「月」「日」三柱だった推命学の方式を、「年」「月」「日」「時（刻）」四柱の推命方式に改め、さらに本人を象徴する十干を「年干」から「日干」へと改めたからです。

今日、四柱推命と言えば「日干＝我」の観方が完全に定着しているのは、的中率を重視した徐子平の英断があったからです。中華圏諸国で「四柱推命」とは呼ばず「子平推命」と呼ばれることが多いのは、〝日干主体推命〟の創始者である彼の姓名にあやかってのことです。

徐子平の撰（編著）として確実なものとしては『三命消息賦《さんめいしょうそくふ》』があります。不確実な撰として『玉照《ぎょくしょう》神応真経《しんおうしんきょう》』等があります。実は『三命消息賦』という書は、徐子平だけが編著した著作ではありません。同じ宋代に、李同《りどう》、東方朔《とうほうさく》、釈曇瑩《しゃくどんえい》らによっても評註されているのです。同一書名を持つ本（その多くは評註書）が、さまざまな撰者（著述者）に〝新たな装い〟を施されて出版されるのは、中華圏では珍しいことではありません。

「徐子平」の名が今日まで知られるようになったのは、同じ宋代に徐升《じょしょう》が『三命通変《さんめいつうへん》』三巻を編著し、おそらく原書としての『淵海子平』の撰も行い、〝徐子平の推命方式〟を広く普及させたからかもしれません。

徐子平によって生まれ変わった四柱（子平）推命学が、それ以外の学説も含め「明代（西暦一三六八～一六四四年）」初期になって増補・集大成されたのが李欽《りきん》撰『淵海子平大全《えんかいしへいたいぜん》』六巻と、楊宗《ようそう》撰『評註淵海子平《ひょうちゅうえんかいしへい》』五巻です。宋代の時代に徐子平自身の『淵海子平』が存在したかどうかは判然としていません。数百年を経てまとめられた『淵海子平』の中で、楊宗は宋代～元代にかけての推命書『淵源《えんげん》』と『淵海《えんかい》』の二書を合弁したのが『淵海子平』だと記述しています。

『淵海子平』から少し遅れて纏《まと》められたのが萬民英《ばんみんえい》撰『三命通会《さんめいつうかい》』十二巻です。この書は宋代～明代にかけての推命上の諸学説を集めたもので、明代中期（十六世紀）に活躍した推命家の編著です。この人物で注目すべきは『星学大成《せいがくたいせい》』三十巻という七政四余の大著も遺していることです。

「七政四余」というのは、一言で言えば〝西洋式ホロスコープを中国式に転換したもの〟です。この「七政四余」と「子平推命」を融合させたのが「星平会海《せいへいかいかい》」という占術で、『淵海子平』の出現と同じころに誕生しています。一般に「七政四余」と「星平会海」は同一占術のよう扱われがちですが、厳密に言えば別個の占術です。

七政四余は占星術であり、子平推命は干支術です。そして、その二つを融合させて占うのが「星平会海」で

		618	
『命書』	李虚中		唐代
『紫微斗数全書』	陳希夷		唐代
		907	
『三命消息賦』	徐子平 東方朔 釈曇瑩		五代
		960	
『三命通変』	徐升		宋代 北宋
『三命』	李燕		宋代 北宋
		1127	
			宋代 南宋
		1279	
『星平会海』	水中龍		元代
『淵海子平』	李欽 楊淙		元代
		1368	
『三命通會』	萬民英		明代
『滴天髄』	劉伯温		明代
『子平管見』	雷鳴夏		明代
『命理正宗』	張神峯		明代
『子平大法』	梅素香		明代
		1644	
『窮通宝鑑』	余春台		清代
『子平真詮』	沈孝瞻		清代
『命理約言』	陳素庵		清代

【図表6】推命学を学ぶ上で重要な古典原書とその著作年代

す。「星」である「七政四余」判断を上巻に、「平」である「子平推命」判断を下巻に分けて記述した著作が水《すい》中龍《ちゅうりゅう》撰『星平会海全書』で、『星学大成』とほぼ同時代の作品です。

それに少し遅れて登場するのが劉伯温《りゅうはくうん》撰『滴天髄《てきてんずい》』です。古来、推命学の研究者たちに「難解だが最高レベルの推命学」と評されていて、その後に続く推命家達が多方面から評註を試みています。

明代（西暦一三六八～一六四四年）後半に属する推命書としては、その他に雷鳴夏《らいめいか》撰『子平管見《しへいかんけん》』、張神峯《ちょうじんほう》撰『命理正宗《めいりせいそう》』、梅素香《ばいそこう》撰『子平大法《しへいたいほう》』があり、清代（西暦一六四四～一九一一年）初期に属する推命書として余春台《よしゅんだい》撰『窮通宝鑑《きゅうつうほうかん》』、沈孝瞻《ちんこうせん》撰『子平真詮《しへいしんせん》』があり、ここまでが四柱推命に関する主要な古典原書と言えます。

それ以降の著作・評註は、四柱推命の〝新たな学説〟というよりも、それまでに出現した学説の研究書、評註書、起例解説書、抜粋書、集約書であり、いちおう中国の唐代中期（九世紀）～清代初期（十七世紀）までが、近代「四柱推命（子平推命）」の〝成熟期〟であり、その出現から完成までを要した期間と捉えることが出来ます。つまり、四柱推命というのは決して「殷（商）王朝」時の〝呪術推命〟がそのまま継承されたものではなく、完全に一度は歴史上から消え去って、約二千年間を経て改めて「子平推命（四柱推命）」として蘇った〝干支術〟なのです。

徐子平が生きた「宋代」は、今から千年ほど前の時代です。約三千五百年前に誕生していた「殷（商）王朝推命」ともいうべき〝「日干」＝「我」〟に基づく先天的運命の予知学は、約二千年の眠りを経て宋代に生まれ変わり、さらに約五百年を経過した明代に現代へと通ずる〝推命理論・技法〟が樹立され、それから約五百年経った今、また〝新たに生まれ変わる〟べく、私に筆を取らせたのです。

●古典の推命原書は矛盾していて当然

これまで四柱推命の発祥地である中国（中華圏）での歩みをみて来ましたが、日本での歩みについても若干触れておきましょう。

明代～清代にかけ〝完成形に近づいた四柱推命〟を最初に和訳したのは、江戸時代の文政元年（西暦一八一八年）仙台藩の漢学者・桜田虎門《さくらだこもん》で『推命書《すいめいしょ》』全三巻でした。厳密に言うと、それ以前に中国原書からの「写本」が存在していますが、正式に翻訳出版されたのは桜田虎門著『推命書』が初めてです。もっとも、桜田虎門が四柱推命の実践家であったのかは大いに疑問です。彼が著した『推命書』の内容は、中国の『淵海子平』からの抜粋ですが、やや不完全であり意味不明な個所なども多々存在するからです。

桜田虎門の後、日本における出版記録としての推命学は八十年間ほどのブランクが開きます。

そして八十余年後に登場するのが「天祥館」を主宰した松本義亮《まつもとよしあき》著『四柱推命奥儀秘伝録《しちゅうすいめいおくぎひでんろく》』全五巻です。彼は実占主体で後進の指導にも熱心な研究者でした。彼以降、日本では「四柱推命」の名称が定着するのです。

松本氏に続いて、「神祥館」を主宰した伊藤耕月《いとうこうげつ》著『四柱推命秘伝書《しちゅうすいめいひでんしょ》』全三巻が出版されます。それに少し遅れて、京都の阿部泰山が〝推命学の講習会〟を開く一方、中国原書を基にした二十二巻に及ぶ推命学の翻訳全集を出して普及を促します。こうして徐々に「四柱推命」という占いは日本に定着し、さまざまな研究者や

桑門櫻田先生著

推命書

僊府書林　裳華房發行

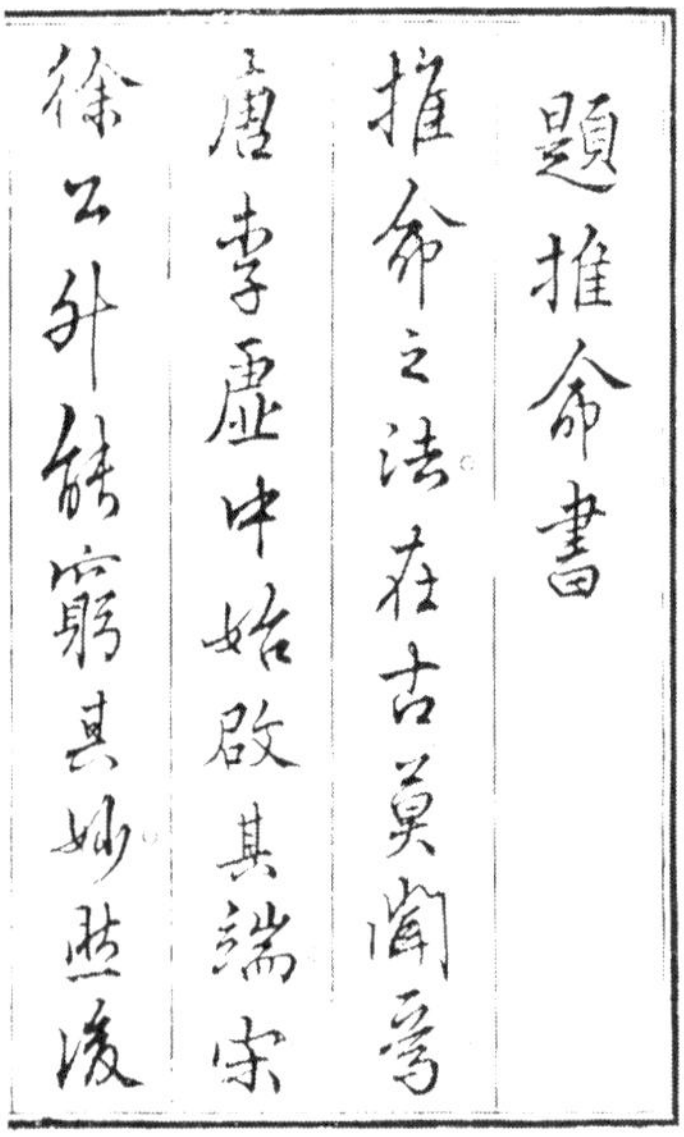

題推命書

推命之法在古莫聞焉

唐李虚中始啓其端宋

徐公升能窮其妙然後

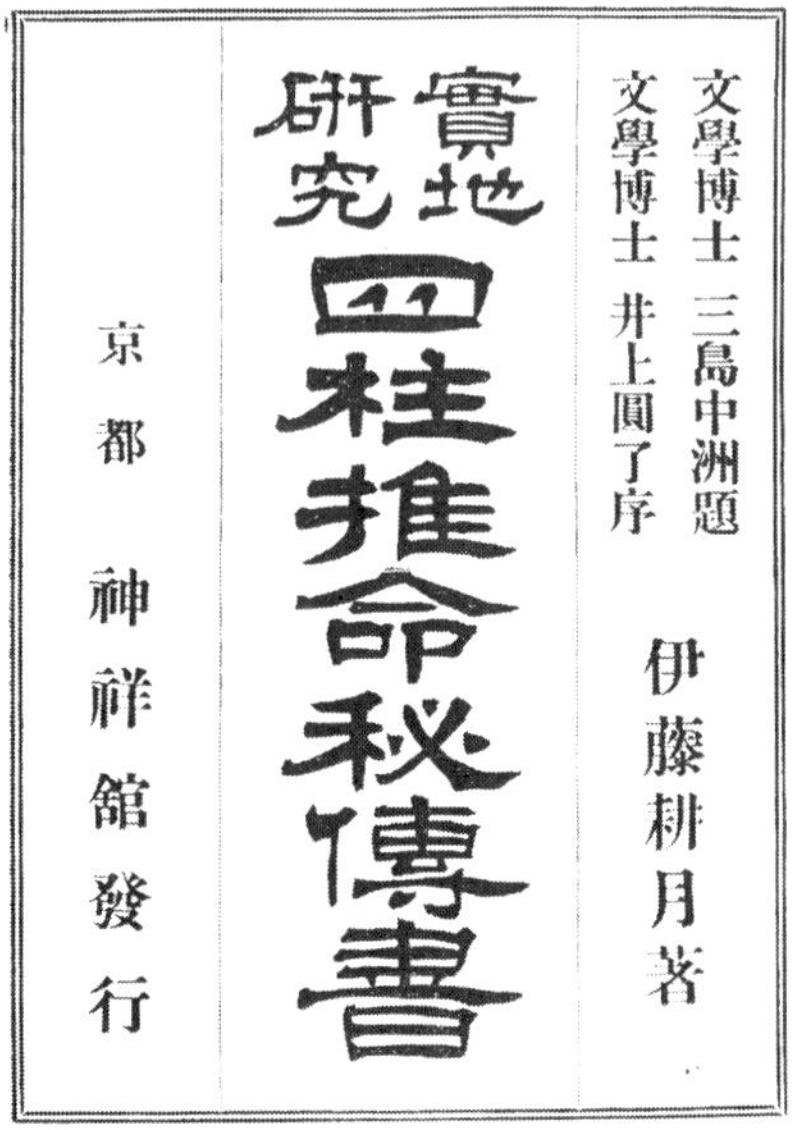

文學博士　三島中洲題

文學博士　井上圓了序

伊藤耕月著

實地研究　四柱推命秘傳書

京都　神祥館發行

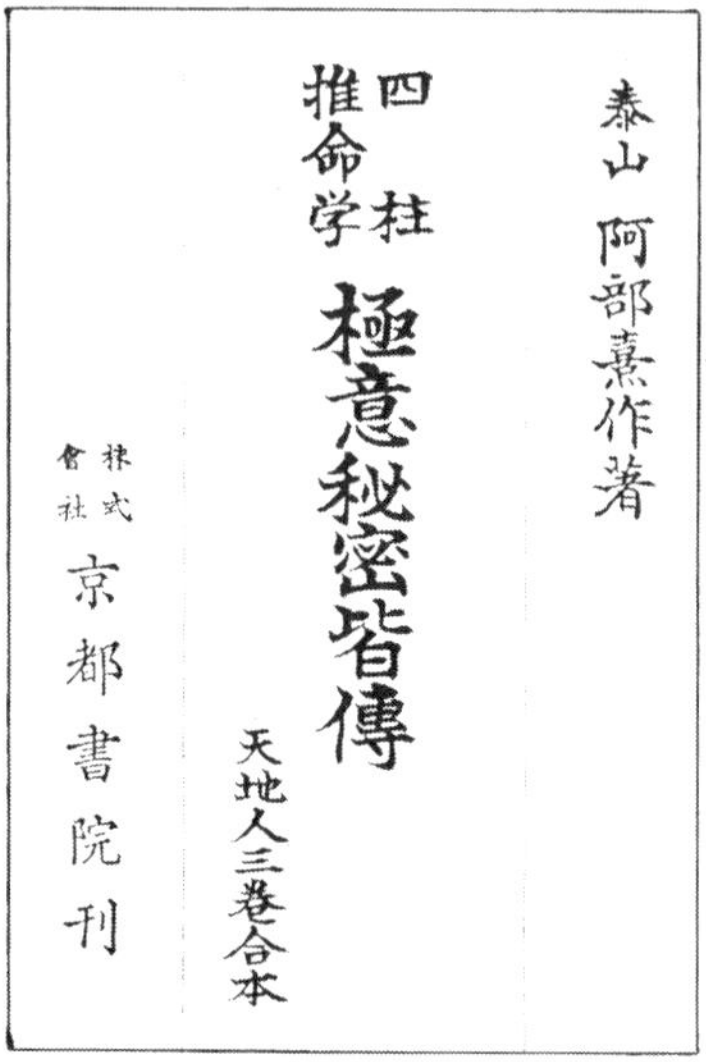

泰山　阿部熹作著

四柱推命学　極意秘密皆傳

天地人三巻合本

株式會社　京都書院刊

【図表7】日本の初期推命学をリードした桜田、伊藤、阿部の三氏を代表する著作の中表紙。『推命書』は漢文。

実占家を輩出しながら今日へと至っているのです。

ところで、先にも述べたように中国の古典的な推命学の原書・基本図書というのは、そんなに数多くありません。その内容も、未整理なまま羅列しているから複雑に思えるだけで、本来はそんなに複雑なものではありません。ところが日本では、どういうわけか一冊だけで完結している推命学の教科書はほとんどありません。たまに市販されている推命学書で一冊にまとめられているものがあっても、そのほとんどは入門書です。初歩的な約束事が羅列されているだけで、本として味もそっけもなく、入門書の域を出ないものばかりです。

実は中国でも、日本でも、本当に四柱推命の仕組みを明確に理解している人は稀にしかいません。本当に理解している人が著述していないので、どうしても複雑になり、矛盾した部分が出て来て、スッキリ飲み込むことが難しい内容となっているのです。

すでに記してきたような中国の推命学古典原書の多くは、個人的な著述というより、「編著書（撰書）」と呼ばれるものです。自分流の解釈をそれに付け加えた「評註書」も少なくありません。例えば『滴天髄』という原書には、さまざまな推命家の撰書・解説書・評註書があり、そのどれを読むかによって内容の把握が違ってきます。

その代表的な評註書を上げれば『滴天髄輯要《てきてんずいしゅうよう》』『滴天髄闡微《てきてんずいせんび》』『滴天髄徴義《てきてんずいちょうぎ》』『滴天髄補註《てきてんずいほちゅう》』『滴天髄征義《てきてんずいせいぎ》』などです。この中には、原文を意図的に入れ替えるとか、意図的に外すとか、自己流の解釈を付け加えることで、原書としての『滴天髄』の著述意図や内容を歪めてしまっているものもあります。

一個人の研究や技法ではない撰書としての代表的著作は『三命消息賦』や『淵海子平』や『三命通会』です。

これらは、撰者の時代までに集められた〝巷の学説集〟或いは〝技法集〟であり、四柱推命に対してのさまざまな観方、判断の仕方、解釈の方法論を未整理のまま羅列したものです。

決して撰者が、実占的に使用しているとか、研究吟味して掲載したとか、順序良く書き並べたとか、信頼できるものだけ集約したとか、そういう意味での〝百科事典的な原書〟ではないのです。

したがって現代人的な読書感覚で、順序通りに読んで、順序通りに咀嚼《そしゃく》していけば、書籍全体の内容が把握できるはず、と思って取り組むと、その順序が違っているとか、書かれてあることが矛盾に満ちているため理解できず、十分咀嚼しきれない〝難解な書物〟になってしまうのです。

中華圏推命学書の場合、現代になって出版された書籍でも、同じような弊害が時折見受けられます。もしかすると、古典原書にのっとって編纂・著述しているからかもしれませんが、日本人であれば戸惑うこと必至です。一定レベル以上の推命学知識を持っている人ならともかく、初級レベルの入門者にとっては〝迷路に引き摺《ず》り込まれる〟に違いありません。本書では、順序立てて記していくので、そういう意味での難解さやわかり難さは基本的にありません。

第2章　封印された陰陽・五行の謎と真実

東洋系占術を学ぶ上で欠かせないのが「陰陽・五行」思想に対しての正しい理解です。ところが、どの占いの本をみても「陰陽・五行」の真実については語ろうとしません。〝観念として語られる陰陽・五行〟ではなく、古代王朝史を実際に塗り替えた〝もう一つの陰陽・五行の歴史〟と不可思議な実態について、古代の記録と古代の天文学の両面から解き明かしていきます。

●陰陽・五行思想は、どのように成立していったか

推命学だけでなく、あらゆる東洋系占術の基本にあるのが「陰陽・五行」思想です。おそらく、この本を読まれる方の多くが、漠然とではあっても、その思想・理論を何となく理解していることでしょう。けれども、本書は「陰陽・五行」など知らない方達にも、十分に理解して頂けるよう記すことも目的の一つなので、まず、その基本から述べていきます。

多くの研究者が勘違いしていることですが、陰陽思想と五行思想とは、本来は別々の起源を持つ思想・理論です。決して最初から一体化していたわけではありません。最初に起こったのは「陰陽思想」であり、時代的には約三千年前の殷（商）王朝の終わり、周王朝の始まりくらいの時期に編纂された『易経《えききょう》』原文（卦辞《かじ》・爻辞《こうじ》）の完成にやや先立って生まれたとみるのが妥当です。近年、殷（商）王朝後半から、既に原初「易占」が行われていたことが考古学的に実証されつつあります。俗にいう「帰蔵易《きぞうえき》」で、数字を重視した易占です。当然、「易占」の創始者は「陰陽思想」を背景として、八卦→六十四卦→三百八十四爻を成立させたと考えられるからです。

占いに興味ある方なら誰でも知っているように、「易」は基本的に〝陰・陽〟で成り立っています。「陰陽思想」を抜きに、「易」を語ることは事実上出来ないのです。一部研究者は、何故か「易」と「陰・陽」とを切り離し、「易占」とは別な形で陰陽思想が出現したかのようなことを述べていますが、明らかな考え違いです。

陰陽思想とは、**森羅万象の出来事や物事を「陰」と「陽」とに分けて捉える二元論です。但し、分離したま**

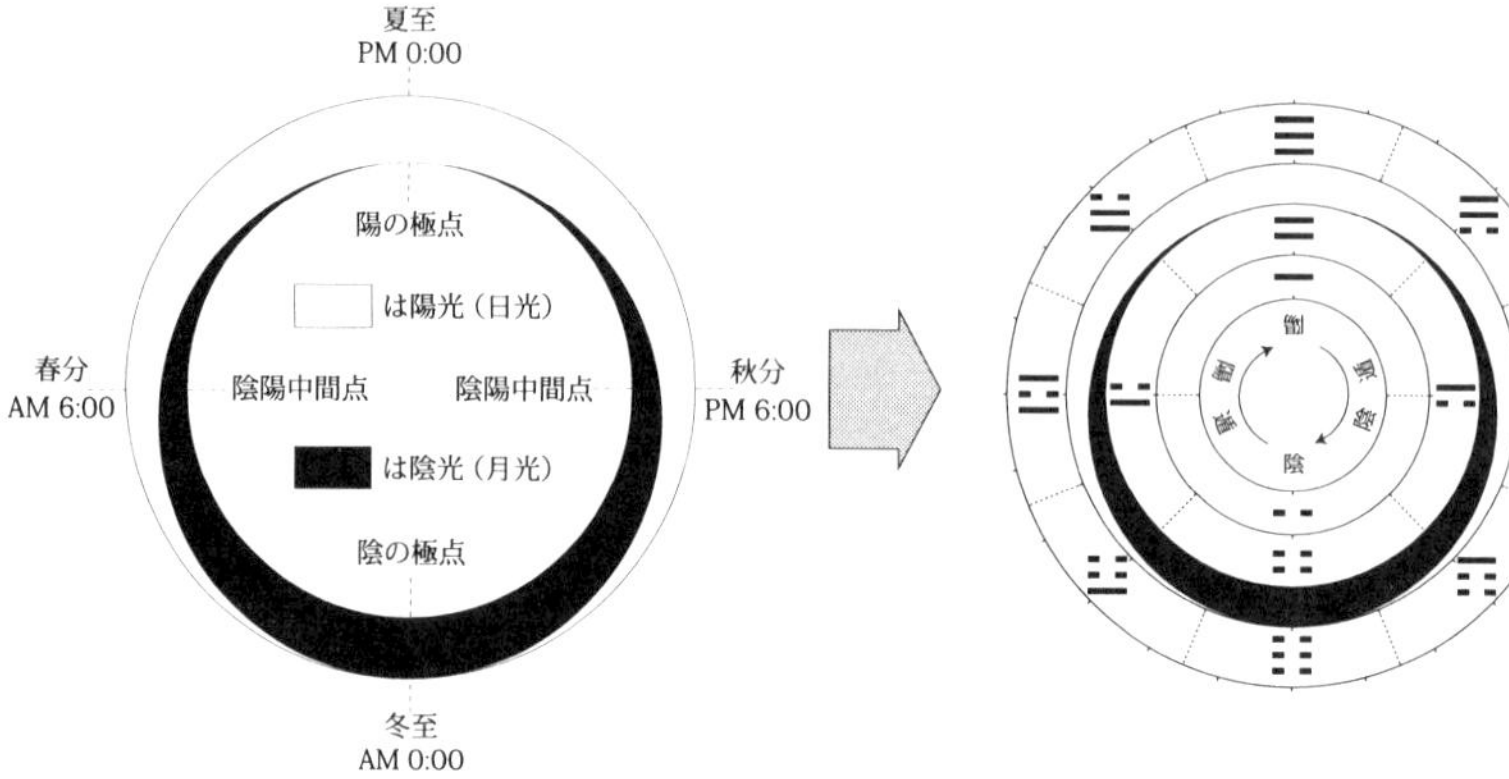

【図表8】陰陽思想の原理を表したもの（左）と、「八卦」成立の原理を表したもの（右）

まの二元論ではなく、その対比・融合・変化・循環を繰り返しながら世界が成り立っている、と捉える考え方のことです。『易経』は元々が〝占筮《せんぜい》の書〟ですので、そういう思想背景なしに〝未来を予見することは出来ない〟のです。

けれども、ここで重要なことは、原初の『易経』そのものに「五行思想」は存在していない、ということです。近年、日本でも中華圏でも、元々『易経』は〝占いの書物ではない〟とか、『易経』原文に基づく占いは〝お御籤《みくじ》であって占いではない〟等の主張をする占い師の方がおられますが、大変な間違いです。

『易経』（卦辞・爻辞）原文は、あくまでも〝占いの書物〟として編纂《へんさん》されたのです。それが後から宗教的文言が追加され、〝儒教《じゅきょう》の書物〟ともなるよう変化していったのです。占いの書物だからこそ、原典には意味不明の辞もあるのです。理屈なく「結果」だけを述べる宗教書などありません。

そして当然のことですが、最初は「陰陽思想」のみで成り立っている占い結果ですから、それを強引に「五行理論」に結び付けようとした漢代以降の「五行易」による解釈は、本来の「易」からは〝邪道〟なのです。

次に「五行思想」ですが、この「五行」という表記そのものが最初に出てくる古典書物として、『書経《しょきょう》』（中国史上もっとも古い記録の書）が有名です。

この書物中では「五行」について、次のように記されています。

《五行。一に曰《いわ》く水《すい》、二に曰《いわ》く火《か》、三に曰《いわ》く木《もく》、四に曰《いわ》く金《きん》、五に曰《いわ》く土《ど》。水は潤下《じゅんか》し、火は炎上《えんじょう》し、木は曲直《きょくちょく》し、金は従革《じゅうかく》し、土は稼穡《かしょく》する》

この五行の順序は、「生成五行」と云って、通常の占いの本に出てくる順序ではありません。ただ、そのあとに続く〝五行の性質〟は、今日でも四柱推命で用いる「格局名《かくきょく》」などで出て来る表現なので、見たことがある方もたくさんいるでしょう。意味としては、水は潤いを与えながら下に流れ、火は炎として燃え上がり、木は真っ直ぐな幹から曲がった枝が伸び、金は加工すると形が革《あらた》まっていき、土は収穫できる農作物を育んでいる、と個々の性質・特徴を端的に述べています。

つまり、「五行」とは何かということを言い表すのに、観念的・抽象的ではなくて、現実的な〝もの〟として表現し、その機能も付け加えて説明を与えていると言えます。もっとも、ここまででは五行の具体的な意味と役割で、まだ「五行思想」とまでは言えません。何しろ、五行の「行」は本来「交差点」の象形文字で、「行き交う」という意味の用語です。「生成五行」の段階では〝行き交う（或いは巡り会う）順序〟とまでは言えないからです。

実質的に「巡る五行」を説いたのは、中国の戦国時代末に登場した思想家・鄒衍《すうえん》（前三〇五〜前二四〇年）です。「五行」と「陰陽」とを結び付けて解釈したのも鄒衍で、彼以降になって「陰陽・五行説」が本格化することになるのです。但し、鄒衍の出現で「陰陽・五行思想」が完成したのではありません。鄒衍の説いた「巡る五行」は「相勝《そうしょう》（相剋《そうこく》）五行」の方で、「相生《そうしょう》五行」の巡りは説いていなかったからです。「相生五行」の循環を説いたのは、前漢代の思想家・董仲舒《とうちゅうじょ》（前一七六〜前一〇四年）で、彼によって「相勝（相剋説」と「相生説」の〝二つの巡り〟が出揃ったと言えます。さらに少し遅れて天文家・劉歆《りゅうきん》が「五行の季節配当」を均等に整理し、やっと今日的〝五行思想の法則や循環〟が整えられたと言えるでしょう。

その五行思想とは、**万物を「水」「火」「木」「金」「土」五つの原素に分けて当て嵌《は》め、その五行の比率や生**

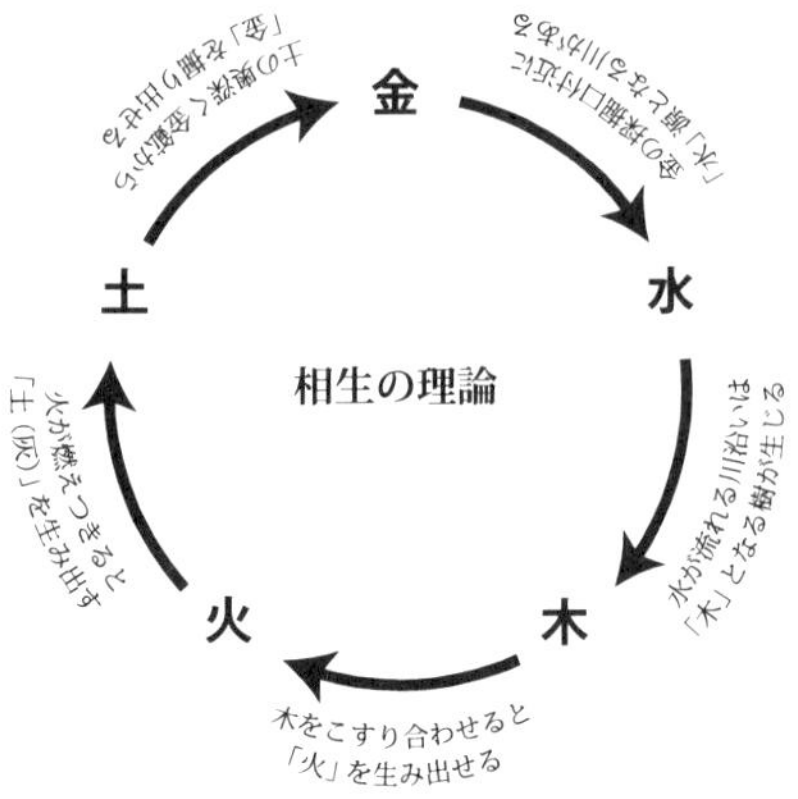

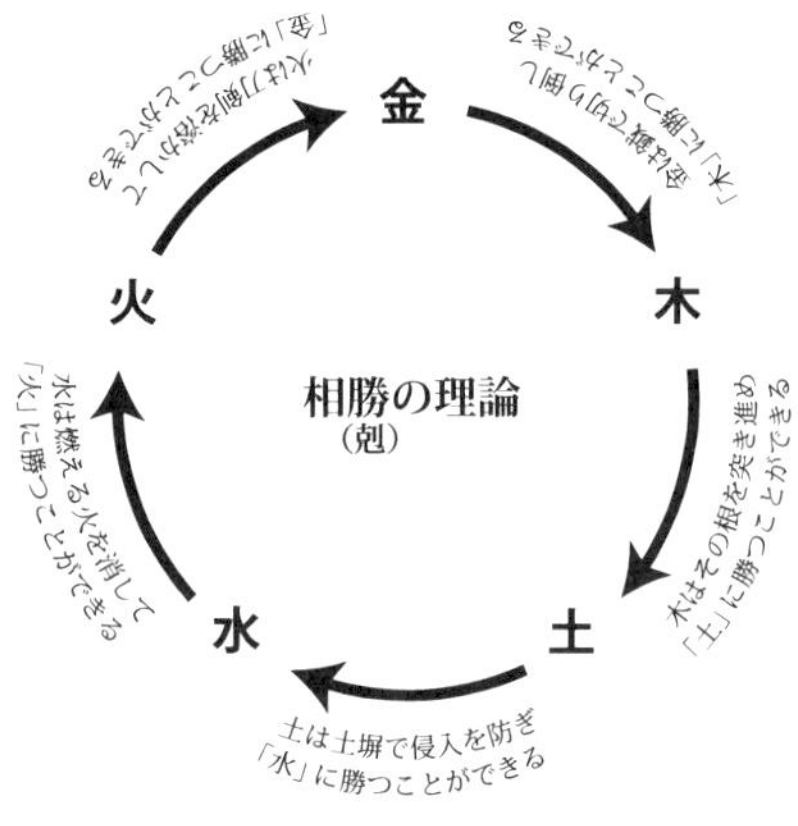

【図表9】五行思想に基づく「相性」と「相勝（剋）」それぞれの理論循環説

剋や循環を活用することで世界の秩序が保たれている、と捉える考え方のことです。

鄒衍の説いた五行の巡りは「相勝（相剋）説」で、現代の推命学では「相剋説」と教えることが多いのですが、正しくは「相勝説」という巡りです。

「水」は「火」に勝つことができる、「火」は「金」に勝つことができる、「金」は「木」に勝つことができる、「木」は「土」に勝つことができる、「土」は「水」に勝つことができる、という循環説です。

より具体的に云えば、「水」は燃える〝火を消すことが出来る〟ので水が火に勝ち、「火」は〝刀剣を溶かしてしまう〟ので火が金に勝ち、「金」はどんな樹木も〝鉞《まさかり》で切り倒す〟ので金が木に勝ち、「木」はその根を〝土中深く突き進んでいける〟ので木が土に勝ち、「土」は土塀を築いて〝水の浸入を防ぐ〟ので土が水に勝つという「相勝（相剋）循環」の理論です。

一方、「相生説」の方は、「木」は擦《す》り合わせることで「火」を生み出すことができる、「火」は燃え尽きることで「土（灰）」を生み出すことができる、「土」はその土中深くの金鉱から「金」を生み出すことができる、「金」はその採掘口付近に必ず水源あって「水」を生み出すことができる、「水」はその付近から樹木となる「木」を生み出すことができるという「相生循環」の理論です。

思想家・鄒衍などによって誕生した「陰陽・五行思想」は、当時の知識階級にまたたく間に浸透し、その後の各王朝や支配者にも影響を与え、二千年以上を経た今日になっても、色あせることなく東洋屈指の〝哲学思想〟として、「運命を解き明かす鍵」として推命家達に引き継がれているのです。

●「陰」「陽」とは、「月」「太陽」の象徴化だった

近年の研究成果から、殷（商）王朝後半には既に誕生していたと思われる〝原初「易占」〟ですが、その「易」という文字に関しては、今日では「トカゲの象形」との仮説が有力視されています。

けれども、中国最古の語源の書である『説文解字《せつもんかいじ》』では、「易」の上部「日」を〝太陽〟とし、下部「勿」を〝月〟と観立て、《日＋月＝易であり、同時に「日」は〝陽〟を象徴し、「月」は〝陰〟を象徴する》と説かれています。

字源に関する〝もう一つの仮説（葛城学蒼《かつらぎがくそう》の研究）〟を紹介すれば、その上部は「日＝太陽」の解釈で『説文』と同一とし、その下部は「勿＝月影の形」で、〝夜の土圭《とけい》観測に基づく象形〟との解釈もあります。上「太陽」下「月影」の象形を重ね合わせた文字が「易」との主張です。もしも、この仮説のように〝太陽・月影の合字〟で「易」字が誕生したのなら、文字通り「陰・陽＝太陰（月）・太陽」で、実質的には〝日・月説〟の補強となりそうです。

また「陽」という文字は、〝山の南側で日の当たる所〟の意味「日向《ひなた》」の象形、「陰」という文字は、〝山の北側で日の当たらぬ所〟の意味「日蔭《ひかげ》」の象形、と見做《みな》されています。この字源解釈への異論はありません。

中国最古の王朝と信じられる「夏王朝」の時代から、古代中国では「土圭」（或いは「圭表」）と呼ばれる垂直の棒を地面に立てて、毎日、正午にその棒が投じる「影」の長さを計測していました。その結果、土圭の「影」がもっとも長くなるのは、日の出から日の入りまでが一番短い「冬至」の日で、土圭の「影」がもっとも短くなるのは日の出から日の入りまでが一番長い「夏至」の日であることに気付いたのです。

土圭観測における「冬至」と「夏至」の認識によって、両方の「影」の長さの中間点には「春分」と「秋分」が訪れ、「影」の長さだけでなく、日の出から日の入りまでの時間も共通している、と古代人は悟ったはずです。

実際、三千年前の殷（商）王朝期の暦法・暦日では、不完全ながら「冬至」「夏至」「春分」「秋分」の記載が始まっていたことが確認されています。

『易経』の解説書である『説卦伝《せっかでん》』中にも、《昔、聖人の易を作るや（中略）天の道を立つ、曰《いわ》く陰と陽と》との記述があり、天空の道を通る「太陰（月）」と「太陽」とに見習った、と解説しています。

同じく解説書『繋辞伝《けいじでん》』にも、《天地の道は貞にしてしめす者なり、日月の道は貞にして明らかなる者なり、天下の動は一に貞なる者なり》との記述があります。

この中の「貞」とは〝正しい〟の意なので、「天空の道を行く日・月（太陽・月）は正しく、すべてを明らかにしてくれるので、世の中の動きもお見通し…」というふうな意味合いです。

また『説卦伝』中には、《天を参（3）にし、地を両（2）にして、数をたつ》とあります。

ここでいう「天」とは〝天空〟であり、〝円形の宇宙〟です。また「地」とは〝大地〟であり、〝方形の地球〟を意味します。『易経』の成立時、支配的だったのは「天円地方説」で、宇宙である天空は円球をしていて、その中央に立方体の大地（地球）が浮かんでいる構図です。したがって、円球としての「天」は〝円周率である「3」〟を掛けて表出する「奇数＝陽数」となり、方形である「地」は〝正方形の面積で「2」〟を掛けて表出する「偶数＝陰数」となる、という理屈です。その「天」を代表する天体が「太陽」で、「地」を代表する天体が「月（太陰）」でした。

気学・九星で使われている方位盤の「九数」定位配置は、この「天円地方説」を数字で表現したものです。

『説卦伝』では、《帝は震より出ず》とあって、太陽神の上昇と同じく、正東方位にスタートする「陽数＝3」に「3」を乗じると「9」、その「9」を正南に配し「3」を乗じると「27」、その盈数《えいすう》（十の位の数）を払って「7」を正西に配します。その「7」に「3」を乗じると「21」、盈数を払って正北に「1」を配します。その「1」に「3」を乗じると「3」となって正東方位に戻り、陽数は四正方位を円形循環するという構図です。

一方、四隅の南西方位にスタートする「陰数＝2」に「2」を乗じると「4」、その「4」を逆方向（「陰」は逆数）の南東に配して「2」を乗じると「8」、その「8」を北東に配して「2」を乗じると「16」、盈数を払った「6」を北西に配して「2」を乗じると「12」、盈数を払って「2」で南西方位に戻り、陰数は四隅方位を方形循環する構図です。

これが「天円地方説」としての〝陰陽循環〟ですが、このような考え方をそのまま具体化したものが、「金は天下の回りもの」ということわざを生み出した古代貨幣の形状です。つまり外観が丸い形状で、その中央部に四角い穴が開いている貨幣の形なのです。

実占上の「易」でも、占い用具としての「筮竹《ぜいちく》」は原初から五十本ですが、この「50」という数字は、前漢時代の易学者・京房《けいぼう》によれば「十日・十二辰・二十八宿」を合わせた数であり、既に述べたように「太陽日」としての十日間、「太陰朔望月」としての十二か月間、そして、その太陰（月）の通り道としての二十八星宿（月が天球上で宿泊する星座数）を合わせた総計数だというのです。

実占をする時の筮竹を持つ心構えも、基本的に筮竹は「天空」を意図するので、両手に持った五十本を扇型

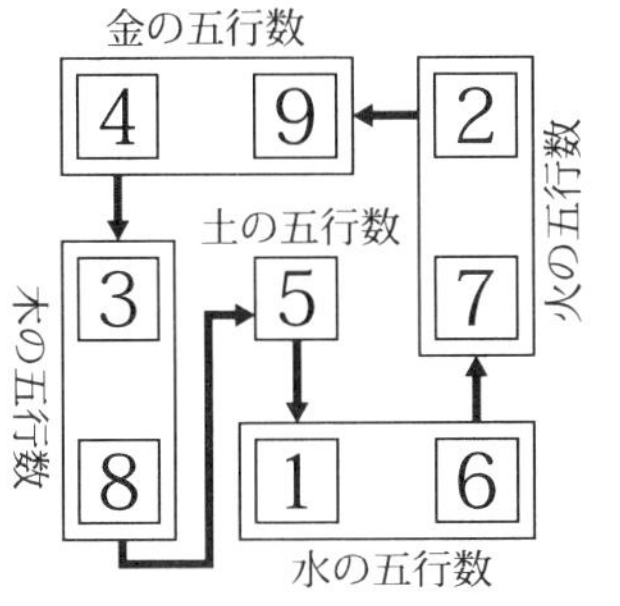

五行数は「相勝」循環

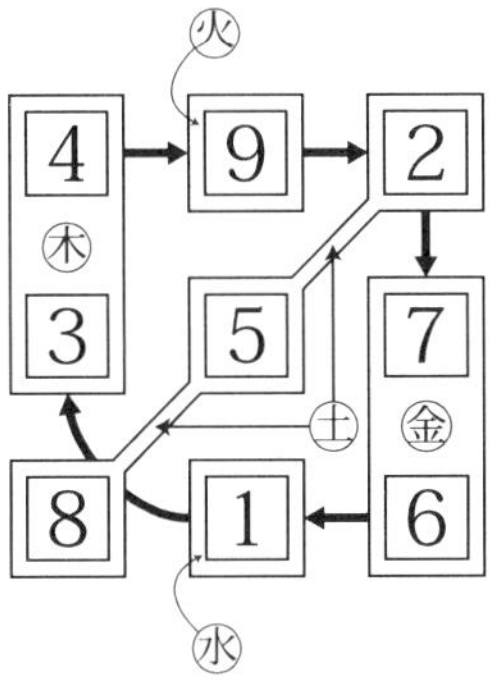

九星数は「相生」循環

上は左右とも「気学・九星」の〝定位盤〟の数位

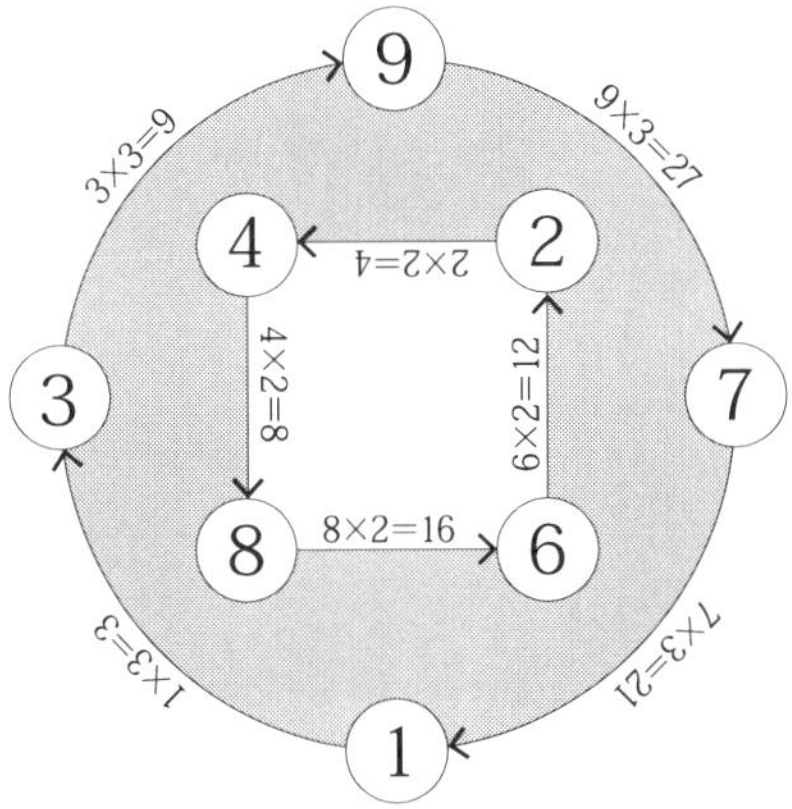

「太陽数」は天球状に東から西へと循環し、
「太陰数」は地方形を西から東に循環する。

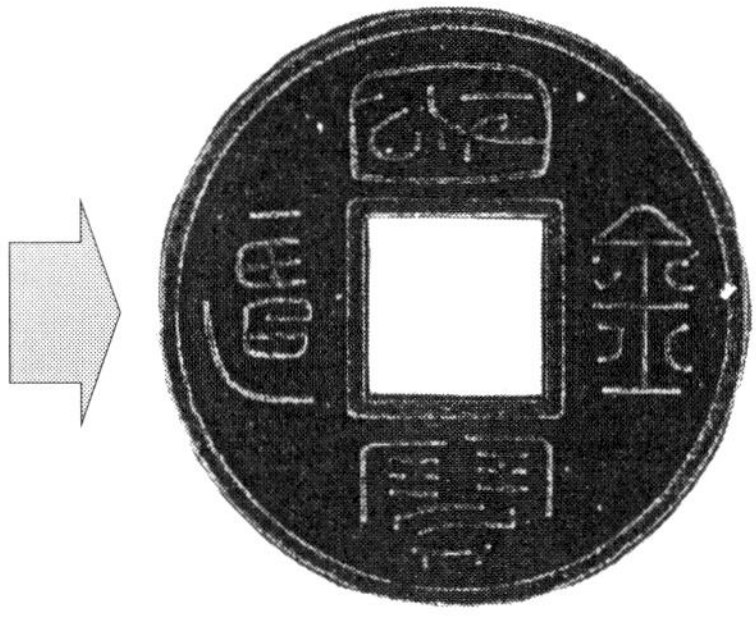

古代中国の貨幣は〝天円地方〟形

【図表10】陰・陽＆五行の循環と古代貨幣の秘密

に広げるのです。そして左右に二分した後、左手の方を「天（天空）策」、右手の方を「地（大地）策」に観立て、天策の方を「春・夏・秋・冬」と二本づつ数えていきます。これら一連の所作から見ても、「易」の創始者が〝日・月〟を意識し、〝暦法〟を意識し、〝陰・陽〟循環を意識していたことは間違いありません。

現代人には判り難いのですが、朔望月（月の形状）を基とする「太陰暦」を用いると、どの月でも〝太陽と月が重なる〟「朔日（一日）」は〝月明かりのない夜〟となり、「三日」が文字通り「三日月」となり、「七・八日」が俗に〝上弦の月〟と呼ばれる「半月」で、〝月半ばの夜〟となる「十五日」は俗にいう〝十五夜〟で「満月」となることが多くなります。これら暦に記された〝日付の数字〟と実際の〝月の形状〟を観て育つと、ごく自然に〝太陽と月とを意識する生活〟となるのです。街灯など一切ない時代、「月明かり」は必需品だったからです。

そういう「太陰暦」を意識した生活の中から「十月十日」（数え方が現代と違うので太陰暦上の九か月＋十日間）という「妊娠期間」が算出されたのだと思いますが、私はこの日数が「十」「十」で組み合わされていることに注目します。もしかすると「殷（商）王朝」が「十日間」を異常に重視し、十日間ごと神に卜占でお伺いを立てていたのも、或いは〝十種別の太陽神霊〟がいると確信していたのも、後で再び触れるように、この妊娠期間と関係しているのかもしれません。

●「五行」とは、「木星・火星・金星・水星・土星」の五星だった

五行の「行」が「交差する」「巡る」という意味を持っている文字であることはすでに述べました。古代中国の知識人たちから〝万物の五原素〟と認識されていた五行が、当初から〝動きを伴う存在〟として意識され

ていたことは間違いありません。

鄒衍→董仲舒→劉歆の手を経て完成した「五行思想」ですが、その発生段階から各五行と強く結びつけられていたのが「色」・「方位」・「季節」・「数」です。秦代（前三世紀）の史書として知られる『呂氏《りょし》春秋《しゅんじゅう》』から抽出すると次のようになります。

「木」……「青」＆「東」＆「春」＆「8」
「火」……「赤」＆「南」＆「夏」＆「7」
「土」……「黄」＆「中央」＆「土用」＆「5」
「金」……「白」＆「西」＆「秋」＆「9」
「水」……「黒」＆「北」＆「冬」＆「6」

一方、天空上の惑星である「五惑星（木星・火星・金星・水星・土星）」に関する認識や観測が、いつごろから定着していたのかは定かではありません。五惑星のことが断片的に出てくる書籍としては、戦国時代（前六～前四世紀）の『春秋左伝《しゅんじゅうさでん》』や『国語《こくご》』が有名ですが、或る程度まとまった形で編集されているのは前漢代の『史記』「天官書」、及び『淮南子《えなんじ》』「天文訓」です。

『史記』「天官書」では、五惑星に対して（抜粋すると）次のように述べられています。

★歳星《さいせい》（木星の意）　東方のしるし、「木」にあたる、季節は春、日は「甲・乙」
★熒惑《けいわく》（火星の意）　南方のしるし、「火」にあたる、季節は夏、日は「丙・丁」
★鎮星《ちんせい》（土星の意）　中央のしるし、「土」にあたる、季節は夏の末、日は「戊・己」
★太白《たいはく》（金星の意）　西方のしるし、「金」にあたる、季節は秋、日は「庚・辛」
★辰星《しんせい》（水星の意）　北方のしるし、「水」にあたる、季節は冬、日は「壬・癸」

同じように『淮南子』「天文訓」では、五惑星に対して（抜粋すると）次のように述べています。

★東方は「木」であり、その神は「歳星（木星）」で、「開花や豊穣」と関係がある。
★南方は「火」であり、その神は「熒惑（火星）」で、「飢餓や兵乱」と関係がある。
★中央は「土」であり、その神は「塡星《てんせい》（土星）」で、「領土の拡大」と関係がある。
★西方は「金」であり、その神は「太白（金星）」で、「軍事や武器」と関係がある。
★北方は「水」であり、その神は「辰星（水星）」で、「天候の不順」と関係がある。

これらの書物では、明らかに「五惑星」と「五行」とが見事に結びつけられています。

この結びつきを、後から〝融合させたもの〟と観る研究者もいますが、元々「五惑星」の発見があって、それがそのまま「五行説」に結び付いたと観る考え方の方が自然であると思われます。

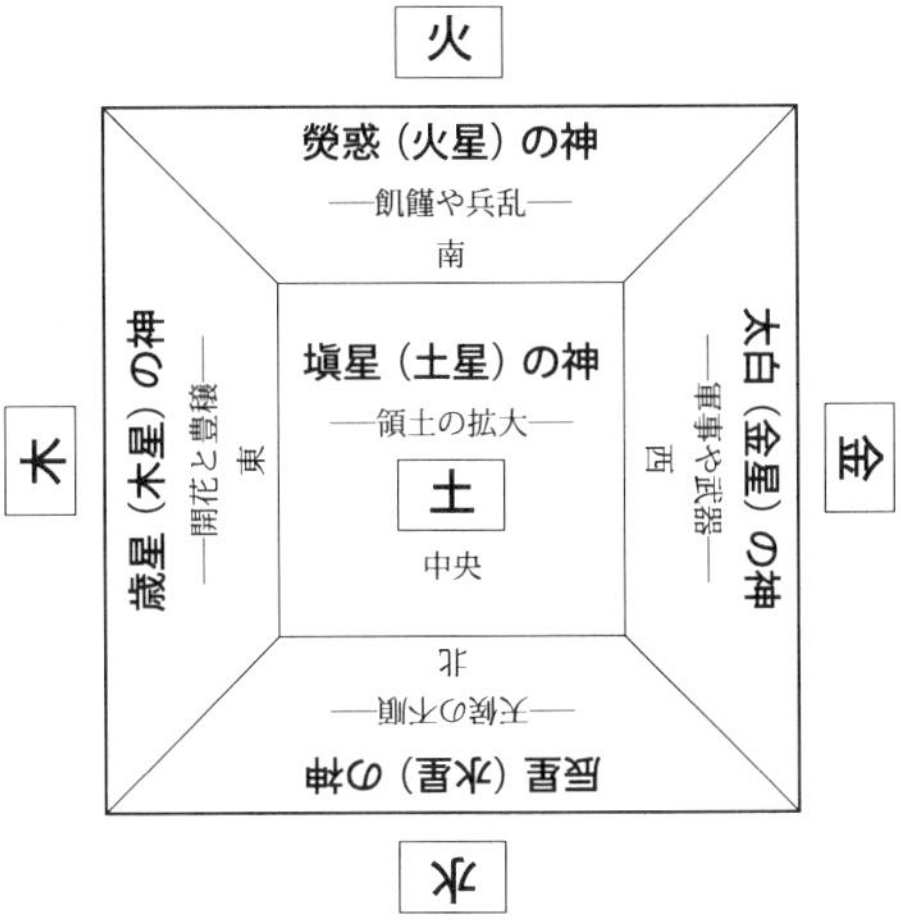

『淮南子』に基づく五行と五惑星の関係

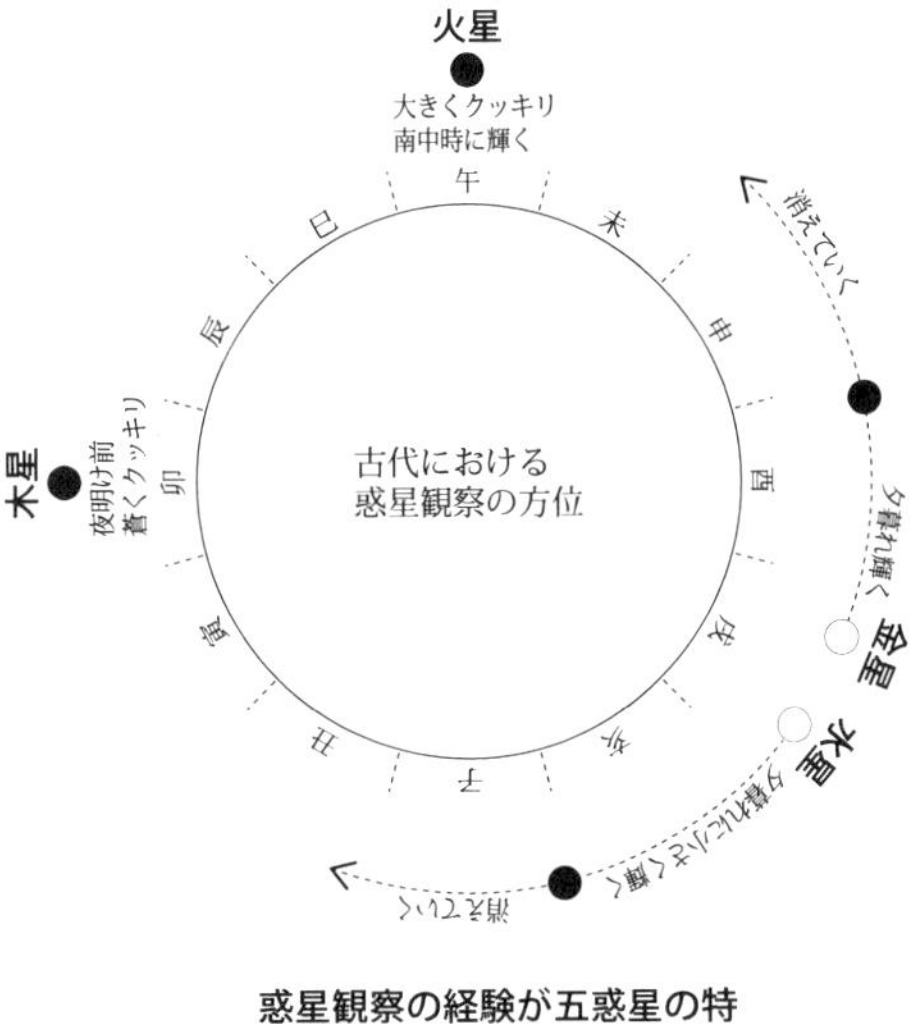

惑星観察の経験が五惑星の特定方位を導き出した

【図表11】五行＆五惑星＆方位の関係性

西洋占星学などを学んできた方には、各惑星が〝特定方位〟に固定されていることが奇妙に思われるかもしれませんが、この〝特定方位〟は古代人の惑星観察と深く関わっているのです。

例えば「金星」は夕暮れ、月と共に現れて「(白に近い)象牙色」に輝き、「戌(西北西)」方位に見え始めて「未(南南西)」方位に消えていきます。つまり、「西」の広範囲が「太白(金星)」を観測しやすい方位なのです。

同じように「水星」は夕暮れ、月と共に現れて、小さく「(暗い)鉛色」に輝き、地平線に近い「戌(西北西)」方位から見え始めて「丑(北北東)」に消えていきます。つまり「北」方位寄りの低い位置が見えやすく、上空の南方位に見えることはまったくないのです。

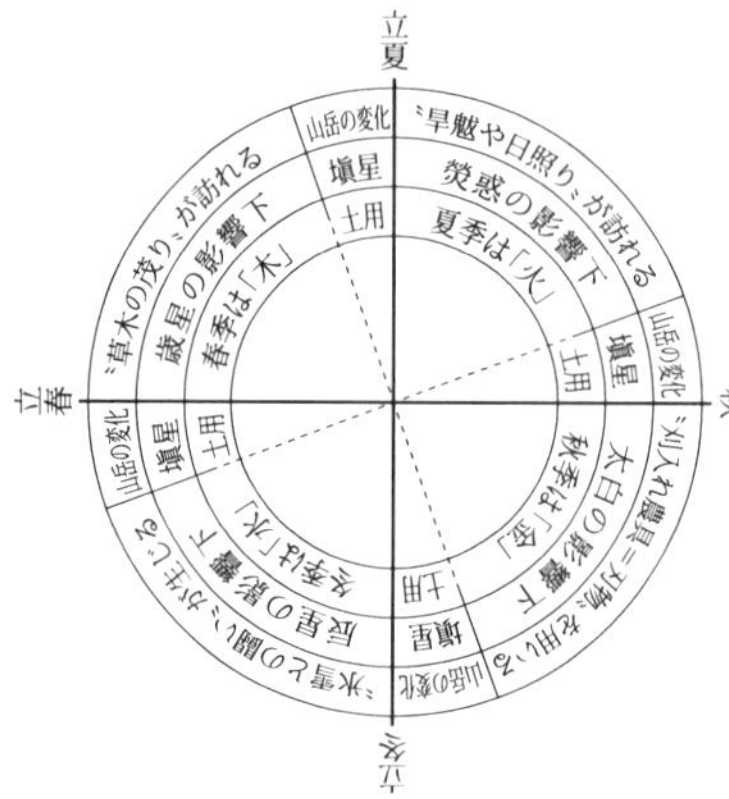

現象面から捉えた五惑星と季節現象

前5世紀の墓から出土した「天文図」では中央に「北斗七星」が大きく描かれ、それを取り巻くように「28星宿」、その外側左に木星としての「青龍」、外側右に金星としての「白虎」が描かれる。

【図表12】五惑星の影響下にある季節現象と神聖獣として描かれた木星と金星

「木星」は明け方（現代の午前四時ごろ）、陽光の光を待ち焦がれるように「東」方位にクッキリと「蒼く」輝いていることが多いのです。つまり、「東」の広範囲が「歳星（木星）」を観測しやすい方位なのです。

一方、「火星」は、真夜中に「南中」する時が、もっとも大きくクッキリと「赤く」輝いて見えるものです。したがって、「南」方位が採用されたのだと思われます。

このように、一見、それぞれの惑星が〝特定方位〟に固定されるのはおかしいように思えても、個々の天文事象から、古代の観察者にしかわからない理由が存在しているのです。

日常生活の現象面から考えても、「木星（歳星）」の影響下にある「春」に、五行の「木」として〝草木の茂り〟が訪れるのは自然ですし、「火星（熒惑）」の影響下にある「夏」に、五行の「火」として〝旱魃《かんばつ》や日照り〟が訪れるのは自然ですし、「金星（太白）」の影響下にある「秋」に、五行の「金」として〝刈入れ農具＝刃物〟を用いるのは自然ですし、「水星（辰星）」の影響下にある「冬」に、五行の「水」として〝氷雪との闘い〟が生じるのも自然と言えます。さらに「土星（鎮星）」の影響下にある「土用期間（季節の変わり目）」に、五行の「土」として〝山岳の景観変化〟が生じやすいのも不思議ではありません。

したがって、元々観察されていた「五惑星」が、ごく自然な形で「五行」と結びつき、やがて「五行説」へと進化していったと捉える方が自然なのです。前五世紀の墓から出土した「天文図像」では、月の通り道として「二十八星宿」が円形に表記され、その内部中央に「北斗七星」が大きく描かれ、二十八星宿の外側左右には、東側に木星としての「青龍」が縦長に描かれ、西側に金星としての「白虎」が青龍とは逆向きに描かれています。

●年・月・日それぞれに存在する陰・陽の循環

伝承によれば、夏王朝から続く土圭観測の基本は、「王都」にふさわしい場所を探し出すところからスタートしました。古代史家の研究によれば、平地に高さ八尺（古代中国の「尺」で現在の145・6㎝余）の垂直棒を立て、夏至の日の正午に影が一尺六寸（29㎝余）、冬至の日の正午の影が十三尺五寸（245・7㎝余）の地域に限定されていたようです。それは、そういう地域（科学的に云えば緯度）を、古代の「天円地方説」では〝大地の中心〟「地中」と見做《みな》していたからです。実際、殷（商）王朝の都であった「南亳」「西亳」「殷鎬」等、すべてこの緯度（北緯三十四度）線上に位置していたと伝承されています。

元々「陰」が「日蔭《ひかげ》」を表し、「陽」が「日向《ひなた》」を表していることはすでに述べました。それらはいずれも「陽光」が生み出すものです。陽光がなければ「日蔭」も「日向」もありません。

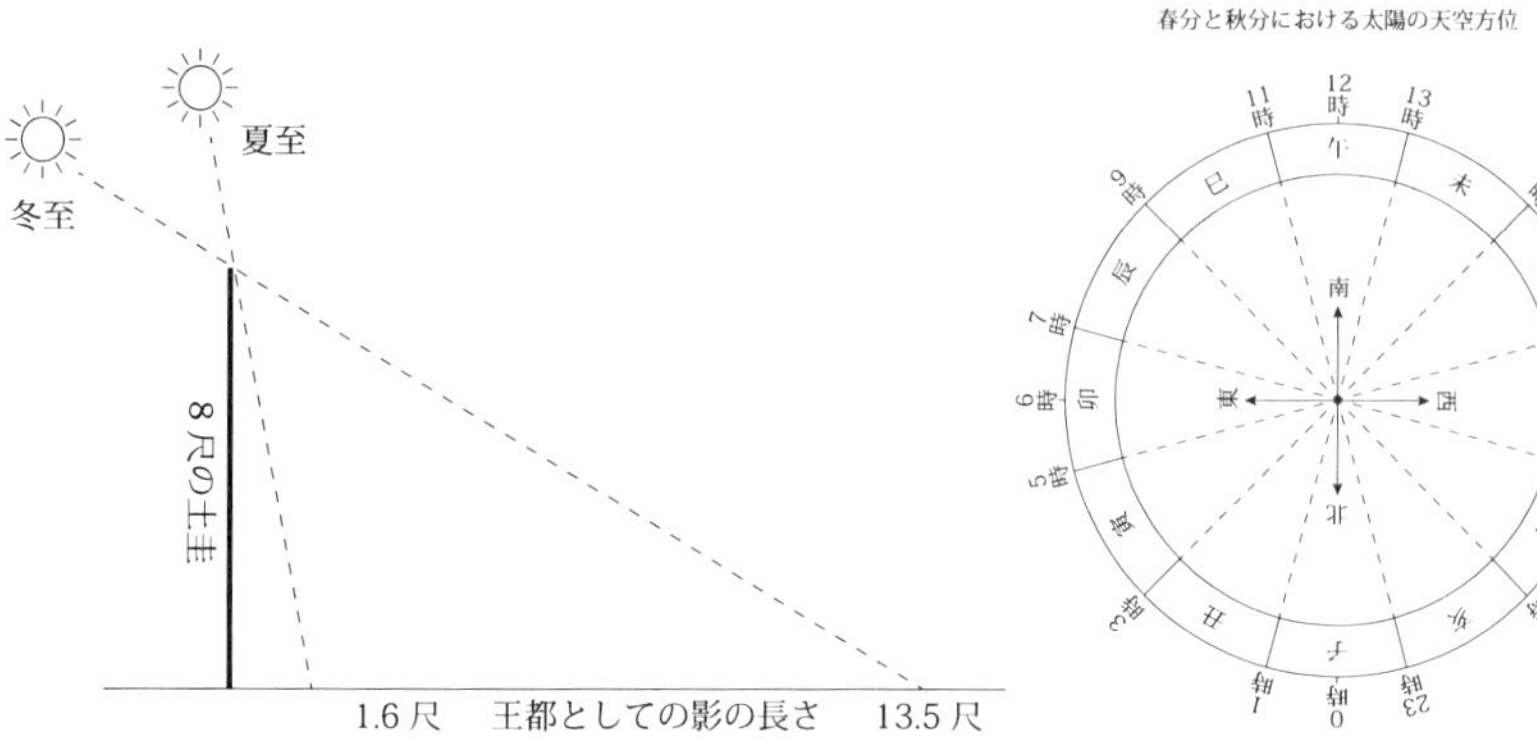

【図表13】土圭観測による王都の定め方（左）と方位と十二支の定め方（右）

当然、土圭による影の観測も、陽光がなければ始まりません。その陽光が生み出す正午の「影」の長短は、一年周期で正確に繰り返されます。夏至の日は短く、冬至の日は長いという年間における影の変化・循環です。

さらに「影」の長短は、観測者に同じ一日の中でも、時刻ごと微妙に変化していく事実を気付かせてくれました。その結果として、「冬至（十二月二十二日頃）」や「正子《しょうし》（午前〇時）」は〝陰（日蔭）の極点〟であり、「夏至（六月二十二日頃）」や「正午（午後〇時）」は〝陽（日向）の極点〟であり、それら「陰」「陽」がその極みに達すると、太自然の営みは再び逆方向へ向かいだす、という法則を気付かせてくれたに違いありません。

その「陰」「陽」の起点となるのは、一年中でもっとも正午の影が長く極点に達して、今後〝陽光〟が増えていく「冬至」の方です。古代王朝で「暦元」と呼ばれた暦の起点は、この日をおいて他にありません。中でも起点にふさわしいのは「冬至・朔旦《さくたん》」の日です。つまり、一年中でもっとも日照時間が短く、しかも「朔旦」＝「新月」＝「太陰暦上の一月一日」、つまり〝月明かりのない暗闇の夜〟

です。元々、殷（商）・周王朝時代の暦は、この「冬至」と「朔旦」とが重なる〝暗闇の頂点〟を、「太陰・太陽暦」である〝暦のスタートライン〟「暦元」としていたのです。

「太陰・太陽暦」というのは、「陰」である「太陰（月）」の特徴・長所と、「陽」である「太陽」の特徴・長所とを上手《うま》くミックスさせた暦のことです。つまり、「陰」「陽」の原点ともいうべき暦です。その暦の起点が「太陽暦」上で〝陰が極点に達する〟「冬至の日」に置かれ、しかも「太陰暦」上でも〝陰が極点に達する〟「朔旦の夜」に置かれていた、という古代史上の定説は、「陰」「陽」の循環を理解するうえでとても重要です。

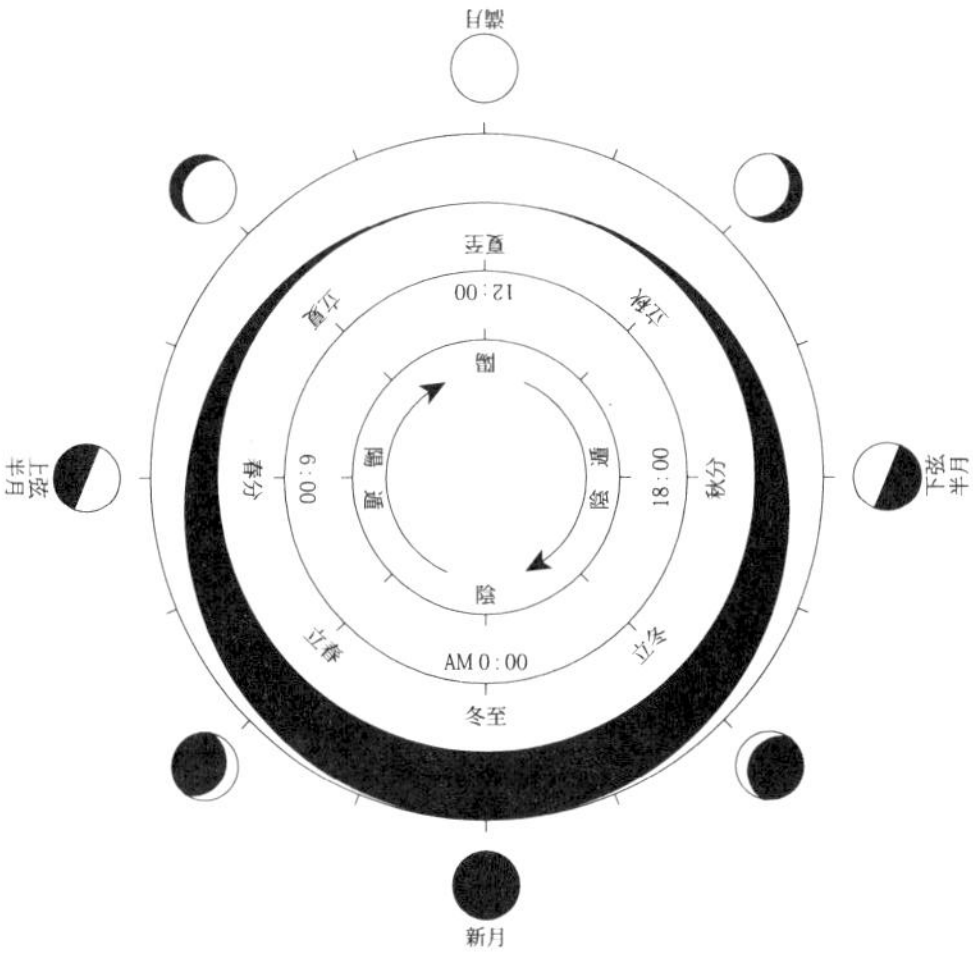

【図表14】陰陽と「太陽暦」と「太陰暦」の関係

「太陰暦」の暦では、〝月の満ち欠け（朔望月《さくぼうげつ》）〟を基準に一か月を区切るので、通常一か月間は三十日間の「大」の月と、二十九日間の「小」の月による繰り返しとなります。当然、月の見えない「新月＝朔日」は〝その月の陰の極点〟となり、まん丸「満月＝十五日」の夜が〝その月の陽の極点〟となります。現在の私達が使用している暦は「太陰暦」ではないので、夜空の〝月の満ち欠け〟との対応は何一つありません。

一日の内では、「日の出」～「日の入り」迄が〝陽光を浴びる時間帯〟であり、中でも正午（昼十二時）は〝一日における陽の極点〟となります。「日の入り」～「日の出」迄が〝陰光（月光）を浴びる時間帯〃であり、中でも正子（夜十二時）は〃一日における陰（月光）の極点〃となります。

　このような自然界における「年」「月」「日」「時」それぞれの〃陰・陽（太陰・太陽）循環〃の把握が、やがて「易占」や「四柱推命」にもつながる「陰陽思想」へと発展していったに違いないのです。

『淮南子』「天文訓」には、《陽の陽である「積陽」から〃熱気〃が生じるが、その火の気のエッセンスは太陽である。他方、陰の陰である「積陰」から〃寒気〃が生じるが、その水の気のエッセンスは太陰（月）である》とも記されています。

「太陰・太陽暦」の観点から改めて復習すれば、「陰」の極点となる「冬至」「朔旦」「正子」から〃暦の第一歩〃は始まるのです。年間三百六十五日間の〃陰の極点である冬至〃（「陽光」が最短の日）、月間三十日間の〃陰の極点である朔日〃（「月光」のない日）、一日二十四時間の〃陰の極点である正子〃（夜半＝夜十二時）――これらの起点から陰陽は動き出し、「陰極まって陽となり、陽極まって陰となる」不変の循環法則は始まるのです。

陰陽五行説の完成者である董仲舒は『春秋《しゅんじゅう》繁露《はんろ》』の中で、《陽気は北に起こって東に進展し、正東において勢力が半ばに達し、さらに進んで正南に至って最大となり、夏至の極盛において勢力が衰え、陰が発生し、西に向かって進展し、正西まで進んで半強となり、冬至の正北に至って陰が極盛となり、ここで再び陽気が生じ始める》と完璧な陰・陽としての循環理論を記述しています。

殷（商）王朝時における「太陰・太陽暦」の構造は、冬至が過ぎて最初の朔望月を「一月」に観立てる方式で、これを捉えて後の歴史家は「殷王朝は丑節を正月とした」と記述しています。けれども、実際には「冬至」

「朔旦」から暦をスタートさせ、その時点を「正月」としただけで、各月は「数字」表記であり「十二支の月（節）」という捉え方自体をしていません。そして、冬至以前に十二か月経過後の「朔日」が来る月を「閏月《うるうづき》」とし、「十三月」としたのです。因みに「閏月」の「閏」は〝王が門内に留まる月〟を意味し、〝不吉な年〟として捉えていたようです。

殷（商）王朝後の歴史記録である『左伝』には、《暦の初めに冬至を置き、各月に中気が来るようにし、余った日数は年末にまとめ閏とした。暦の初めに冬至が来れば四時（季節）の順序に狂いがなく、（中略）余った日数を年末にまとめて「閏月」とすれば、すべてが順調で混乱することがない》と記されています。

●「相勝（相剋）」循環は、王朝が交替する法則

古代中国における実在王朝は「夏」↓「殷（商）」↓「周」と続きましたが、見掛け上は約八百年間継続した周王朝の後半二百年間は王朝の力が衰え、事実上、七つの国が覇権を争い合う「戦国時代」として歴史書に記されています。

その戦国末期に登場した思想家・鄒衍は、「五行相勝（相剋）説」に基づく〝王朝交替論〟を唱えた影響力のある思想家でした。すでに紹介したように、鄒衍の思想は五行循環説の中でも「相勝説」で、五行の巡りは〝打ち勝った方へ循環していく〟という王者の論理です。

具体的には、「火」は〝溶かしてしまう〟ことで「金」に勝ち、「金」は〝切り倒す〟ことで「木」に勝ち、「木」は〝根を伸ばし突き進む〟ことで「土」に勝ち、「土」は〝土塀により堰《せ》き止める〟ことで「水」に勝ち、「水」

は〝消してしまう〟ことで「火」に勝ち、という循環思想なのです。そして、この思想を自然界だけでなく、〝天下国家〟にも当てはめて捉えたのが鄒衍の「王朝交替説」だったのです。

つまり思想家・鄒衍は、その当時の知識人たちが抱いていた歴史認識、「黄帝による原初王朝」→「夏王朝」→「殷（商）王朝」→「周王朝」と続いて来た各王朝を〝「五行」の徳〟に当てはめて、「王朝打倒の革命は相勝説通りに進んで来ている」と主張したのです。

「黄帝＝土徳」が「夏＝木徳」に破れ、「夏＝木徳」が「殷（商）＝金徳」に破れ、「殷（商）＝金徳」が「周＝火徳」に破れ、その「周＝火徳」も既に力を失って「戦乱の世」と変わり、時代は「水徳」の革命王を求めている、というのが王朝に対する鄒衍の「五徳終始説＝王朝交替説」です。

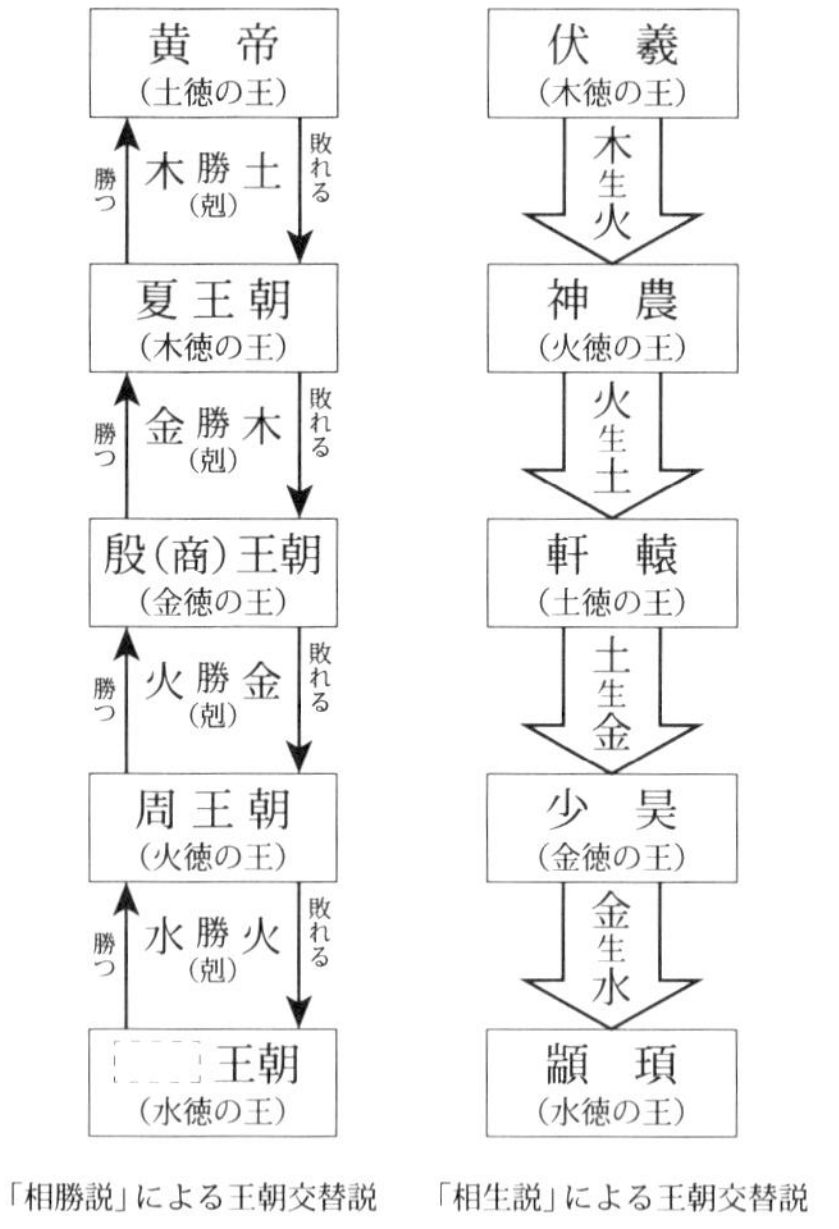

【図表15】「相勝説」と「相生説」に基づく王朝交替説

彼の考え方が広く受け入れられたのは、その当時の知識人に「天人相関説」が広く行き渡っていたからです。これは〝天空上の出来事はそのまま地上の人間世界に反映される〟という考え方で、元々が自然界の法則として登場してきた「陰陽・五行説」は、この考え方を背景に〝真理〟として知識人に受け入れられ易かったのです。

実際、それまでの王朝交替が〝強い者が弱ってきた者を打ち破る〟「革命」によって成し遂げられてきたことは事実だったのです。そこで各王朝を「徳」というものと結びつけることで、〝自然界の掟〟から推し進めた革命理論は、奇妙な説得力を持っていたようです。

当時の「天人相関説」では、〝天空世界〟は〝地上世界〟の規範であり、尊重すべき存在であり、「天」の意志を反映したものが〝地上世界としての各王朝〟で、周王朝の王は「天子」であると見做されていました。その「天子」であることの証明として「鼎《かなえ》」の存在がありました。夏王朝の時代から暗黙の継承があり、各王朝では〝天空の守護を得るため〟「鼎」と呼ぶものを鋳造したのです。

「鼎」というのは、現代的に云えば〝天空神（実質的には太陽神）への捧げものを入れる容器〟です。したがって、本来は天空を表す〝円形の容器〟でなければならず、その容器から延びる肢も三本（円周率の「3」に由来する）が原則です。また捧げものである〝生贄《いけにえ》動物の血〟を容器に塗って聖別を行います。こうすることで、「太陽神」の姿と同様になった〝紅く丸い容器〟は、外敵から「王」及び「王朝」を守護してくれるのです。

けれども、各王朝の「徳」が失われていくと、「鼎」の重さも何故か失われて、外敵が攻め入って〝その王朝から「鼎」が運び出される〟という伝承がありました。つまり、王朝繁栄の証しである「鼎」の重さは、ひとえに〝王の徳に掛かっている〟という考え方なのです。

このような考え方を、具体的に記しているのが史書の『春秋左氏伝《しゆんじゆうさしでん》』です。

《楚の主君は、軍事的な威嚇行動を行い、（中略）周にある「鼎」の大きさと重さとを訊ねた。それに対して周の臣下は「周が王権を保っているのは「徳」があるからで、「鼎」を保持しているかどうかではありません。昔、夏王朝が盛んな「徳」を保持していた頃、（中略）神々と人間との間に調和が生まれ、天の加護を得ることが出来ました。やがて「徳」の輝きが失われると、「鼎」は、殷（商）王朝に移りました。（中略）王朝の「徳」が盛んで輝かしい時には「鼎」は小さくても重いのです。（中略）周王朝の「徳」に翳りは見えますが、天命はまだ改まっておりません。まだ「鼎」の軽重を問うことは許されないのです」》

鄒衍の説いた「五徳終始説」は、このような時代背景の中で必然的に生まれた思想だったのです。

当時信じられていた「徳」には、現代とは多少、異なる意味合いも含まれていました。

殷（商）王朝期の「徳」という文字は、「十」と「眼」と「制圧」を意味する形（部首）から成り立っていて、〝呪術によって威圧された地帯〟の意味合いが強いのです。また周王朝期の「徳」では、それに「心」を加えた形で〝人徳的意味合いも加わっての威圧〟に変わります。

鄒衍の「王朝交替説」予言が成就したかのように、彼が亡くなって間もなく、革命王・秦《しん》の始皇帝《しこうてい》が天下を統一し、「水徳」の王朝として「秦王朝」を打ち立て、五徳終始説に沿った王朝交替であることを宣言したのです。「水徳」の天子となった彼は、黄河の水を「徳水」と呼び、法冠は水行数に合わせ「六寸」、輿は水行数に合わせ「六尺」等としました。自らも「水」の色〝黒い衣裳〟を身に着け、役人の服や旗の色までも「黒」で統一しました。

度量衡《どりようこう》の統一や漢字統一も行いましたが、「水徳」の王として、暦も水徳の伝説王・顓頊《せんぎよく》にちなみ「顓頊暦」に統一したのです。この暦は「水＝冬」十月を〝歳首《としはじめ》〟に観立てて新年をスタートさせる珍しい暦です。したがって、閏月は九月の後において「後九月」と表示されました。

ところが秦王朝から前漢王朝に変わると、前一〇四年・武帝の時に「顓頊暦」は「太初暦」へ変更されます。当然、十月歳首は排除され、立春「寅」節の「木＝春」正月を〝歳首〟として、新年がスタートする暦に変わったのです。それまで知識人を支配してきた「五行相勝説」に変わって、「五行相生説」が唱道されるようになったからです。

「水徳」の秦王朝に替わって、天下を制した前漢王朝は、もしも「五行相勝説」を継承していたなら〝「土徳」の王〟でなければならないのですが、新しく世の中を支配していた「五行相生説」を採用したため〝「木徳」の王〟で良いことになり、新しい暦も「木＝春」正月を〝歳首〟とする「太初暦」への変更がふさわしいということになります。五行説の変化が「暦」の改革をもたらしたのです。

第3章　十干・十二支に潜む謎と真実

四柱推命学は生年月日時を「十干」「十二支」に置き換えるところからスタートします。その「十干」「十二支」には、殷（商）王朝で「甲骨文字」、及び「十日十二辰」として誕生した〝原初の意味〟と、現在の推命学に結び付く「太初暦」以降の〝第二の意味〟と、二つの意味が矛盾することなく混在しているのです。

推命家は、その両方の意味合いを理解していなければいけません。

●殷（商）王朝期の「十日」と、太初暦以降の「十幹」

推命学の書籍の中で語られる「十干」解釈の多くは、約二千百年前の前漢王朝・武帝が改革した「太初暦」に基づく暦法を基礎として行われています。中国の推命家でも、日本の推命家でも、基本的には「太初暦」以降の〝「立春」歳首に基づく「干支暦」〟を拠り所として「十干・十二支」を研究しているのが普通です。つまり、「十幹・十二枝」と表記されるように変わって後からの干支です。

推命家が「十干」や「十二支」を考える場合、決して三千五百年以上前に「干支暦」を創始した〝殷（商）王朝期の人々〟が記した「十干（十日）・十二支（十二辰）」の文字解析からスタートしてはいないのです。

先にも述べたように、殷（商）王朝の人々、特に〝王族の男児〟として生まれた人物の場合には、必ず、その出生日の〝暦日としての「十干」〟が、「王名」に付け加えられる風習を持っていました。もちろん、それは殷（商）王朝一族に出生した王児だけの特異な風習で、五百年以上王朝が滅びるまで続けられました。殷（商）王朝より前の夏王朝でも、殷（商）王朝より後の周王朝でも、見受けることのできない著しい特徴の一つです。

どうして出生日十干を王名に加えたのかといえば、「十干」を「十日」として、〝十種の太陽神霊〟という意識で捉えていたからです。この場合の「神」は〝祖先神〟的な意味合いも強い「神」です。何故なら、殷（商）王朝一族は異常なほど〝祖先祭祀〟を行っているからです。そして、その場合、必ず、「十干王名」と「祭祀暦日」の十干を合わせて行っているからです。

彼らは「六十干支」を「十日十二辰」と呼びましたが、「日」は「太陽」を表す象形文字ですから、十日ごとに循環する〝十種類の太陽神霊〟を信じていたとしか思われないのです。太陽の「陽」には〝神霊の飛翔するさま〟（白川静《しらかわしずか》の説）の意味もあるからです。〝呪術信仰〟を促す「神霊」としての太陽は、事実上〝十日ごとに循環する〟と信じていたようです。

このような観点に立って見直せば、「太陽の王子」として、王朝一族の男児は〝十種の祖先神霊〟に見合う太陽神の輝きの中で、それぞれ〝十干の性質と能力〟を身に授かって出生する、と信じられていたようです。

現代の推命家は、〝太陽神霊〟も〝祖先神霊〟も信じているわけではないのですが、出生日の「十干」＝「我」として、本人にその日の〝十干の性質と能力〟が身に授かって出生する、という点に関しては、同一の発想を継承しているとも言えます。しかも、その発想は、本当に継承されたものではなく、周王朝出現と共に一度は完全に失われ、その二千年後に推命家・徐子平《じょしへい》によって蘇った発想なのです。

もっとも、徐子平は〝殷（商）王朝の王子〟を意識して復活させたのではなく、「年干支」＝「我」では的中率が悪かったので、的中率の良い「日干」＝「我」へと変更したに過ぎません。

年・月・日・時の干支が明らかに出揃った「太初暦」においては、いくつかの重要な暦の改正が行われました。暦の改革者・武帝は、その二百年以上前に一世を風靡《ふうび》した鄒衍の「王朝交替説」を忘れていたわけではありません。鄒衍の仮説である〝「夏王朝」＝木徳の王朝〟という考えを信じていたのです。そして暦の改正に当たっては、武帝がもっとも尊敬する「夏王朝」が用いたとされる「夏暦《かれき》」に戻そうとしたのです。

当時の知識階級では、何故か夏暦は「寅」を正月とし、殷（商）暦は「丑」を正月とし、周暦は「子」を正月とした、という仮説・伝承が信じられていました。

秦王朝が採用していた「顓頊暦《せんぎょく》」では、〝「水徳」の暦〟として、〝「水」＝「冬」〟十月節「亥」を歳首としていました。そこで「太初暦」では、〝「木徳」の暦〟として、〝「木」＝「春」〟正月節「寅」を歳首へと変えたのでした。

そればかりではなく、計算上の暦元としては「甲寅」年、「甲寅」月（節）、「甲寅」日にスタートラインを統一し、すべての開始を「甲寅」から開始させようと努力していたことが窺われます。

なぜ「甲寅」に合わせようとしたのかといえば、十干では「甲」が、十二支では「寅」が、共に陰陽・五行で「陽・木」に属する干支だったからです。つまり、「太初暦」という暦は、それまで全てが「水」の「癸亥」から始まっていた「顓頊暦」を改め、全てが「木」から始まる暦へと改正したのです。今日の推命学の書籍が、まるで最初から備わっていたかのように扱っている「年」「月」「日」「時（刻）」と〝十干・十二支＆陰陽・五行との関係〟は、「顓頊暦」で形を整え、「太初暦」で〝すべてを「木」に改めて〟完成させたと言えるのです。

十干・十二支に対する〝陰陽・五行の配当〟は、鄒衍の時代に或る程度まで出来上がっていましたが、「干支暦」として完全に固定されたものではありませんでした。例えば一日の開始時間ですが、おそらく「顓頊暦」では一日の開始が〝「水」刻＝「亥」（午後九時）から〟であったものを、〝「木」刻＝「寅」（午前三時）から〟へと改正しているのです。もちろん〝「木徳」の暦〟を意識していたからです。

このように鄒衍の「五徳終始説＝王朝交替説」を、強く意識していた武帝ですが、五行の循環説だけは〝鄒衍の「五行相勝（相剋）説」〟ではなく、思想家・董仲舒や劉歆が主張した「五行相生説」に基づく〝緩やかな王朝交替〟を採用したのです。もし鄒衍の主張に従ってしまえば、漢王朝もいずれは〝相勝の原理〟によっ

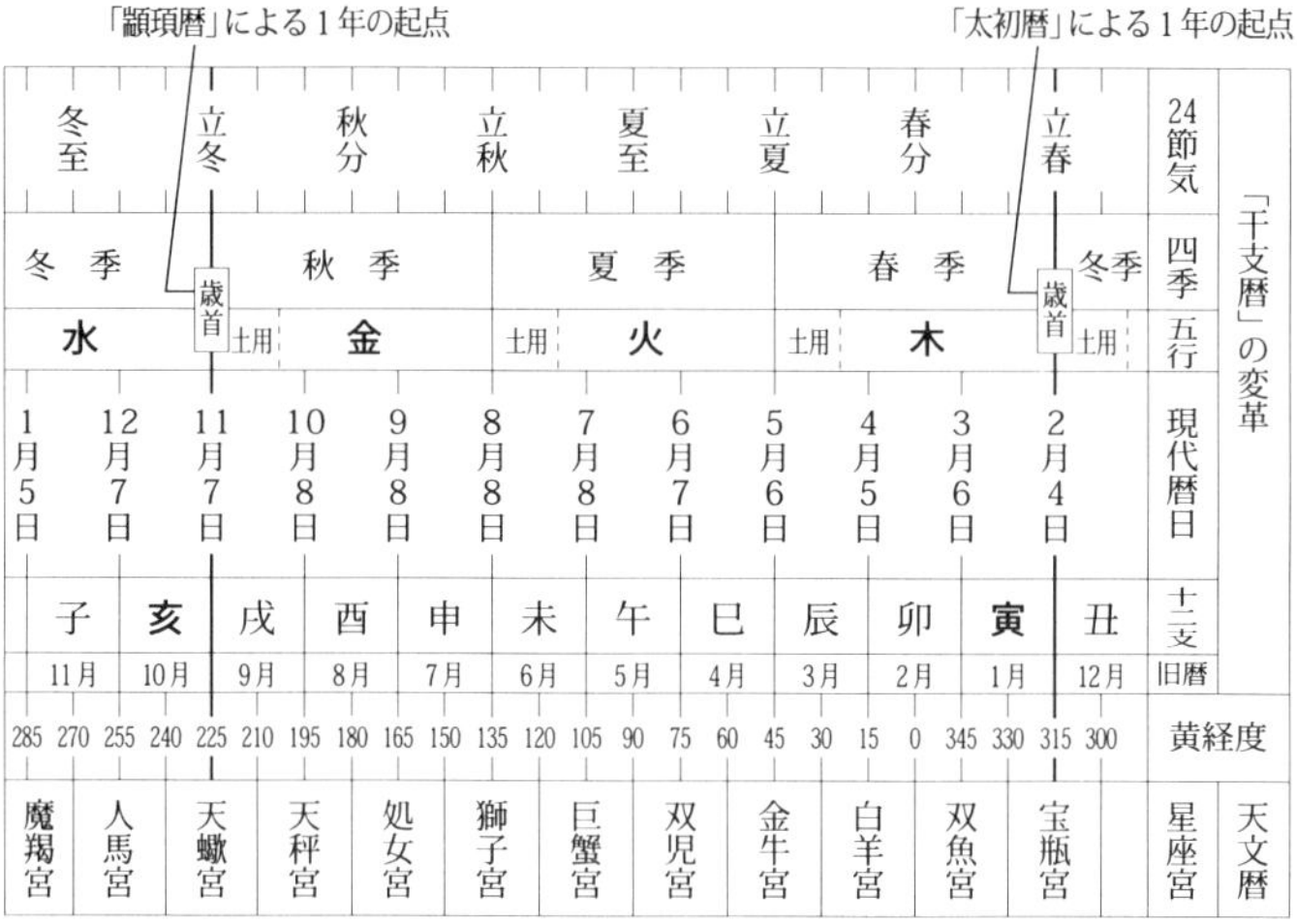

「顓頊暦」による１年の起点
「太初暦」による１年の起点
冬至 立冬 秋分 立秋 夏至 立夏 春分 立春 24節気
冬季 秋季 夏季 春季 冬季 四季
水 歳首 土用 金 土用 火 土用 木 歳首 土用 五行
1月5日 12月7日 11月7日 10月8日 9月8日 8月8日 7月8日 6月7日 5月6日 4月5日 3月6日 2月4日 現代暦日
子 亥 戌 酉 申 未 午 巳 辰 卯 寅 丑 十二支
11月 10月 9月 8月 7月 6月 5月 4月 3月 2月 1月 12月 旧暦
「干支暦」の変革
285 270 255 240 225 210 195 180 165 150 135 120 105 90 75 60 45 30 15 0 345 330 315 300 黄経度
魔羯宮 人馬宮 天蠍宮 天秤宮 処女宮 獅子宮 巨蟹宮 双児宮 金牛宮 白羊宮 双魚宮 宝瓶宮 星座宮
天文暦

【図表16】秦王朝が採用していた「顓頊暦」と前漢王朝が採用した「太初暦」の違い

て、〝革命王が勝利〟し、新たな王朝が打ち立てられることを危惧したからです。

「相生説」に基づく王朝交替の理論では、実在の王朝ではなく、神話伝説上の帝王たちが登場します。

【木徳＝伏羲《ふっき》（包犠）】→相生→【火徳＝神農《しんのう》（炎帝）】→相生→【土徳＝軒轅《けんえん》（黄帝）】→相生→【金徳＝少昊《しょうこう》（金天）】→相生→【水徳＝顓頊《せんぎょく》（高陽）】

新たな五行説の理論として注目を集めた「五行相生説」でも、神話伝説の帝王たちの交替劇は説明がついたのです。そこで、秦王朝「水徳」の暦＝「顓頊暦」から、〝相生理論〟に沿う形「水」→「木」で、「木徳」の暦＝「太初暦」が誕生しても違和感はなく、当時の社会には受け入れられたようです。

「五行相生説」では、植物に観るような〝四季に合わせた変化や盛衰〟を大自然は繰り返していて、その方が〝循環理論〟としても本来の姿だというのです。そして「天人相関説」を受け入れるなら、革命を伴わない〝相生理論〟を採用した方が後世のためにも良い、という考え方です。

結局、この〝相生理論〟を受け入れた結果、殷（商）王朝期「十日十二辰」だった十干・十二支は、「太初暦」が採用されて以降、季節を重視した「十幹・十二枝」へと切り替わったのです。

●太陽神霊としての「十日（十干）」の意味

殷（商）王朝期に初めて登場した「十日（十干）」は、単なる数字的暦日ではなく、個々の〝太陽神霊〟の特徴を備えた「太陽日」として扱われました。彼らの遺した甲骨文字は、その九割まで「祭祀」か「占い」に関する記録ですが、必ず、最初に「暦日」と「占い師名」を記し、その後、本文としての記録・事項が箇条書きされます。しかも、そこに記される占い師名は、王本人の名であることも多く、そうでなくても王一族に属する占い師名です。

殷（商）王朝の占いで興味深いのは、「甲」～「癸」迄十日間を「旬」として、「癸」の日に、まとめて占っているケースも多いことです。あくまで「甲」が〝トップの神霊〟で、「癸」が〝ラストの神霊〟という扱いなのです。

ここでは甲骨文字として暦日に登場する「十日（十干）」文字に対するさまざまな解釈を紹介します。

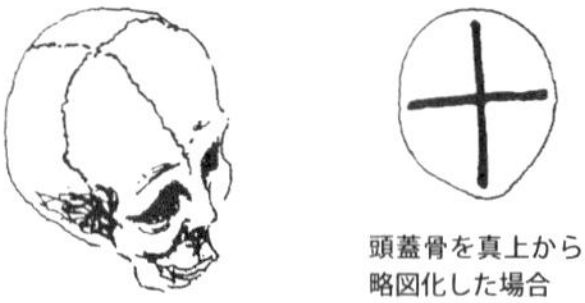
前頭縫合（十字形の線）のある頭蓋骨

—「甲」の甲骨文字の由来—

癸卯の日に王自ら占う。次の十日間「吉なり」……。

癸巳の日に王自ら占う。次の十日間「吉なり」……。

癸未の日に王自ら占う。次の十日間「吉なり」六月。

癸酉の日に王自ら占う。次の十日間に災いがないか。六月甲戌の日に祭祀が必要。「吉なり」

癸亥の日に王自ら占う。次の十日間に災いがないか。「吉なり」

癸丑の日に王自ら占う。次の十日間に災いがないか。「吉なり」五月。

殷墟卜辞 A

癸未の日に占う。次の十日間のこと。

癸亥の日に占う。次の十日間のこと。九月。

癸丑の日に占う。次の十日間に問題がないか。

癸卯の日に占う。次の十日間に問題がないか。

癸巳の日に占う。次の十日間に問題がないか。

殷墟卜辞 B

【図表17】殷（商）王朝遺跡から発掘された甲骨文字記録の実例。

卜辞Aでは、すべて王自身が占っていることに注目。またA・Bとも「癸」日にすべて占っている。

※A・Bともに『中国法書選1・甲骨文・金文』より引用

【甲】【十】【⊞】　【カフ】【コウ】

『説文』「甲」は人頭に象《かたど》る。又は、木の孚甲《ふこう》を戴く形。
『律暦志《りつれきし》』「甲」は種の皮を開く。
『漢和辞典』「甲」よろい。覆《おお》い被《かぶ》せて閉じ込める形。
白川　静説——亀の甲の形。武装された力の意。
赤塚　忠説——大麦種子が封印されている形。
藤堂明保説——固い殻に保護された形。種、又は卵の状態。
水上静夫説——坼裂《たくれつ》する外皮。
波木星龍説——前頭縫合（十字形）ある頭蓋骨。特異な頭蓋骨で「名誉」の証し。

【乙】【〜】【⺃】　【イツ】【オツ】

『説文』「乙」は人の頸《くび》に象る。又は、草木婉曲して出る形。
『律暦志』「乙」は草木の軋轢《あつれき》。
『漢和辞典』「乙」まがる。かがまる形。
白川　静説——獣の骨による骨ベラ。もつれを解く役割。
加藤常賢説——両刃ある鑿《のみ》の形。
藤堂明保説——地中で屈曲する状態。抑圧され伸び出せない意。

水上静夫説―― 文字を彫る彫刻刀。 曲がりながら伸びた彫り目。
波木星龍説―― 男子の頸の形。 人と人、物と物をつなぐ使命。

【丙】【】【】 【ヘイ】【ハウ】

『説文』 「丙」は人の肩に象る。 又は、陽光冂《けい》に入る形。
『律暦志』 「丙」は炳然《へいぜん》と現れる。
『漢和辞典』 「丙」 あきらか。 魚の尾。
白川 静説―― 武器や兵器の台座。 血筋を正していく意。
加藤常賢説―― 祭儀に用いる机の形。
藤堂明保説―― 魚尾が左右に張り出した形。
水上静夫説―― 祭祀用俎板《まないた》の台。 ピンと張った魚の尾。
波木星龍説―― 両肩を張った形。 晴れ舞台を飾る個性と輝き。

【丁】【】【】 【テイ】【タウ】

『説文』 「丁」は人の心に象る。 又は「鐕」の象形。
『律暦志』 「丁」は草木の丁壮《ていそう》。
『漢和辞典』 「丁」 あたる。 矢の的。

白川　静説――釘の頭の平面形。　安定させる役割。
加藤常賢説――釘の形。
赤塚　忠説――真っ直《す》ぐで丸い杖。
水上静夫説――板など継ぎ合わせる釘。　先祖を祭る聖地の庭。
波木星龍説――人体の急所としての心臓。　命の手綱を握っていく役目。

【戊】【】【】【ボウ】【ボ】

『説文』「戊」は人の脇腹に象る。　又は動物を縛る形。
『律暦志』「戊」は茂り盛んなり。
『漢和辞典』「戊」ほこ。　斧鉞《ふえつ》の形。
加藤常賢説――円曲の鉋《かんな》の形状。
赤塚　忠説――盛大に葉が茂る状態。
藤堂明保説――抵抗を冒して切る武器。　地表を破って顔を出す意。
水上静夫説――嵌《は》め込み式の鉞《まさかり》。　遮《さえぎ》るものを押し分け成長する。
波木星龍説――脇腹の脅骨。　身内を防御していく人生。

【己】【】【】【キ】【コ】

『説文』「己」は人の腹に象る。　又は、土器文様。
『律暦志』「己」は定形に記す。
『漢和辞典』「己」おのれ。　起き上がる形。
白川　静説――定規に似た糸巻き器。　秩序正しく整える役割。
加藤常賢説――糸の曲がりくねった形。
赤塚　忠説――紀律を正す形。
藤堂明保説――植物が屈曲する形。　若芽が起き立つ時期。
波木星龍説――人体の腸の形。　物事を消化吸収し役立たせていく任務。

【庚】【】【】【カウ】【コウ】

『説文』「庚」は人の臍《へそ》に象る。　又は、穀物が実るさま。
『律暦志』「庚」は硬く改まる。
『漢和辞典』「庚」かたい。　心棒が通っている形。
白川　静説――両手で杵を持って脱穀・精白する形。　健康で次々脱皮していく意。
郭　沫若説――楽器の鉦《しょう》の象形。
藤堂明保説――中央にシンが通っている茎。　一本筋が通っている姿。

水上静夫説――Y字形をして立つ心棒の形。筋金入りのものに変わる意。
波木星龍説――人の脊柱。主義主張を貫く人生。

【辛】【】【】　【シン】【カラ】
『説文』「辛」は人の股に象る。「辛」は罪の文身。
『律暦志』「辛」は新たな実。
『漢和辞典』「辛」つらい。大きな直針の形。
白川　静説――把手のついた大きな入れ墨用の針。神に捧げられた特異な女身。
加藤常賢説――文身《ぶんしん》をする針の形。
赤塚　忠説――成熟前に小枝を出す樹。
水上静夫説――鍼《はり》、又はその先端部。革新に伴う痛み。
波木星龍説――女性の股の形。「生贄《いけにえ》」としての犠牲的な生き方。

【壬】【】【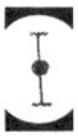】　【ジン】【ニン】

『説文』「壬」は人の脛《すね》に象る。又は、人の懐妊の形。

『律暦志』「壬」は懐妊する。

『漢和辞典』「壬」ふとい。中ほどが膨れる形。

白川　静説――たたき台としての工具。　重要な任務を帯びた人。
加藤常賢説――糸を巻く軸の形。
藤堂明保説――織機のI字形心棒。　収穫物で蔵が膨れる意。
水上静夫説――織機の縦糸を巻き付けた形。　果実が成熟を始める。
波木星龍説――人の脛《すね》の形。　過酷な試練を担う運命。

【癸】【】【】【キ】

『説文』「癸」は人の足に象る。　水四方より流れて地中に入る形。
『律暦志』「癸」は推し量るべき。
『漢和辞典』「癸」はかる。　一回転する形。
加藤常賢説――三鋒の武器の形。
赤塚　忠説――「闋《くさり》」で回転の意。　一つの周期が終わる意。
藤堂明保説――先が四つの鋒の象形。　一巡りの意。
水上静夫説――「戣《き》」という刃先ある武器。　「日廻り」＝「葵」で、循環する意。
波木星龍説――両脚を組んだ形。　胡坐《あぐら》を組んだ形で、時々休戦する生き方。

このように殷(商)王朝時の「十日(十干)」に対する種々な観方や捉え方が存在していますが、私は基本的に『説文』の捉え方を尊重しています。文字の形状だけからいえば、必ずしもそのまま受け入れられる象形ばかりではないのですが、〝十個の太陽神霊〟が、一つの順序として不動で、それぞれに相関性があり、ひとまとめにもなり得る存在であることを思うと、殷王朝の王子達に備わった「十日」それぞれが意図していたのは「十月十日」で産まれて来る〝人体それぞれの部位を担うもの〟であった可能性は大きいからです。

実際の文字象形としては、若干首を傾げるものもあり、紹介した専門研究者たちの仮説の方が、正しい文字（字源）もあるに違いありません。ただ、そうであったとしても、「十日（十干）」文字創作の原初に意図されていた象形は、『説文』や私の仮説が主張するような〝人体各部位〟であったに違いないのです。そして、『説文』では触れていないことですが、その〝人体各部位〟が秘めている〝役割・性質・特徴〟こそ、一番の意図であったと考えられます。

因みに前頭縫合が「十字形」となる人種は、古代の中国大陸から出現しているもので、そういう点からも「王朝人種」としての血統・一族を重視していたのかもしれません。

●「太初暦」以降の「十幹（十干）」としての意味

殷（商）↓周↓（戦国）↓秦↓前漢と王朝が続いていく中で、戦国時代から前漢王朝にかけて「陰陽・五行思想」が浸透し、暦法にもそれが取り入れられたことで、暦日としての「十干・十二支」にも陰陽・五行が当て嵌められるようになりました。

それによって生まれ変わった「十日（十干）」は、〝陰陽・五行を重視した「十幹」〟となって、新たな意味合いが強まることになったのです。今日、多くの推命家が「十干」として理解している意味合いは、「十幹」として生まれ変わった後の十干の方なのです。ここでは、その代表的な解釈を三人の推命家の著書から抜粋し、私見を加える形で解説していきましょう。

【甲】【木の兄】【きのえ】

内田明道説——そそり立つ巨木を意味し、将来、用材として人々のためになる樹になろうとします。人を統率して物事を推し進め、社会のため尽くし、大勢の人達からの信頼を勝ち取ろうとします。

竹内一景説——大木を意味しています。天に向かってまっすぐ伸びているような木です。「辛」と組合わすと「棍棒」となり、「丁」と組合すと「薪」となり、「壬」と組合すと「木片」に変化していきます。

鮑　黎明説——天に向かう大樹で、向上心に富み、発展成長していくために努力を惜しみません。道徳を重んじ、堅実さを信条とします。短所は人に干渉しやすく頑固で妥協性に乏しいことです。

波木星龍説——五行「木」陰陽「陽」としての樹木です。理想追求型で精神面を重視します。プライドが高く名誉運に恵まれています。身長が高く肢の長い人は人気が出やすく成功率が高いでしょう。

【乙】【木の弟】【きのと】

内田明道説——美しい草木を意味し、辛抱強くて美的なセンスがある人です。積極的とは言えないけれども努力を惜しまず、人と協調しながら粘り強く、それぞれの環境の中で力を発揮します。
竹内一景説――花や草といった植物を意味しています。人の心を和ませる存在です。「甲」と組合すと「蔓草」となり、「乙」と組合すと「雑草」となり、「丁」と組合すと「芝生」に変化していきます。
鮑　黎明説――柔和で表現力豊かな草花で、現実をわきまえ、置かれた環境に順応していこうとします。謙虚で協調性もあります。短所は風向き次第で態度を変えるとか嫉妬心が強いことです。
波木星龍説――五行「木」陰陽「陰」としての草花です。その時々の流行に敏感で、何事にも柔軟性ある対応が出来ることです。色白で髪が長く指先美しい人は人気が出て成功しやすいでしょう。

【丙】【火の兄】【ひのえ】

内田明道説――光り輝く太陽を意味し、明るく情熱的で個性の強い人です。物事すべてに楽天的で陽気に振る舞いますが、内心は傷つきやすく、持久力に欠け、プライベートで暗くなりがちです。
竹内一景説――万物に光を注ぐ太陽を意味しています。活発で何事もスピーディーです。名誉を得ると金運もアップします。夏生まれは喧嘩し易く、「丁」と組合すと「燃える炎」に変化していきます。
鮑　黎明説――燃える太陽で些細なことは気に掛けず、物事を単純に割り切っていきます。くよくよと悩むことはありません。短所は衝動的になりやすく、気分屋で我儘が出やすいことです。
波木星龍説――五行「火」陰陽「陽」としての太陽です。華やかなムードを持ち、目的に対して情熱的で名誉運を持っています。個性的で華やかな雰囲気の人は才能を発揮し成功しやすいでしょう。

【丁】【火の弟】【ひのと】

内田明道説――囲炉裏《いろり》や焚火《たきび》の火を意味し、表面は柔和で物静かに見えながら、内面的には激しく急進性を持っている人です。用意周到で緻密な性質は、世の中に希望の光を灯そうとします。

竹内一景説――その時々で姿を変えて、さまざまな場面の火へと変化していきます。「丁」と組み合すと「松明《たいまつ》」となり、「甲」と組合すと「たき火」となり、「庚」と組合すと「ふいごの火」になります。

鮑　黎明説――一か所に燈る明りの火で、礼儀正しく、温和で控えめな改革精神を秘めています。慎重ですが恋をすれば犠牲をいとわず身を焦がします。短所は周りに誤解されやすいことです。

波木星龍説――五行「火」陰陽「陰」としての灯火です。周《まわ》りに明るさと癒しを与えていくタイプで、何事にも好奇心旺盛です。夕方〜夜にかけて能力を発揮し、秋〜冬にかけて人気が上昇します。

【戊】【土の兄】【つちのえ】

内田明道説――河の氾濫を防ぐ乾燥した堤防の土を意味し、周囲の環境に巧みに順応し社交性がある人です。どんな人とでも交際できますが、見掛け的なものに拘《こだわ》り、腹を割る親友はいません。

竹内一景説――岩のような岩石を意味しています。周囲の信頼を得ていく存在です。「丙・辛」と組合すと「山」となり、「乙」と組合すと「花瓶」となり、「壬」と組合すと「堤防」に変化していきます。

鮑　黎明説――堅固な岩石のようにどっしりと落ち着いていて、何事にも真面目で実直です。しっかり基礎固めして物事に取り組みます。短所は頭が固く融通性に欠け、お世辞に弱いことです。

波木星龍説――　五行「土」陰陽「陽」としての山岳です。保守的で臨機応変さには欠けていますが、持久力があり信頼出来ることです。やや高台の戸建に暮らす人は能力を発揮しやすいでしょう。

【己】【土の弟】【つちのと】

内田明道説――　田園の湿度を意味し、どんな環境でも規律正しい生活をし、細心で用心深いところがある人です。与えられた任務に努力し、協調性もあるので経済的に恵まれた人生を歩みます。

竹内一景説――　栄養素が含まれた大地を意味しています。人情に厚い性質です。「己・癸」と組合すと「田圃《たんぼ》」となり、「辛・壬」と組合すと「泥」となり、「丁」と組合すと「炉」に変化していきます。

鮑　黎明説――　肥沃な田土なので内面の充実に熱心で、日頃から勉強家であり理解力にも富んでいます。多芸多才で器用でもあります。短所は周りに振り回されやすく利用されやすいことです。

波木星龍説――　五行「土」陰陽「陰」としての田園です。気さくな庶民派であり、情緒性にも優れ、何に対しても吸収が早い性質です。自分の趣味・興味を持つ分野が役立ち収入を増やすでしょう。

【庚】【金の兄】【かのえ】

内田明道説――　刀剣・槍・鉱石などを意味し、意志が強くて経済面に明るい人です。物質万能主義的な考えに捉われがちですが、中々の手腕家であり、世渡り上手なので実社会で力を発揮します。

竹内一景説――　鉄鋼を意味しています。働くことが大好きで真正面から取り組む人です。「甲」と組合すと「斧」となり、「乙」と組合すと「巨大鋏」となり、「丁」と組合すと「刀」に変化していきます。

鮑　黎明説――鋭く強い剣の鋼鉄で、豪放磊落《ごうほうらいらく》で意志が強く、せっかちで負けず嫌いです。虚偽不正を憎み、義侠心の強さも特徴です。短所は気に入らなければ容赦なく排除し粗雑なことです。

波木星龍説――五行「金」陰陽「陽」としての刀剣です。正義感が強く働き者で、積極性があり邪魔者は切り捨てるタイプです。自分だけの切り札があれば、ライバルに打ち勝っていけるでしょう。

【辛】【金の弟】【かのと】

内田明道説――珠玉・宝石・砂金などを意味し、誇り高くて愛嬌には乏しい人です。目標への執着心とこだわりが強く、妥協性には欠けますが、どのような困難にも耐え忍んで物事を達成します。

竹内一景説――小粒でもキラリと光る宝石を意味しています。剃刀《かみそり》を意味することもあります。デリケートで信仰心は強いでしょう。「乙」と組合すと「鋏《はさみ》」となり、それ以外なら「宝石」となります。

鮑　黎明説――光を放つ金銀珠玉で、繊細で独創力があり、同情心も強いタイプです。新奇なものを好み八方美人な傾向もあります。短所は面子《メンツ》を必要以上に重んじ苦労を背負い込むことです。

波木星龍説――五行「金」陰陽「陰」としての宝飾です。繊細・潔癖で完全主義者です。虚栄心が強く褒め言葉に弱いようです。髪飾りやピアスにセンスが光ると人気が出て成功しやすいでしょう。

【壬】【水の兄】【みずのえ】

内田明道説――大河の水を意味し、清濁を飲み込む度量の大きさがある人です。周囲に対する面倒見が良い反面、何事も人任せでルーズな面があり、運勢的に浮き沈みが生じやすいようです。

竹内一景説――川や湖の流れを意味しています。親元を離れ自由に暮らします。「甲・乙・丙」と組合すと「湖」となり、「己」と組合すと「泥水」となり、「壬」と組合すと「洪水」に変化していきます。

鮑　黎明説――豊かな海洋と江河で、悠長で楽観的な性質を持ちます。勇気に満ち、社交性があり、好機の到来を見逃しません。短所は極端に束縛を嫌い、飽きやすく、依頼心が強いことです。

波木星龍説――五行「水」陰陽「陽」としての河海です。一か所に落ち着くことなく自由に流れ動き、臨機応変に対応出来ることです。時代の流れに乗れば才能を発揮し成功を呼び込むでしょう。

【癸】【水の弟】【みずのと】

内田明道説――雨露の水を意味し、正直で潔癖、勤勉で研究心が強い人です。周囲を気に掛けやすいので、逆境に脆《もろ》く、考えすぎて身動きできず、精神面さえ克服出来れば実力を発揮できます。

竹内一景説――天から大地に降り注ぐ雨を意味しています。多情多感で情緒性溢れる存在です。どんな環境でも順応していけます。通常は雨ですが「癸」と組合すと「大雨」に変化していきます。

鮑　黎明説――微弱で細やかな浸透力の強い雨で、コツコツと努力を重ね、神経質ですが物静かで順応性もあります。幻想を夢見て生きます。短所は純粋過ぎて相手に騙《だま》されやすいことです。

波木星龍説―― 五行「水」陰陽「陰」としての雨雪です。情緒性豊かですが意志が弱く、周りの影響を人一倍受けやすいでしょう。癒しの時間と安らぎを得られれば、勘が鋭くなり能力を発揮します。

●新月と深く関わる「十二辰（十二支）」

「太初暦」以降の中国では、「十干」は「十幹」と記され、「十二支」は「十二枝」と記されることが多くなりました。あたかも最初からそうだったかのように、十干・十二支は「陰陽・五行説」を備えた「幹・枝」として生まれ変わっていったのです。けれども、殷（商）王朝期の「十日（十干）」が元々〝太陽神霊〟を意図していたように、「十二辰（十二支）」の方も、単なる〝十幹の枝〟として出現したものではありません。実は「十日・十二辰」の「日」が〝太陽〟の象形文字であったように、「辰」は〝大蛤《おおはまぐり》（蜃《しん》）〟の象形文字でした。

なぜ〝十二の大蛤（蜃）〟なのかと云えば、太陰暦による一年間が〝十二か月間〟だったからです。つまり、十二回の「朔望月」が繰り返されるからです。朔望月においての「新月」とは、太陽と月とが〝重なり合う現象〟のことです。この〝重なり合う直前の姿〟が、大蛤の貝殻が重なり合いながらも、蜃肉が〝僅《わず》かながら出て微妙にブルブル震える姿〟の形状・色合いに不思議と似ているのです。

より詳しくいえば、その現象は太陽と月とが重なる直前の夜明け前（厳密には「晨＝午前四時」時刻）の地平線上で、東（厳密には「辰＝東南東」）方位に見える〝震えるような細い月の姿〟です。だから、「太陽」の位置変化ではなく「月（太陰）」の位置変化としての〝十二辰〟なのです。

これらの説明の中で〝「辰」が含まれた文字〟が種々出て来るのは偶然ではありません。元々〝日（太陽）・月（太陰）が重なり合う現象〟に由来する文字だったから、「蜃」「震」「晨」等にも「辰」字が含まれているのです。

実際には「冬至」前後の「新月」から「正月」をスタートさせるので、新月直前の「辰＝震えるような細い月」が出現した日の「夕＝午後八時頃」に、北斗七星の斗柄《とへい》が指し示している方位〟にそって「子」↓「丑」↓「寅」↓「卯」↓「辰」↓「巳」↓「午」↓「未」↓「申」↓「酉」↓「戌」↓「亥」と、順次「十二辰」を定めていったと思われます。

【図表18】「晨」(AM4：00)の時刻に「辰」(東南東)の方位に〝震えるような細い月〟が見える現象が本来の「辰」

この間の事情を『左伝』では《日月の会、これを「辰」と謂う。故に以って日に配す》と伝えているのです。

つまり、太陽と月との会合（新月）のことを「辰」と呼び、その〝十二辰〟を「十日（十干）」と配合（組み合わせ）したものが「十日・十二辰」だという意味です。

したがって「十二辰」というのは、最初から或る程度〝方位と季節を意図していた〟と思われ、土圭によって求められた正しい「子午線」や「東西線」を基にした〝十二支方位〟としての配当は、その後も変更されることなく継承され続けたのだと思われます。

「十二辰」が〝十二の「辰＝震えるような細い月」〟で、方位や季節と関わっていることが理解されたと思いますが、それでは個々の甲骨文字表記は一体何を表していたのでしょう。

すでに第一章でも述べたように、太陰暦で云う「十月十日」の妊娠期間は、実際には九か月間＋十日間を意味するものですが、〝丸い天空〟の太陽神を意図している「日（太陽神霊）」と、〝四角い大地〟と関係が深い「新月（方位）」が意図するのは〝妊娠期間に成長する肉体〟であると考えられます。

もちろん、「十日（十干）」同様に、さまざまな仮説が甲骨文字として記された「十二辰（十二支）」それぞれの文字に対して与えられています。

●殷（商）王朝「十二辰」に対するさまざまな見解

【子】【】【】 【シ】【ジ】

『説文』　「子」は十一月。陽気動きて万物滋えるなり。又は、髪に象る。

『論衡』　「子」は鼠なり。

『漢和辞典』　「子」こ。頭が大きい乳児の形。

赤塚　忠説――生命としての精霊の象形。

加藤常賢説――長い髪を持った魌頭の形。

荒木俊馬説――孟春正月。祭祀に用いる器具の形。

水上静夫説――臂や脛をもつ魌頭の形。幼児の頭上に髪がある形。

波木星龍説――　精子に似た頭部の形。　継承すべきものを備えている運命。

【丑】【】【】　【チュウ】【ジュウ】

『説文』　「丑」は十二月。　万物動いて事を行う。　又は、手の形に象る。

『論衡』　「丑」は牛なり。

『漢和辞典』　「丑」　うし。　指先を曲げる形。

赤塚　忠説――　精霊が母体と結び合った象形。

飯島忠夫説――　「紐」で萌芽が伸び得ない有様。

荒木俊馬説――　仲春二月。　鋤鍬《すきくわ》のような農具の象形。

藤堂明保説――　植物が地下で屈曲して伸びかねている様子。

波木星龍説――　卵子と精子が結ばれる形。　結び合う絆を体現する運命。

【寅】【】【】　【イ】【イン】

『説文』　「寅」は正月。　陽気動き黄泉を去って上出する。　又は、髕《ひん》（膝関節の骨）に象るなり。

『論衡』　「寅」は虎なり。

『漢和辞典』　「寅」　つつしむ。　矢を真っ直ぐ引き延ばす形。

赤塚　忠説――　受精した卵子が成長する象形。

加藤常賢説――両手で竹矢の曲がりを伸ばす形。

荒木俊馬説――季春三月。農具作成の形。

水上静夫説――竹箭《ちくせん》の中間に錘《おもり》が附いた矢の形。

波木星龍説――動きながら胎児を形作っていく。抜きん出ようとする運命。

【卯】【】【】【ボウ】【バウ】

『説文』「卯」は二月。万物地を冒して生ず。又は、開門の形に象る。

『論衡』「卯」は、兎なり。

『漢和辞典』「卯」う。門を両側に開ける形。

赤塚　忠説――母体から独立した象形。

新城新蔵説――「卯」は疑いもなく「四」の象形。

荒木俊馬説――孟夏四月。鐘鼎《しょうてい》文字の「四」の形。

水上静夫説――馬が口中に含む銜《くつわ》の形。門扉《もんぴ》を無理に押し開ける形。

波木星龍説――胎児が母体と分かれ独立する形。分割を受け入れて生きる運命。

【辰】【】【】【シン】【ジン】

『説文』「辰」は三月。陽気動き、雷電を震《ふる》うは農の時なり。又は、「房」の星宿に象る。

『論衡』「辰」は、竜なり。

『漢和辞典』「辰」たつ。ブルブル震え動く蜃の形。

新城新蔵説――「大辰」としての「大火（さそり座）」の象形。

加藤常賢説――大蜃の殻から蜃肉が出て運動する形。

荒木俊馬説――仲夏五月。仲夏の時を正す「大火」を中心とした蠍《さそり》座の象形。

水上静夫説――殻の中の肉がブルブル震える形。「蜄」で、胎児の活動を認めること。

波木星龍説――胎内で胎児が振動する象形。社会的活動を使命とする運命。

【巳】【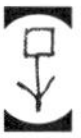】【】【シ】【ジ】

『説文』「巳」は四月。陽気既に出て、陰気既に蔵《かく》れる。又は、蛇に象る。

『論衡』「巳」は、蛇なり。

『漢和辞典』「巳」み。蛇の形。胎児の形。

赤塚　忠説――嬰児の象形。十二支が懐妊から幼児までの象形である証。

新城新蔵説――北斗の象形。疑いもなく蛇の形。蛇の跳躍する季節。

荒木俊馬説――季夏六月。初めの形は北斗七星。後に蛇の形。

藤堂明保説――母体内で胎児の頭と胴が出来かけた形。

波木星龍説――母体内で胎児がほぼ出来かけた形。新たなものを創造する運命。

【午】【】【】【ゴ】

『説文』「午」は五月。　陰気が陽気に逆らい、地を冒して出る。
『論衡』「午」は、馬なり。
『漢和辞典』「午」　さからう。　杵《きね》を搗《つ》く象形。
赤塚　忠説――胎動が激しくなったこと。
白川　静説――祭祀に用いる杵形の呪器。　邪悪を御する。
荒木俊馬説――孟秋七月。　蚕による繭糸《けんし》の象形。
水上静夫説――トントン穀物を搗く杵の形。
波木星龍説――胎児が足で搗いて来る形。　繰り返される下剋上の運命。

【未】【】【】【ビ】【ミ】

『説文』「未」は六月。　味わいなり。　又は、木枝に象るなり。
『論衡』「未」は、羊なり。
『漢和辞典』「未」　いまだ。　樹木の細い小枝の形。
赤塚　忠説――まだ視力が得られない意。
白川　静説――枝が茂っている木の形。　味が優れている。
荒木俊馬説――仲秋八月。　穀物の成熟する季節。

飯島忠夫説――万物成熟して滋味を生じた有様。
波木星龍説――胎内で食欲旺盛なる形。　枝分かれするものを育《はぐく》む運命。

【申】【】【】【シン】

『説文』「申」は七月。　陰気成長して自ら伸び縮みする。　又は、神に象る。
『論衡』「申」は、猿なり。
『漢和辞典』「申」もうす。　稲妻の形。
赤塚　忠説――胎児の身長が伸びる形。
白川　静説――天の威光を表す稲妻の象形。　「神」の元字。
加藤常賢説――稲光の象形。　又は、背骨と肋骨の象形。
荒木俊馬説――季秋九月。　雷の象形。
波木星龍説――背骨と肋骨が発育する形。　使命感を抱き行動する運命。

【酉】【】【】【イウ】【ユウ】

『説文』「酉」は八月。　熟した酒を醸す。　又は、秋門に象るなり。
『論衡』「酉」は、鶏なり。
『漢和辞典』「酉」とり。　酒壺を描いた象形。

赤塚　忠説――胎児の身体が成熟する。
新城新蔵説――酒樽の形。　十月に新酒を饗す。
荒木俊馬説――孟冬十月。　新酒を神に捧げる形。
飯島忠夫説――万物が成熟の極に達した有様。
波木星龍説――胎児の身体が成熟した形。　飲酒が運命を大きく変える人生。

【戌】【】【】　【シュツ】【シュチ】

『説文』「戌」は九月。　陽気微かにして万物ことごとく成る。　「戌」は「滅」なり。
『論衡』「戌」は、犬なり。
『漢和辞典』「戌」いぬ。　鉞の一種の形。
赤塚　忠説――赤子の誕生。　大声をあげ手足を動かすさま。
加藤常賢説――明白に武器の全体形。
荒木俊馬説――仲冬十一月。　星宿「参（参伐）」＝オリオン星座の象形。
藤堂明保説――「一」と「戈」との会意文字。　作物を刈って収獲する意。
波木星龍説――臍《へそ》の緒《お》を切って出産する形。　組織内から独立する運命。

【亥】【】【】　【カイ】【ガイ】

『説文』「亥」は十月。微陽起こり、盛陰に接す。又は、草の根に象る。

『論衡』「亥」は、豕なり。

『漢和辞典』「亥」い。動物の骨組みを描いた象形。

赤塚　忠説――骨格が固まって抱きかかえられる嬰児。

白川　静説――祟《たた》りをもたらす獣の骨組み。

藤堂明保説――家畜の骨格全体を表した象形。

水上静夫説――豚、又は猪の骨格を横から見た形。

波木星龍説――骨格が発達していく幼児。主義主張のハッキリした人生。

●「太初暦」以降の「十二枝」に対するさまざまな見解

殷（商）王朝期の「十二辰」が、一年間における朔望月の回数と、それに伴う各月ごとの事象・現象に由来した文字形であることはほぼ確実です。そして、その背景として意図されていたのは〝出生する王子〟の胎内における「精霊」→「胎児」→「嬰児」→「幼児」としての〝肉体的な成長過程〟です。

殷（商）王朝期の「十日（十干）」が、一日ごとに変わる〝太陽神霊〟として、それぞれ固有の〝性質〟や〝能力〟を出生児に付与していたように、「十二辰」の方は〝王子となるべき肉体〟の成長過程の段階を表し、この二つを見事に組み合わせて〝天空世界を地上に反映〟する、「天人相関説」を先取りしたかのような〝神聖暦〟

としての祭祀暦を作り出していたのです。

当然と言えば当然のことですが、彼らは〝人類にとって普遍の暦〟を作ろうとしたのではありません。自分達〝殷（商）王朝一族のための暦〟を作ろうとしたのです。

彼らにとって重要だったのは、〝王朝一族としての血統〟であり、〝天空神（自然神を含む）〟の源としての「太陽」「月（太陰）」「北斗七星」が教える〝時の循環法則〟でした。彼らが作成した「干支暦」は五百年余の王朝期間、そういう〝神聖暦〟としての役割を見事に果たしてくれたのでした。そして奇妙にも、彼らの王朝が滅して後も、「日干支」そのものは何ら変更されることなく生き続けて、三千五百年後の今日へと伝わっているのです。

そればかりではなく二千年間の空白の時を経て、推命家・徐子平によって再び息を吹き返し、殷（商）王朝期の王子達のように推命学上で〝「日干」＝「我」として蘇った〟のです。必ずしも推命家達は〝太陽神霊〟と観立てているわけではありませんが、それぞれの十干が秘めている性質や能力を付与されたものと仮定し、殷（商）王朝期とは違った視点で、「十干（十日）」や「十二支（十二辰）」に〝新たな生命〟を与えたのでした。

なかでも「十二枝」に変わった「十二辰」は、その〝月支〟に対しても、〝年支〟に対しても、〝時（刻）支〟に対しても、「太初暦」以降、一定の移動基準を設けるようになりました。殷（商）王朝期から継続していた〝日支〟のみが、何らの変更も基準も設けられず継続されたのです。

先に示した殷（商）王朝期の「十二辰」文字解析で、天文学者でもあった新城新蔵《しんじょうしんぞう》と荒木俊馬《あらきとしま》が共に「子」の新月を「正月（一月）」と見立てた解釈を展開し、『説文』解釈の「十一月」とは二か月間のズレが見受けられました。

『説文』は鄒衍が出現し、五行説が浸透して後の解釈なので「木＝春＝正月＝寅」という〝歳首〟を絶対視し、「年」も、「月」も、「日」も、「時刻」も、暦元上では「甲寅」から干支をスタートさせ、あたかもそれが殷（商）王朝ではなく、夏王朝からスタートしていた〝暦本来の姿〟であるかのように装ったのです。

けれども殷（商）王朝の暦は「寅」（立春）の新月を「正月（一月）」と見立てていたのではありません。北斗七星が真北を指す「子」（冬至）の新月を「正月（一月）」と見立てていたのです。殷墟から出現した〝六十干支表〟のスタートは「甲寅」ではなく、「甲子」だったのです。

暦法としてのスタートは、当然と言えば当然かもしれませんが、一年中でもっとも土圭の影が長くなる「冬至」の「新月」を基準とし、天文観測を行う昏（午後八時）に、北斗七星の斗柄《とへい》が指し示す「子」（真北方位）こそ、暦日の初日にふさわしいと考えたに違いありません。

この日、「新月」となって観察出来ない「十二辰」（月＋太陽）そのものの位置は「丑」方位にあるのです。こうして北斗七星が指し示している「子」方位と、事実上の〝新月位置〟である「丑」方位とは、推命学に精通している方なら誰もが知っているように〝支合〟（一六六頁参照）の関係を形成します。天空上における北斗七星の斗柄は「子」→「丑」→「寅」…と毎月移動していくのですが、丁度それとは逆方向に向かって「十二辰（新月）」位置は「丑」→「子」→「亥」…と移動していきます。つまり〝支合〟とは、北斗七星と新月による相互間の位相なのです。

★北斗七星の斗柄方位（正月を「子」とした場合）
正月「子」（真北）→2月「丑」（北北東）→3月「寅」（東北東）→4月「卯」（真東）→5月「辰」（東南東）
→6月「巳」（南南東）→7月「午」（真南）→8月「未」（南南西）→9月「申」（西南西）→10月「酉」（真西）
→11月「戌」（西北西）→12月「亥」（北北西）

★新月位置（十二辰）の移動方位
正月「丑」（北北東）→2月「子」（真北）→3月「亥」（北北西）→4月「戌」（西北西）→5月「酉」（真西）
→6月「申」（西南西）→7月「未」（南南西）→8月「午」（真南）→9月「巳」（南南東）→10月「辰」（東南東）
→11月「卯」（真東）→12月「寅」（北北東）

★12支の支合★
「子（北斗）」＝「丑（新月）」⟶「丑（北斗）」＝「子（新月）」→「寅（北斗）」＝「亥（新月）」→
「卯（北斗）」＝「戌（新月）」⟶「辰（北斗）」＝「酉（新月）」→「巳（北斗）」＝「申（新月）」→
「午（北斗）」＝「未（新月）」⟶「未（北斗）」＝「午（新月）」→「申（北斗）」＝「巳（新月）」→
「酉（北斗）」＝「辰（新月）」⟶「戌（北斗）」＝「卯（新月）」→「亥（北斗）」＝「寅（新月）」→

前漢・武帝による「太初暦」では、六十干支日だけでなく、正式に〝年干支〟や〝月（節）干支〟や〝時刻

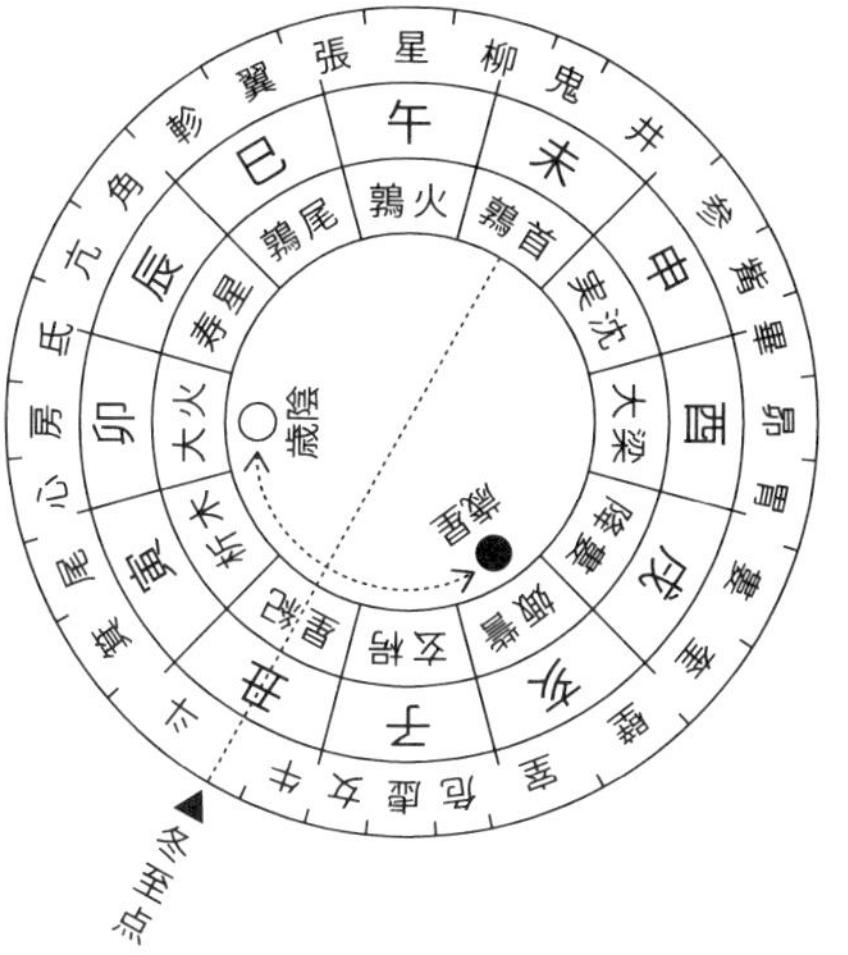

※内側から「十二次」「十二支」「28宿」の順。「歳星」位置は「十二次」と「28宿」で記載がされた。
※ BC800年頃の「28星宿」で作図。

【図表19】「歳星」(十二次位置）と「歳陰」(十二支位置）の関係

干支〃も加わった暦が施行されるようになりました。

当然、〃時刻干支〃も「寅」を出発点とし、その結果として現在の午前三時から、実質的な一日のスタートが切られることとなったのです。現代の推命家の誰もが「立春」年始だけが変更された部分のように誤解していますが、〃木の徳を持つ王朝〃に変わろうとした武帝は、「年」「月」「日」「時」すべてを「甲寅」に統一してスタートさせようと努力した形跡が窺われます。

年干支の基準星となったのは十二年で天空を一周する「木星（歳星）」でした。

「年」の十二支方位も、基本的には「月」の十二支方位の定め方を見習ったものでした。「新月」の時と同じように、実際に天空上を移動する「木星（歳星）」位置とは別に、「丑」方位の中央（冬至点）で交差・逆行する「太歳《たいさい》（歳陰）」と呼ぶ〃影の歳星〃を設定し、その「太歳（歳陰）」方位を〃年支方位〃として採用したのです。

実は「木星（歳星）」には、この方法による「年支」法則の前に「十二次」と呼ぶ、独自の天空帯が与えられていました。「十二支」方位とは異なる〝十二区分帯〟です。十二支の固定方位は動かせなかったので、「木星（歳星）」の進行方向に沿うような「十二次」（区分）が与えられたのです。

「年支」を定めるための基準は、冬至の夜明け前「晨出《しんしゅつ》」と呼ばれる日の出前の時間帯に「丑」方位で「木星（歳星）」が「太陽」に隠れて見えない年と規定しています。丁度、太陽と月とが会合し、「新月」で〝見えない月〟の北斗七星方位を「月支」の基準としたように、「年支」の場合も〝見えない歳星〟に基準を置いて、冬至点の「丑＝星紀」で〝歳星と歳陰が会合する〟と仮定し、各年の十二支方位を決定したのだと思われます。このように規定することで、各十二支年には、「歳星」と逆行する位置に「歳陰」が存在していることになります。

★歳星方位（十二次）と〝歳陰方位（十二支年）〟との関係は、次のようになります。

↓【（丑＝星紀《せいき》）歳星―丑（歳陰）】↓【（子＝玄枵《げんきょう》）歳星―寅（歳陰）】↓【（亥＝娵訾《しゅし》）歳星―卯（歳陰）】

↓【（戌＝降婁《こうろう》）歳星―辰（歳陰）】↓【（酉＝大梁《たいりょう》）歳星―巳（歳陰）】↓【（申＝実沈《じっちん》）歳星―午（歳陰）】

↓【（未＝鶉首《じゅんしゅ》）歳星―未（歳陰）】↓【（午＝鶉火《じゅんか》）歳星―申（歳陰）】↓【（巳＝鶉尾《じゅんび》）歳星―酉（歳陰）】

↓【（辰＝寿星《じゅせい》）歳星―戌（歳陰）】↓【（卯＝大火《たいか》）歳星―亥（歳陰）】↓【（寅＝析木《せきぼく》）歳星―子（歳陰）】

もっとも、厳密に言えば木星の天周は12年ではなく、11・86年です。したがって、徐々にそのずれは大きくなるので、やがて百四十四年ごと「一次」を飛ばす方法で歳陰との調整を図ることになりました。

●「太初暦」以降の「十二枝（十二支）」としての意味

これまで述べてきたように、殷（商）王朝期の「十二辰」も、前漢王朝・武帝による「太初暦」以降、大きく変貌するようになっていきます。「十幹」から派生した「十二枝」として、当然のように〝陰陽・五行説〟を施され、特に「月支」的な意味合いが強い「十二枝」論が展開されていくように変わったのです。

今日、推命家のほとんどが「月支」としての十二支を、「日支」「年支」「時刻支」よりも重視しているために、その代表的な解釈も、そのような観点に立脚して行われています。

【子】　【ね】【鼠―ねずみ】

三木照山説――「壬」「癸」を蔵し、厳冬の水を表わし、何事にもクールで客観的です。知恵を働かせ、細かなことに気付いて物質を蓄えます。じっとしたままを嫌い、生活環境に変化を求めます。

林　巨征説――「もだえる」という意味に通じ、万物の生命が活動し始める状態です。知性派で神経過敏で集団志向の強い傾向が見受けられます。思い込んだら一筋で簡単にはあきらめません。

鮑　黎明説――「孳《し》」に由来し、「しげる」という意味があり、陽気が動き出し、万物が芽生える状態を「鼠」の繁殖力になぞらえたものです。自分を環境に合わせていき、固定観念に縛られません。

波木星龍説――陰陽は「陽」、五行は「水」、蔵干は「癸」として作用します。機智と直感に富み、多数の後輩を育て、状況への対処能力に優れます。窮地に追い込まれた方が潜在能力を発揮します。

【丑】【うし】【牛―うし】

三木照山説――「癸」「辛」「己」を蔵し、厳冬の氷砂を表わし、陰の湿度です。保守的な性質で信用を重んじ、着実に計画を実行していきます。状況の変化に弱いが、忍耐強く困難を乗り切ります。

林　巨征説――「かがむ」という意味に通じ、万物を紐《ひも》で繋《つな》ぎ止めている状態です。真面目《まじめ》で人情には厚いのですが、融通が利かず頑固です。苦労を厭わず、マイペースでチャンスを待ちます。

鮑　黎明説――「紐」に由来し、「しばる」という意味があり、家畜を飼う状態での「紐」と「牛」の似た発音になぞらえたものです。控えめで内向的ですが、案外頑固で自説を譲ろうとはしません。

波木星龍説――陰陽は「陰」、五行は「水・金・土」、蔵干は「癸・辛・己」として作用します。情に脆《もろ》く、人に尽くし、信念を持って物事に挑みます。時間をかけても相手が変わるのを辛抱強く待ちます。

【寅】【とら】【虎―とら】

三木照山説――「戊」「丙」「甲」を蔵し、初春の若木を表わし、積極性があり、行動力も抜群です。仁義に厚く、頭領運もありますが、人との和を欠きやすく、トラブルに巻き込まれやすいでしょう。

林　巨征説――「のびる」という意味に通じ、万物がいっせいに芽を吹き出した状態です。正直で誠実な人柄ですが、気紛《きまぐ》れで負けん気強く、妥協を許しません。ルールに外れたことを嫌います。

鮑　黎明説――「螾《いん》」に由来し、「のばす」という意味があり、陽気活き活きと伸長し、一気に飛び出す状態を「虎」の突進力になぞらえたものです。慎重で、思慮深く好機到来で狙いを外しません。

波木星龍説――陰陽は「陽」、五行は「木・火」、蔵干は「甲・丙」として作用します。独立独歩の人生で、常に目的を持って行動します。先陣を見習い、観察力優秀ですが、怒ると手が付けられません。

【卯】【う】【兎―うさぎ】

三木照山説――「甲」「乙」を蔵し、仲春を表わし、草花のように柔軟性を持っています。誰か頼りになる人の傍で力を発揮します。計画性に富んでいますが、自由を好み、束縛を極端に嫌います。

林　巨征説――「さかん」という意味に通じ、万物の命が盛んになって来た状態です。綿密な思考と豊かな情緒性を持ち、損得に対し鋭敏です。礼儀正しく美的感覚に優れ、献身的に尽くします。

鮑　黎明説――「茂」に由来し、「ボウ」という発音が同じなので、万物が茂り盛んな状態を「兎」になぞらえたものです。柔和で品があり、礼儀正しく、人と争わず、趣味豊富で自由を楽しみます。

波木星龍説――陰陽は「陰」、五行は「木」、蔵干は「乙」として作用します。オシャレセンスを備え、美的感覚に優れ清潔感を漂わせています。常に逃げ道を作っておく生き方で、人生に楽観的です。

【辰】【たつ】【龍―たつ】

三木照山説――「乙」「癸」「戊」を蔵し、晩春の湿度を表わし、夏に向かうので体力に恵まれます。水庫とも呼ばれて財産に縁があります。度量が広く、世間的信頼が厚く、徐々に実力を発揮します。

林　巨征説――「震」という意味に通じ、万物が身を震わせ成長していく状態です。どこか茫洋とし掴みどころなく、飾ることもしません。不屈の精神の持ち主ですが、ダイナミックに行動します。

鮑　黎明説――「震」に由来し、「しんどう」という意味があり、天空が震え動いて変身する状態を「龍」の姿になぞらえたものです。直観や閃《ひらめ》きで行動し、動と静が波乱を招き、極端に表れます。

波木星龍説――陰陽は「陽」、五行は「木・水・土」、蔵干は「乙・癸・戊」として作用します。自己顕示欲が強く、目立ちやすく、夢想家で理想を追います。現実とのギャップに苦悩し忠告は拒絶します。

【巳】【み】【蛇―へび】

三木照山説――「戊」「庚」「丙」を蔵し、初夏の火を表わし、礼儀を大切にし、執念深いのが特徴です。遊び好きな一面があり、ともすると怠惰に流れます。頭の回転が速くて辛抱強いのも特徴です。

林　巨征説――「とどまる」という意味に通じ、万物の成長極まり、一段落した状態です。じっくり考えて行動し、否定的な出来事があっても、すぐ拒絶しません。恋愛では管理下に置きたがります。

鮑　黎明説――「起」に由来し、「起こる」という意味があり、ものみな動き出す状態を「蛇」の活動期になぞらえたものです。執拗なまでの思い込みと、意志の強さを武器に理想を追い求めます。

波木星龍説――陰陽は「陰」、五行は「火・金」、蔵干は「丙・庚」として作用します。必要性に応じて活動し、目的を定めて執拗にチャレンジし続けます。暖かい情感と臨機応変の才も備えています。

【午】　【うま】【馬―うま】

三木照山説――「丙」「己」「丁」を蔵し、陽極まり、寅・戌を得れば火局となります。活発な行動力を発揮し、直情径行型です。開拓者精神も旺盛ですが、持続性に欠け、情熱が冷めやすい性質です。

林　巨征説――「さからう」という意味に通じ、万物の成長がピークを迎えている状態です。自己中心で見栄っ張りの傾向が見受けられます。頭の回転が速く、裏表なく、瞬発力は誰にも負けません。

鮑　黎明説――「杵」に由来し、「さからう」という意味があり、もの皆長大に育って明らかとなる状態を「馬」の馬力になぞらえたものです。勢いに乗じれば次々手掛けて歯止めが利きません。

波木星龍説――陰陽は「陽」、五行は「火」、蔵干は「丁」として作用します。社交的で華やかな雰囲気を好み、正直で器用です。困難に直面して挫折すると、回復までに時間が掛かるタイプです。

【未】　【ひつじ】【羊―ひつじ】

三木照山説――「丁」「乙」「己」を蔵し、夏の終わりの乾土を表わし、「卯」「亥」を見れば木局となります。円満主義で保守的人生観を持ち、蓄財心が豊かです。身を守ろうとする気持ちが顕著です。

林　巨征説――「あじ」という意味に通じ、万物が香り立つほど熟成した状態です。物事に対し柔軟で何事にもソフトに対応します。リスク回避する能力は抜群ですが、事なかれ主義も目立ちます。

鮑　黎明説――「昧」に由来し、「くらい」という意味があり、陰気既に成長し、万物が衰える状態を「羊」の鳴き声になぞらえたものです。親切で人情味が厚く、何事にも入念で手間取る性質です。

波木星龍説――　陰陽は「陰」、五行は「火・木・土」、蔵干は「丁・乙・己」として作用します。表面控えめですが、内に秘めた芯の強さは抜群で信念を貫きます。単独よりも、集団での方が成功できます。

【申】

【さる】【猿―さる】

三木照山説――　「戊」「壬」「庚」を蔵し、初秋を表わし、「子」「辰」を見れば水局となります。一見、堅そうな雰囲気でも内面は柔軟性があり、流行に敏感です。相手の変化に対し素早く反応します。

林　巨征説――　「のびる」という意味に通じ、万物が成熟し完了に近づいている状態です。愛嬌と機転を活かして世間を要領良く立ち回っていきます。何でも首を突っ込み過ぎる癖があります。

鮑　黎明説――　「伸」に由来し、「のびる」という意味があり、陽気を引き伸ばし、真っ直ぐ光が来る状態を「猿」の敏捷性になぞらえたものです。頭の回転が速く、機転が利き、創意工夫も得意です。

波木星龍説――　陰陽は「陽」、五行は「金・水」、蔵干は「庚・壬」として作用します。多芸多才で要領の良い点と、お調子者で策略に溺れる弱点があります。注意力さえ養えば成功間違いなしです。

【酉】

【とり】【鶏―にわとり】

三木照山説――　「庚」「辛」を蔵し、仲秋の合金を表わし、「巳」「丑」を見れば金局となります。改革の旗を振り回しても、内面で煩悶しやすい特徴があります。体制に準じた方が平和に暮らせます。

林　巨征説――　「なる」という意味に通じ、万物の成熟、熟成が完成した状態です。集中力があり、緻密・

正確に物事を成し遂げようと努力します。半面プライドが高く、気難しく、孤独に陥りがちです。

鮑　黎明説――「醸」に由来し、「かもす」という意味があり、万物が成熟した状態を「鶏」の動きや性質になぞらえたものです。オシャレで飾り立てるのが好きで、自分の趣味・嗜好を優先します。

波木星龍説――陰陽は「陰」、五行は「金」、蔵干は「辛」として作用します。外見や言葉遣いにこだわり多く、虚栄心が強く美的感性に優れます。理想家でせっかちで、落ち着きには乏しい性質です。

【戌】【いぬ】【犬―いぬ】

三木照山説――「辛」「丁」「戊」を蔵し、晩秋の焦土を表わし、情に脆《もろ》く、強情で執念深い性質です。義理人情に惹《ひ》かれ、不本意な仕事を引き受けやすく、恋愛で貢《みつ》ぎやすい弱点も見受けられます。

林　巨征説――「やぶる」という意味に通じ、万物がその役割を終え休止する状態です。不正なことを嫌い、誠実にひたすら信じた人についていきます。自ら環境を変えていく発想はありません。

鮑　黎明説――「滅」に由来し、「ほろびる」という意味があり、万物が衰え滅びる状態を「犬」の短命さになぞらえたものです。純朴ですが負けず嫌いで自説に固執します。順応性は優れています。

波木星龍説――陰陽は「陽」、五行は「金・火・土」、蔵干は「辛・丁・戊」として作用します。目上から恩恵や引き立てを得やすく、献身的で忠実に行動します。敵に対しては容赦せず起《た》ち向かいます。

【亥】　【い】【猪—いのしし】

三木照山説——「戊」「甲」「壬」を蔵し、初冬の水を表わし、勇猛果敢ですが、勇み足を演じがちです。不測の事態に立ち往生しやすい人生です。独立心が旺盛で、一つの目標に対して執着します。

林　巨征説——「とじる」という意味に通じ、植物が根だけを残して枯れていく状態です。冷静沈着で物事すべて正面から受け止める性質です。世話好きで涙もろく勘違いしやすい点があります。

鮑　黎明説——「核」に由来し、「とざす」という意味があり、万物閉蔵して中に入る状態を「猪」の骨組になぞらえたものです。意志が強く、物事に凝り、目標に向かって突進していくタイプです。

波木星龍説——陰陽は「陰」、五行は「水・木」、蔵干は「壬・甲」として作用します。親切世話好きで、好き嫌いがハッキリとし義侠心から行動しがちです。直情径行型ですが融通性に欠けています。

命式の作成と、その基本構造の解説

Ⅰ 命式の作成 ――出生年月日時の干支転換――

本書では、通常の推命学入門書で最初に持ってくる「命式の作成法」をここにまとめてあります。読者の多くは既に〝ご自身の命式〟について把握しているものと思われますが、初心者のため、ここでは「干支暦」の基礎からご説明いたします。

まず、干支暦は「六十干支」の循環による暦のことです。

誰でも命式を表出するためには、生年・月・日・時を干支暦によって「干支」に転換しなければなりません。そこで一般的には何十年間もの「干支暦」が必要と考えがちですが、ほとんどの方は干支暦などなくても、生年・月・日・時を六十干支に転換することは可能なのです。

①生まれ年干支の表出

まず、生まれ年の干支ですが、これは百十二年分の「年干支表」（図表A参照）を載せましたので、この表をそのまま利用して頂ければ、誰でも「生年干支」は表出できるものと思います。但し、年間の区切りは通常の一月一日からではなく、「立春」二月四日頃からとなります。したがって、「立春」以前に生まれている方の場合は、例えば一月二十五日生まれの方は前年干支を用いますので、その点だけは注意が必要です。

②生まれ月干支の表出

次に、生まれ月の干支ですが、これも「生まれ月の干支表」（図表B参照）を載せましたので、この表をそのまま利用して頂ければ、「生月干支」は表出できるものと思います。「干支暦」の構造上、どの「十干」の年の〝何月〟に生まれているかが判れば、生まれ月は干支転換が出来るようになっています。ただ「生月干支表」を観る上で注意を要するのは、月間の区切りが通常の「一日」からではなく、「節気」と呼ばれる区切りに基づいている点です。

節気による区切りですが、多くの年では、一月の場合は「小寒《しょうかん》」五日から、二月の場合は「立春《りっしゅん》」四日から、三月の場合は「啓蟄《けいちつ》」六日から、四月の場合は「清明《せいめい》」五日から、五月の場合は「立夏《りっか》」六日から、六月の場合は「芒種《ぼうしゅ》」七日から、七月の場合は「小暑《しょうしょ》」八日から、八月の場合は「立秋《りっしゅう》」八日から、九月の場合は「白露《はくろ》」八日から、十月の場合は「寒露《かんろ》」八日から、十一月の場合は「立冬《りっとう》」七日から、十二月の場合は「大雪《たいせつ》」七日から、と云った「十二節」によって区切られています。この節気による月間の区切りさえ注意すれば、各月の干支は簡単に表出することが出来ます。

つまり、同じ三月の生まれでも、三日に生まれている場合は〝節入り前〟で「二月生まれ」の干支を用い、八日に生まれている場合は〝節入り後〟で「三月生まれ」の干支を用いる、ということです。

③生まれ日干支の表出

次に、生まれ日の干支ですが、これだけは簡単な計算が必要です。

まず「生まれ日基数表」（図表D参照）の縦軸から本人の「西暦出生年」を探し出し、横軸から「出生月」を探し出し、その交差する位置に記された「数」が「生まれ日干支」の基数となります。この基数に「生まれ日」の数を足したものが「六十干支表」（図表E参照）の干支№となり、その数を見つけ出すことで、生まれ日干支が表出できることになります。

例えば、一九七〇年三月十四日生まれの場合、出生年「一九七〇」と出生月「三月」とが交差する位置に記された数は「十六」です。この基数「十六」に、十四日生まれなので「十四」をプラスすると「三十」となります。この「三十」という干支№を「六十干支表」に求めると「癸巳」であることがわかります。

したがって、一九七〇年三月十四日に出生している方の「生まれ日干支」は「癸巳」と判明するのです。

同じように、一九八五年九月二十六日生まれの場合、出生年「一九八五」と出生月「九月」とが交差する位置に記された数は「三十九」です。この基数「三十九」に、二十六日生まれなので「二十六」をプラスすると「六十五」となります。この「六十五」という数を「六十干支表」に求めても、六十以上の数は存在していません。そこで「六十五」から「六十」をマイナスした「五」の干支No.「戊辰」が、この人の「生まれ日干支」だということになるのです。

④生まれ時刻干支の表出

最後に、生まれ時（刻）の干支ですが、これも「生まれ月干支」と同様な干支構造なので、どの「十干」の日の〝何時〟に生まれているかが判れば、生まれ時刻は干支転換ができるようになっています。ただ「生まれ時刻干支表」（図表C参照）を観る上で注意を要するのは、一日の区切りが「午前〇時」ではなく、「子の刻」の開始時刻である「午後十一時」からとなっている点です。

この点に関しては、近代になって「子の刻」を二分して、天文学的な区切りである「午前〇時」の前を当日、後を翌日とし、干支を別々に用いている流派（門派）もあります。この点は難しいところで、もし、完全に「太初暦」に従うのであれば一日の区切りは「午前三時＝寅の刻」としなければなりません。また「子平術」の開始時期に従うというのであれば「午後十一時＝子の刻」からとしなければなりません。

さらに天文学的区切りに従うのであれば、出生地域の「時差」も修正し、天文学的なズレの範囲「均時差」も考慮しなければなりません。こうなると、同じ出生日でも、同じ出生時間でも、うかつに干支転換できないわずらわしさが出て来ます。

占術は、自然科学というより「予知哲学」とでもいうべき部分を多く含んでおりますので、そういう点から云えば、一概に「科学的だから正しい」等と云う結論とはならないはずなのです。

どの方式を用いるかは読者の自由ですが、私自身は一律〝午後十一時以降〟は「翌日扱い」とし、実占上では命式を作成してしまうケースが多くなっています。
ここまでが「命式」と呼ばれる出生図表を作成する第一の段階です。

実例

男・女命

	時	日	月	年
通変				
天干	甲	庚	戊	壬
地支	申	寅	申	戌
蔵干	壬・庚	丙・甲	壬・庚	辛・丁・戊
通変				
神殺				

月令 金

命式表の記入例

【命式表の記入法】（1982年9月4日午後3時20分生まれの場合）

1. あなたの生まれ年の干支を【図表A】に求めます。
例えば、1982年であれば「壬戌」となります。命式表の「年」の列の「天干」に「壬」、「地支」に「戌」と記入。ちなみに「天干」とは「十干」、「地支」とは「十二支」のこと。

2. 生まれ月の干支を【図表B】に求めます。
「干支月」でいう「9月」は9月8日～10月8日までの期間を指し、9月4日は該当せず、その前の「8月」が8月8日～9月7日までに該当し、「壬」の年なので「戊申」となります。

3. 次に【図表F】から「月令」を求めます。9月生まれは「秋季」に属し、五行は「金」となります。「月令」に「金」と記入。また、【図表G】から、年支「戌」の蔵干が「辛・丁・戊」、月支「申」の蔵干が「壬・庚」であるとわかります。

4. 【図表D】と【図表E】を使って、生まれ日の干支を求めます。【図表D】から生まれ年と生まれ月がぶつかる数に出生日数をプラスした数が求める干支数となります。1982年9月の場合は「23」に出生日の「4」をプラスした「27」が求める干支数です。【図表E】で確認すると、この数に対応する「庚寅」が日干支となります。

5. 生まれ時刻の干支を【図表C】から求めます。午後3時20分の生まれであれば「庚」の日なので、「甲申」が時刻干支となります。

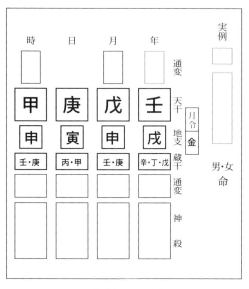

年	干支	年	干支	年	干支	年	干支
1918 大正7	戊午	1946 昭和21	丙戌	1974 昭和49	甲寅	2002 平成14	壬午
1919 大正8	己未	1947 昭和22	丁亥	1975 昭和50	乙卯	2003 平成15	癸未
1920 大正9	庚申	1948 昭和23	戊子	1976 昭和51	丙辰	2004 平成16	甲申
1921 大正10	辛酉	1949 昭和24	己丑	1977 昭和52	丁巳	2005 平成17	乙酉
1922 大正11	壬戌	1950 昭和25	庚寅	1978 昭和53	戊午	2006 平成18	丙戌
1923 大正12	癸亥	1951 昭和26	辛卯	1979 昭和54	己未	2007 平成19	丁亥
1924 大正13	甲子	1952 昭和27	壬辰	1980 昭和55	庚申	2008 平成20	戊子
1925 大正14	乙丑	1953 昭和28	癸巳	1981 昭和56	辛酉	2009 平成21	己丑
1926 昭和元	丙寅	1954 昭和29	甲午	1982 昭和57	壬戌	2010 平成22	庚寅
1927 昭和2	丁卯	1955 昭和30	乙未	1983 昭和58	癸亥	2011 平成23	辛卯
1928 昭和3	戊辰	1956 昭和31	丙申	1984 昭和59	甲子	2012 平成24	壬辰
1929 昭和4	己巳	1957 昭和32	丁酉	1985 昭和60	乙丑	2013 平成25	癸巳
1930 昭和5	庚午	1958 昭和33	戊戌	1986 昭和61	丙寅	2014 平成26	甲午
1931 昭和6	辛未	1959 昭和34	己亥	1987 昭和62	丁卯	2015 平成27	乙未
1932 昭和7	壬申	1960 昭和35	庚子	1988 昭和63	戊辰	2016 平成28	丙申
1933 昭和8	癸酉	1961 昭和36	辛丑	1989 平成元	己巳	2017 平成29	丁酉
1934 昭和9	甲戌	1962 昭和37	壬寅	1990 平成2	庚午	2018 平成30	戊戌
1935 昭和10	乙亥	1963 昭和38	癸卯	1991 平成3	辛未	2019 平成31	己亥
1936 昭和11	丙子	1964 昭和39	甲辰	1992 平成4	壬申	2020 平成32	庚子
1937 昭和12	丁丑	1965 昭和40	乙巳	1993 平成5	癸酉	2021 平成33	辛丑
1938 昭和13	戊寅	1966 昭和41	丙午	1994 平成6	甲戌	2022 平成34	壬寅
1939 昭和14	己卯	1967 昭和42	丁未	1995 平成7	乙亥	2023 平成35	癸卯
1940 昭和15	庚辰	1968 昭和43	戊申	1996 平成8	丙子	2024 平成36	甲辰
1941 昭和16	辛巳	1969 昭和44	己酉	1997 平成9	丁丑	2025 平成37	乙巳
1942 昭和17	壬午	1970 昭和45	庚戌	1998 平成10	戊寅	2026 平成38	丙午
1943 昭和18	癸未	1971 昭和46	辛亥	1999 平成11	己卯	2027 平成39	丁未
1944 昭和19	甲申	1972 昭和47	壬子	2000 平成12	庚辰	2028 平成40	戊申
1945 昭和20	乙酉	1973 昭和48	癸丑	2001 平成13	辛巳	2029 平成41	己酉

※「立春」前に生まれている場合は前年干支を採用

【図表A】112年分の年干支表

年干＼月	二月	三月	四月	五月	六月	七月	八月	九月	十月	十一月	十二月	翌年一月
甲・己年	丙寅	丁卯	戊辰	己巳	庚午	辛未	壬申	癸酉	甲戌	乙亥	丙子	丁丑
乙・庚年	戊寅	己卯	庚辰	辛巳	壬午	癸未	甲申	乙酉	丙戌	丁亥	戊子	己丑
丙・辛年	庚寅	辛卯	壬辰	癸巳	甲午	乙未	丙申	丁酉	戊戌	己亥	庚子	辛丑
丁・壬年	壬寅	癸卯	甲辰	乙巳	丙午	丁未	戊申	己酉	庚戌	辛亥	壬子	癸丑
戊・癸年	甲寅	乙卯	丙辰	丁巳	戊午	己未	庚申	辛酉	壬戌	癸亥	甲子	乙丑

※節入り前に生まれている場合は前月干支を採用

【図表B】生まれ月の干支早見表

日干＼時間	自後十一時至前一時	自前一時至前三時	自前三時至前五時	自前五時至前七時	自前七時至前九時	自前九時至前十一時	自前十一時至後一時	自後一時至後三時	自後三時至後五時	自後五時至後七時	自後七時至後九時	自後九時至後十一時
甲・己日	甲子	乙丑	丙寅	丁卯	戊辰	己巳	庚午	辛未	壬申	癸酉	甲戌	乙亥
乙・庚日	丙子	丁丑	戊寅	己卯	庚辰	辛巳	壬午	癸未	甲申	乙酉	丙戌	丁亥
丙・辛日	戊子	己丑	庚寅	辛卯	壬辰	癸巳	甲午	乙未	丙申	丁酉	戊戌	己亥
丁・壬日	庚子	辛丑	壬寅	癸卯	甲辰	乙巳	丙午	丁未	戊申	己酉	庚戌	辛亥
戊・癸日	壬子	癸丑	甲寅	乙卯	丙辰	丁巳	戊午	己未	庚申	辛酉	壬戌	癸亥

※23時以降に生まれている場合は翌日干支を採用

【図表C】生まれ時刻干支早見表

西暦	1月	2月	3月	4月	5月	6月	7月	8月	9月	10月	11月	12月
1940	39	10	39	10	40	11	41	12	43	13	44	14
1941	45	16	44	15	45	16	46	17	48	18	49	19
1942	50	21	49	20	50	21	51	22	53	23	54	24
1943	55	26	54	25	55	26	56	27	58	28	59	29
1944	0	31	0	31	1	32	2	33	4	34	5	35
1945	6	37	5	36	6	37	7	38	9	39	10	40
1946	11	42	10	41	11	42	12	43	14	44	15	45
1947	16	47	15	46	16	47	17	48	19	49	20	50
1948	21	52	21	52	22	53	23	54	25	55	26	56
1949	27	58	26	57	27	58	28	59	30	0	31	1
1950	32	3	31	2	32	3	33	4	35	5	36	6
1951	37	8	36	7	37	8	38	9	40	10	41	11
1952	42	13	42	13	43	14	44	15	46	16	47	17
1953	48	19	47	18	48	19	49	20	51	21	52	22
1954	53	24	52	23	53	24	54	25	56	26	57	27
1955	58	29	57	28	58	29	59	30	1	31	2	32
1956	3	34	3	34	4	35	5	36	7	37	8	38
1957	9	40	8	39	9	40	10	41	12	42	13	43
1958	14	45	13	44	14	45	15	46	17	47	18	48
1959	19	50	18	49	19	50	20	51	22	52	23	53
1960	24	55	24	55	25	56	26	57	28	58	29	59
1961	30	1	29	0	30	1	31	2	33	3	34	4
1962	35	6	34	5	35	6	36	7	38	8	39	9
1963	40	11	39	10	40	11	41	12	43	13	44	14
1964	45	16	45	16	46	17	47	18	49	19	50	20
1965	51	22	50	21	51	22	52	23	54	24	55	25
1966	56	27	55	26	56	27	57	28	59	29	0	30
1967	1	32	0	31	1	32	2	33	4	34	5	35
1968	6	37	6	37	7	38	8	39	10	40	11	41
1969	12	43	11	42	12	43	13	44	15	45	16	46
1970	17	48	16	47	17	48	18	49	20	50	21	51
1971	22	53	21	52	22	53	23	54	25	55	26	56
1972	27	58	27	58	28	59	29	0	31	1	32	2
1973	33	4	32	3	33	4	34	5	36	6	37	7
1974	38	9	37	8	38	9	39	10	41	11	42	12
1975	43	14	42	13	43	14	44	15	46	16	47	17
1976	48	19	48	19	49	20	50	21	52	22	53	23
1977	54	25	53	24	54	25	55	26	57	27	58	28
1978	59	30	58	29	59	30	0	31	2	32	3	33
1979	4	35	3	34	4	35	5	36	7	37	8	38
1980	9	40	9	40	10	41	11	42	13	43	14	44

西暦	1月	2月	3月	4月	5月	6月	7月	8月	9月	10月	11月	12月
1981	15	46	14	45	15	46	16	47	18	48	19	49
1982	20	51	19	50	20	51	21	52	23	53	24	54
1983	25	56	24	55	25	56	26	57	28	58	29	59
1984	30	1	30	1	31	2	32	3	34	4	35	5
1985	36	7	35	6	36	7	37	8	39	9	40	10
1986	41	12	40	11	41	12	42	13	44	14	45	15
1987	46	17	45	16	46	17	47	18	49	19	50	20
1988	51	22	51	22	52	23	53	24	55	25	56	26
1989	57	28	56	27	57	28	58	29	0	30	1	31
1990	2	33	1	32	2	33	3	34	5	35	6	36
1991	7	38	6	37	7	38	8	39	10	40	11	41
1992	12	43	12	43	13	44	14	45	16	46	17	47
1993	18	49	17	48	18	49	19	50	21	51	22	52
1994	23	54	22	53	23	54	24	55	26	56	27	57
1995	28	59	27	58	28	59	29	0	31	1	32	2
1996	33	4	33	4	34	5	35	6	37	7	38	8
1997	39	10	38	9	39	10	40	11	42	12	43	13
1998	44	15	43	14	44	15	45	16	47	17	48	18
1999	49	20	48	19	49	20	50	21	52	22	53	23
2000	54	25	54	25	55	26	56	27	58	28	59	29
2001	0	31	59	30	0	31	1	32	3	33	4	34
2002	5	36	4	35	5	36	6	37	8	38	9	39
2003	10	41	9	40	10	41	11	42	13	43	14	44
2004	15	46	15	46	16	47	17	48	19	49	20	50
2005	21	52	20	51	21	52	22	53	24	54	25	55
2006	26	57	25	56	26	57	27	58	29	59	30	0
2007	31	2	30	1	31	2	32	3	34	4	35	5
2008	36	7	36	7	37	8	38	9	40	10	41	11
2009	42	13	41	12	42	13	43	14	45	15	46	16
2010	47	18	46	17	47	18	48	19	50	20	51	21
2011	52	23	51	22	52	23	53	24	55	25	56	26
2012	57	28	57	28	58	29	59	30	1	31	2	32
2013	3	34	2	33	3	34	4	35	6	36	7	37
2014	8	39	7	38	8	39	9	40	11	41	12	42
2015	13	44	12	43	13	44	14	45	16	46	17	47
2016	18	49	18	49	19	50	20	51	22	52	23	53
2017	24	55	23	54	24	55	25	56	27	57	28	58
2018	29	0	28	59	29	0	30	1	32	2	33	3
2019	34	5	33	4	34	5	35	6	37	7	38	8
2020	39	10	39	10	40	11	41	12	43	13	44	14
2021	45	16	44	15	45	16	46	17	48	18	49	19

【図表D】生まれ日基数表

51 甲《きのえ》寅《とら》	41 甲《きのえ》辰《たつ》	31 甲《きのえ》午《うま》	21 甲《きのえ》申《さる》	11 甲《きのえ》戌《いぬ》	1 甲《きのえ》子《ね》	60干支
52 乙《きのと》卯《う》	42 乙《きのと》巳《み》	32 乙《きのと》未《ひつじ》	22 乙《きのと》酉《とり》	12 乙《きのと》亥《い》	2 乙《きのと》丑《うし》	
53 丙《ひのえ》辰《たつ》	43 丙《ひのえ》午《うま》	33 丙《ひのえ》申《さる》	23 丙《ひのえ》戌《いぬ》	13 丙《ひのえ》子《ね》	3 丙《ひのえ》寅《とら》	
54 丁《ひのと》巳《み》	44 丁《ひのと》未《ひつじ》	34 丁《ひのと》酉《とり》	24 丁《ひのと》亥《い》	14 丁《ひのと》丑《うし》	4 丁《ひのと》卯《う》	
55 戊《つちのえ》午《うま》	45 戊《つちのえ》申《さる》	35 戊《つちのえ》戌《いぬ》	25 戊《つちのえ》子《ね》	15 戊《つちのえ》寅《とら》	5 戊《つちのえ》辰《たつ》	
56 己《つちのと》未《ひつじ》	46 己《つちのと》酉《とり》	36 己《つちのと》亥《い》	26 己《つちのと》丑《うし》	16 己《つちのと》卯《う》	6 己《つちのと》巳《み》	
57 庚《かのえ》申《さる》	47 庚《かのえ》戌《いぬ》	37 庚《かのえ》子《ね》	27 庚《かのえ》寅《とら》	17 庚《かのえ》辰《たつ》	7 庚《かのえ》午《うま》	
58 辛《かのと》酉《とり》	48 辛《かのと》亥《い》	38 辛《かのと》丑《うし》	28 辛《かのと》卯《う》	18 辛《かのと》巳《み》	8 辛《かのと》未《ひつじ》	
59 壬《みずのえ》戌《いぬ》	49 壬《みずのえ》子《ね》	39 壬《みずのえ》寅《とら》	29 壬《みずのえ》辰《たつ》	19 壬《みずのえ》午《うま》	9 壬《みずのえ》申《さる》	
60 癸《みずのと》亥《い》	50 癸《みずのと》丑《うし》	40 癸《みずのと》卯《う》	30 癸《みずのと》巳《み》	20 癸《みずのと》未《ひつじ》	10 癸《みずのと》酉《とり》	

※【図表D】により出生年と出生月が交差する「基数」と「出生日数」を足して出てきた数が上記干支 No.となり、そこに記された干支が生日干支です。

【図表E】60干支表

立春　土用　立冬　土用　立秋　土用　立夏　土用　立春

丑 1月	子 12月	亥 11月	戌 10月	酉 9月	申 8月	未 7月	午 6月	巳 5月	辰 4月	卯 3月	寅 2月	生まれ月
土用	冬季		土用	秋季		土用	夏季		土用	春季		季節
土	水		土	金		土	火		土	木		月令

2月4日　1月18日　11月8日　10月21日　8月8日　7月19日　5月6日　4月17日　2月4日

【図表F】「月令」を求める表

亥	戌	酉	申	未	午	巳	辰	卯	寅	丑	子	十二支
甲	辛	辛	壬	丁	丁	庚	乙	乙	丙	癸	癸	蔵干
壬	丁		庚	乙		丙	癸		甲	辛		
	戊			己			戊			己		

【図表G】地支蔵干表

癸	壬	辛	庚	己	戊	丁	丙	乙	甲	生日／12運
卯	申	子	巳	子	寅	酉	寅	午	亥	生
寅	酉	亥	午	亥	卯	申	卯	巳	子	浴
丑	戌	戌	未	戌	辰	未	辰	辰	丑	冠
子	亥	酉	申	酉	巳	午	巳	卯	寅	建
亥	子	申	酉	申	午	巳	午	寅	卯	旺
戌	丑	未	戌	未	未	辰	未	丑	辰	衰
酉	寅	午	亥	午	申	卯	申	子	巳	病
申	卯	巳	子	巳	酉	寅	酉	亥	午	死
未	辰	辰	丑	辰	戌	丑	戌	戌	未	墓
午	巳	卯	寅	卯	亥	子	亥	酉	申	絶
巳	午	寅	卯	寅	子	亥	子	申	酉	胎
辰	未	丑	辰	丑	丑	戌	丑	未	戌	養

【図表I】十二運表

癸	壬	辛	庚	己	戊	丁	丙	乙	甲	生日／通変
癸	壬	辛	庚	己	戊	丁	丙	乙	甲	比肩
壬	癸	庚	辛	戊	己	丙	丁	甲	乙	劫財
乙	甲	癸	壬	辛	庚	己	戊	丁	丙	食神
甲	乙	壬	癸	庚	辛	戊	己	丙	丁	傷官
丁	丙	乙	甲	癸	壬	辛	庚	己	戊	偏財
丙	丁	甲	乙	壬	癸	庚	辛	戊	己	正財
己	戊	丁	丙	乙	甲	癸	壬	辛	庚	七殺
戊	己	丙	丁	甲	乙	壬	癸	庚	辛	正官
辛	庚	己	戊	丁	丙	乙	甲	癸	壬	梟神
庚	辛	戊	己	丙	丁	甲	乙	壬	癸	印綬

【図表H】通変表

生日干より表出する神殺表

生日干＼神殺	陽貴神	陰貴神	干禄	文昌	紅艶	学堂	羊刃
甲	未	丑	寅	巳	午	亥	卯
乙	申	子	卯	午	午	午	辰
丙	酉	亥	巳	申	寅	寅	午
丁	亥	酉	午	酉	未	酉	未
戊	子	申	巳	申	辰	寅	午
己	丑	未	酉	酉	辰	酉	未
庚	丑	未	申	亥	戌	巳	酉
辛	寅	午	酉	子	酉	子	戌
壬	卯	巳	亥	寅	子	申	子
癸	巳	卯	子	卯	申	卯	丑

生年支より表出する神殺表

生年支＼神殺	孤臣	寡宿	大耗
子	寅	戌	未
丑	寅	戌	午
寅	巳	丑	酉
卯	巳	丑	申
辰	巳	丑	亥
巳	申	辰	戌
午	申	辰	丑
未	申	辰	子
申	亥	未	卯
酉	亥	未	寅
戌	亥	未	巳
亥	寅	戌	辰

生月支より表出する神殺表

生月支＼神殺	天徳貴神	月徳貴神	華蓋	注受
子	戊	壬	辰	寅
丑	庚	庚	丑	丑
寅	丁	丙	戌	子
卯	己	甲	未	亥
辰	壬	壬	辰	戌
巳	辛	庚	丑	酉
午	戊	丙	戌	戌
未	甲	甲	未	亥
申	癸	壬	辰	子
酉	己	庚	丑	丑
戌	丙	丙	戌	寅
亥	乙	甲	未	卯

※影響が乏しい神殺の解説については、本書内では省いてあります。

出生日の干支で定まる神殺表

神殺名	出生日の干支			
魁罡	庚辰	庚戌	壬辰	戊戌
日刃	丙午	戊午	己未	壬子
日徳	甲寅	丙辰	戊辰	壬戌
日貴	丁酉	丁亥	癸巳	癸卯
防害殺	乙酉	己卯	辛卯	壬午
淫欲殺	乙卯	丁巳	庚申	辛酉

生日支より表出する神殺表

生日支＼神殺	駅馬	咸池	劫殺	亡神	喪門	三刑	六害	病符	大殺	浮沈
子	寅	酉	巳	亥	寅	卯	未	亥	申	戌
丑	亥	午	寅	申	卯	戌	午	子	酉	酉
寅	申	卯	亥	巳	辰	巳	巳	丑	戌	申
卯	巳	子	申	寅	巳	子	辰	寅	巳	未
辰	寅	酉	巳	亥	午	辰	卯	卯	午	午
巳	亥	午	寅	申	未	申	寅	辰	未	巳
午	申	卯	亥	巳	申	午	丑	巳	寅	辰
未	巳	子	申	寅	酉	丑	子	午	卯	卯
申	寅	酉	巳	亥	戌	寅	亥	未	辰	寅
酉	亥	午	寅	申	亥	酉	戌	申	亥	丑
戌	申	卯	亥	巳	子	未	酉	酉	子	子
亥	巳	子	申	寅	丑	亥	申	戌	丑	亥

【図表J】各種神殺表

Ⅱ 命式の基本構造
——命式表記の仕方と構造論——

出生年月日時を干支に転換できたなら、次は命式表への記入が必要となります。

この「命式」とか「命局」「造命」とも呼ばれる干支暦日などの記載方法に関しては、必ずしも〝統一された書式〟があるわけではありません。

実際に推命を行う上で、推命家にとってわかりやすく、判断しやすい書式であれば、どのような方法であっても間違いとは言えません。どちらかというと中華圏で使用されている命式にはアッサリとしたものが多く、もっとも単純なものでは、年・月・日・時それぞれの干支が記されているだけで、それ以外には何一つ記されていない書式のものもあります。古典原書に多く見られる書式の方法です。

古典原書の多くが、このような表記の仕方をしているのは、干支個々の機能や特徴、及び「蔵干」「通変」「十二運」「神殺」等をいちいち記載しなくても、命式干支を観れば即座に理解できる上級の読者を対象として記述しているからなのかもしれません。

日本人著者による推命学書籍でも、俗にいう「専門書」として発行されているものの中には、古典原書に法《のつと》った書式で統一しているものもあります。但し、このような命式表記では、四柱推命の基本を理解した程度の読者ではついていけないのが普通です。現代の書籍としては、やや不親切な書式であるとも言えるでしょう。

次に比較的多く中華圏で観られる書式が、四柱八字の干支の上、天干の上部に「通変十星」（後述）を略字一文字だけ追加した書式で、〝八干支文字〟の他に「年干通変」「月干通変」「時（刻）干通変」の〝三文字〟だけが加えられた「命式表」です。その他に「月令五行」がプラスされた命式、「月支蔵干」がプラスされた命式なども中華圏では〝比較的よく見掛ける命式〟の表記と言えるでしょう。

「通変」というのは、日干とそれ以外の干との〝陰陽・五行関係〟を具体化した「名称」です。日干以外の天干に求められる「通変」の表出法は、日本でも、中華圏でも、どの流派（門派）でも共通しています。

共通していないのは「蔵干」で、これは命式に表出された「十二支」に〝内蔵されている十干〟のことです。この「蔵干」を用いることで、天干だけでなく、地支にも「通変」を割り当てることが可能となります。それによって、「我」である日干と四柱七字との〝陰陽・五行関係〟を総合的に捉えることが可能となるのです。

そのせいもあって、日本で多く採用されている命式記載の方法は、四柱八文字の干支の他、月支の「蔵干」だけではなく、年支・日支・時（刻）支それぞれの「蔵干」も合わせて記載する書式が多いのです。日本の書籍上では、命式に枠線を加えた表記もしばしば見られます。縦表記、横表記など書籍によってさまざまですが、私は縦表記の方が自然でわかりやすいと思っています。日本の書籍では「天干の通変」だけでなく、地支「蔵干からの通変」も表出記載していることが多いものです。

さらに「通変」だけではなく、「我」である日干から、四柱それぞれの地支を対象とした「旺衰十二運」（後述）の記載もしばしば見受けられます。「我」である日干の〝運勢〟や〝強弱〟を、十二支から読み取ろうとするのが「旺衰十二運」です。「子平術」以前から存在していた観方ですが、「戊」「己」の「十二運」が「五行」本来の生剋とは微妙に食い違ってしまうので注意が必要です。

中華圏では重視されない「十二運」が、日本の推命学では重視される傾向が際立っています。天干は「通変」を用いて、地支は「十二運」を用いて判断する形式を採用している推命学書も多いものです。この地支「十二運」の採用は、「我」である日干の〝十干に対する強弱〟を計る目的で使用するなら、適切な方法の一つと言えます。ただ「十二運」の名称をそのまま〝人生上の諸現象〟として受け止めてしまうと、「子平術」としての推命学からは大きく遠ざかってしまうかもしれません。

その他、中華圏で「神殺」（後述）と呼ばれる〝吉凶星の枠〟を設けている命式表も少なくありません。

つまり、日本の推命学書の中には、四柱推命の命式を「占星図表」のように多数の星を表出させて占う占星術の形式として捉えようとしている推命家も存在しています。また実占上でも、中華系占星術である「紫微斗数」や「七政四余」が普及しにくい日本では、推命学とはいうものの、「占星図表」のような命式の方が大衆からも受け入れられやすい側面があるかもしれません。

本書では、なるべく多くの方に理解して頂きやすい書式として、十干十二支の「位相」を扱うような場面では四柱八文字だけで命式を表し、本格的な推命考察の場面では下図に示したような命式表を採用しています。そして完成された命式上では、地支「蔵干」は余気も中気も正気も関係なく、すべての蔵干を表記しています。さらに、それとは別に「月令・五行」も並記する形式です。

同じ命式内の「通変」でも、天干上部の「通変」を重要視して大きく記載し、地支蔵干による「通変」は若干小さく記載しています。命式をわかりやすくするため、「十二運」は「神殺」の一種として扱い、別枠を設けていません。後半で述べる「神殺」は、比較的〝意味合いの強いもの〟のみを取り上げていて、実質的な作用が弱いとか、重複したような意味を持つものは省いてあります。

実例

男・女 命

月令 金

	年	月	日	時
通変	食神	梟神		財帛
天干	壬	戊	庚	甲
地支	戌	申	寅	申
蔵干	辛・丁・戊	壬・庚	丙・甲	壬・庚
通変	梟神 正官 劫財	比肩 食神	財帛 七殺	比肩 食神
神殺	衰 大殺・紅艶	建 干禄・駅馬	絶	建 干禄・駅馬

日本人に理解しやすい四柱命式の書式例

Ⅲ 推命考察の予備知識 ――運命判断の方法論――

命式が完成すれば、すぐに判断できる流派（門派）の推命学と、一定順序の「推命考察」を経なければ、判断ができない仕組みの推命学とがあります。日本に多いのは「即断型」で、その多くは「通変」と「十二運」を合わせて具体的な事象を引き出し判断しようとする方法です。

四柱推命の入門書に多いのは、その組み合わせのメインを月柱の「天干」「地支」に求めるものですが、もっと単純化された書籍では、月支蔵干の「通変」だけで性格から運命まで何でも判断していくような乱暴な占い方さえあります。

他にも、「日干」となる〝十干の性質〟だけで判断するとか、中華圏では〝天干同士の特殊な関係〟をことさら重視してメインに据えて鑑定していこうとする研究者もいます。

基本的に〝一つの通変〟だけとか、〝一つの十干〟だけとか、〝一つの通変〟と〝一つの十二運〟の組み合わせだけでは、生年月日時全体から〝運命の形〟を探り出していく、という「子平術」としての根幹が崩れてしまいます。仮に「日干」と地支それぞれの「十二運」を組み合わせて観たとしても、命式によっては〝矛盾する出来事や運命〟が導かれてしまう欠点が生じます。実占面での体験が豊富で、勘の鋭い推命家であれば、抽出される出来事の採否を瞬時に振り分けながら〝的確な判断〟を行うことは可能ですが、誰もが出来る芸当ではありません。

その他、〝天干「通変」〟と〝蔵干「通変」〟による組み合わせ、「通変」と「神殺」との組み合わせによる観方もありますが、いずれも同様の捉え方で、命式全体としての特徴を考察・抽出して先天運を判断するというよりも、部分的な組み合わせを優先した判断の方法と言えます。

それに対して「徐子平」以降、伝統的に研究されてきた推命学は、一定順序の考察を経た後で「命式の全体像」を把握し、運命の傾向性を引き出して行こうとする推命学です。

この推命方法では、まず日干を「我」と見立てて、その「我」が季節五行や他の四柱干支から〝パワー〟を得ているか、〝制御〟されているか、を考察の第一段階とします。さらに「月支蔵干・通変」との関係で〝運勢・強弱のバランス〟が、日干と月支蔵干のどちらに傾いているか、見定めるのを第二段階とします。

一部の〝誤った推命学〟では、日干の〝強弱〟を、「身旺《みおう》」「身弱《みじゃく》」と表現し、その身旺や身弱そのものが、運勢の強弱に直結しているかのような記述を見受けますが、〝強弱〟だけで運勢は推し量れません。身旺だから強い運勢なのではなく、意志強く孤軍奮闘しなければ成果を得られない運勢なのです。身弱だから弱い運勢なのではなく、与えられたステージで人形のごとく振る舞えば喝采を得られる運勢なのです。

伝統的な推命学では「日干」〝強弱〟の考察から「特殊格局」に属する命式か、「一般格局」に属する命式かが決まり、特殊格局では先天的な偏りが大きいので、〝特異な生き方〟を選択することで幸運な人生が歩めるのだと捉えます。一般格局に属する命式では〝調和を重んじる生き方〟に徹することが、成功を掴む秘訣であると悟らなければなりません。

古典的な推命学原書では、この「格局」を三十六格に分類するとか、四十格に分類しています。これらの〝格局数〟は他の占術に数を合わせようとしたもので、従う必要性のないものです。

命式全体の傾向性や先天運の特徴を把握するための分類が「格局」だと思ってください。したがって、古典的な原書に合わせる必要はなく、あくまでも合理的に分類すべきものが「格局」です。

そのような前提に立って、運命の歯車を幸運な方へ推し進めていく原動力が「用神」と呼ばれている十干で、その「用神」を見つけ出すまでが〝推命の考察〟に当たるものです。つまり、明代以降の「子平術」としての推命学では、ここまで到達できないと実質的な判断は出来ないと考えられています。

但し、そういう方法論が全面的に正しいかというと、必ずしもそうとは言い切れない多数の実例が存在することも確かなのです。したがって、古典原書だけを〝絶対視〟することも危険であることを、指摘しておくことも本書の役割であると思っています。

もっとも、最初はそこまで考える必要はなく、それぞれの出生年月日時から間違わずに命式が作成できて、「十干」「十二支」や「蔵干」「通変」など推命学の特殊な用語に馴れるところからスタートすべきです。

命式上の四柱八字（干支）だけで判断材料が乏しい推命学では、生まれ月から「月令五行」というものを抽出し、年支・月支・日支・時（刻）支からは「地支蔵干」というものを抽出するという順序で進んでいきます。これらによって〝命式の型〟が出来上がり、先天運としての「人生の輪郭」を掴むことが出来ます。

そういう意味で重要なのが生まれ月の「月令」と地支の「蔵干」、中でも「月支蔵干」と呼ばれているものなのです。ところが、これらの表出方法は流派（門派）によって、或いは研究者によって意見が異なり、統一された見解が出ていないというのが実情です。

そこで本書では、この難攻不落の問題に真正面から切り込んで、「月令」と「月支蔵干」の違いを明確に論証しています。「月令」は生まれ月だけで判断するのではなく、「生まれ月日」の両方から判別すべきものです。その一方「月支蔵干」は地支「蔵干」の一種に過ぎないので、「月律分野蔵干表」等に基づき出生日で区分けすべきではない、というのが本書の立場です。

「格局」に関しても、初期の頃と近代以降とではその意味するところが違っているのに、誰もそれを指適しようとしません。意味合いの異なる「格局」を同列に並べて平然としている書籍が多すぎるのです。

これまで不明瞭で曖昧なままにされてきた命式上の〝謎〟「月令」「蔵干」「格局」「用神」などを、誰にでも理解できて命式から抽出できるよう心血を注いで説いていくのが本書なのです。

第4章　研究者を迷路に誘い込む「蔵干」と「月令」の真実

推命学を研究・実占された方なら誰もが疑問を持つのが、「蔵干」と呼ばれているものの奇妙さです。その流派や研究者や推命書によって大きな違いがある「蔵干」についての説明は、通常の感覚の持ち主なら、到底納得できるようなものではありません。何故このような事態となっているのか、その根本的なルーツを探っていくと、驚くべき事実に突き当たるのです。

●古典の推命学原書に観られる「蔵干」の食い違い

推命学上もっとも流派（門派）によって違いが見受けられるのが、「蔵干《ぞうかん》」と呼ばれているものの扱い方です。この「蔵干」を一言で説明すれば、それぞれの十二支が〝内蔵している十干〟ということになります。つまり、十二支が単なる十二支としてだけでなく、「十幹」と一対の「枝（同時に「根」）」的な作用があると仮定し、その役割を〝具体化〟したものが「蔵干」だと言えるのです。したがって、命式の天干に対して、「枝＝根」の役割を果たす〝五行作用〟を「十干」に置き換えた〝別の顔〟が「蔵干」の本質だといえるでしょう。

その「蔵干」ですが、古典としての推命学原書でも、決して最初から完全に定まっていたわけではなく、それぞれの原書が微妙に異なった「蔵干」説を提唱していたのです。

★西暦一千年から一千三百年頃に編纂されたと思われる推命学の古典原書では、次のように十干配当されています。

＊（　）内の数字は、それぞれの十干に配当されている日数です。

★『玉井奥訣』では――

寅―己(7)・丙(5)・甲(18)　**卯**―甲(9)・癸(3)・乙(18)　**辰**―乙(9)・癸(3)・戊(18)

巳―戊(7)・庚(5)・丙(18)　**午**―丙(9)・己(3)・丁(18)　**未**―丁(7)・乙(5)・己(18)

申―己(7)・戊(3)・壬(3)・庚(17)　**酉**―庚(7)・丁(3)・辛(20)　**戌**―辛(7)・丁(5)・戊(18)

亥―戊(7)・甲(5)・壬(18)　子―壬(9)・辛(3)・癸(18)　丑―癸(7)・辛(5)・己(18)

★『三命通会』では――

寅―己(5)・丙(5)・甲(20)　卯―甲(7)・乙(23)　辰―乙(7)・壬(5)・戊(18)

巳―戊(5)・庚(5)・丙(20)　午―丙(7)・丁(23)　未―丁(7)・甲(5)・己(18)

申―己(5)・壬(5)・庚(20)　酉―庚(7)・辛(23)　戌―辛(7)・丙(5)・戊(18)

亥―戊(5)・甲(5)・壬(20)　子―壬(7)・癸(23)　丑―癸(7)・庚(5)・己(18)

★『淵海子平』では――

寅―己(7)・丙(7)・甲(16)　卯―甲(10)・乙(20)　辰―乙(9)・癸(3)・戊(18)

巳―戊(5)・庚(9)・丙(16)　午―丙(10)・己(9)・丁(11)　未―丁(9)・乙(3)・己(18)

申―己(7)・戊(3)・壬(3)・庚(17)　酉―庚(10)・辛(20)　戌―辛(9)・丁(3)・戊(18)

亥―戊(7)・甲(5)・壬(18)　子―壬(10)・癸(20)　丑―癸(9)・辛(3)・己(18)

その内、日本で一般に用いられているのは『淵海子平』の「蔵干」説ですが、厳密に言えば二つに分かれていて、そのどちらを採用するかによっても違いが出るものです。

先に掲載したのは「月支」に対しての「蔵干」説ですが、それ以外の「年支」「日支」「時(刻)支」に対しては、

寅——「丙」「甲」　**卯**——「乙」　**辰**——「乙」「癸」「戊」　**巳**——「戊」「庚」「丙」

午——「己」「丁」　**未**——「丁」「乙」「己」　**申**——「戊」「壬」「庚」　**酉**——「辛」

戌——「辛」「丁」「戊」　**亥**——「甲」「壬」　**子**——「癸」　**丑**——「癸」「辛」「己」

というふうに変化するのです。ところが、現代の推命学書のほとんどは、これらの内のどちらかのみを〝『淵海子平』の蔵干〟として掲載しているのです。

さらに同じ古典原書でも、西暦一千四百年以降に編纂されたと思われる推命学書では、「月支」に対して「節《せっ》気《き》蔵《ぞう》干《かん》」と呼ぶ、特別な「蔵干」配布を用いる流派（門派）も多くなります。

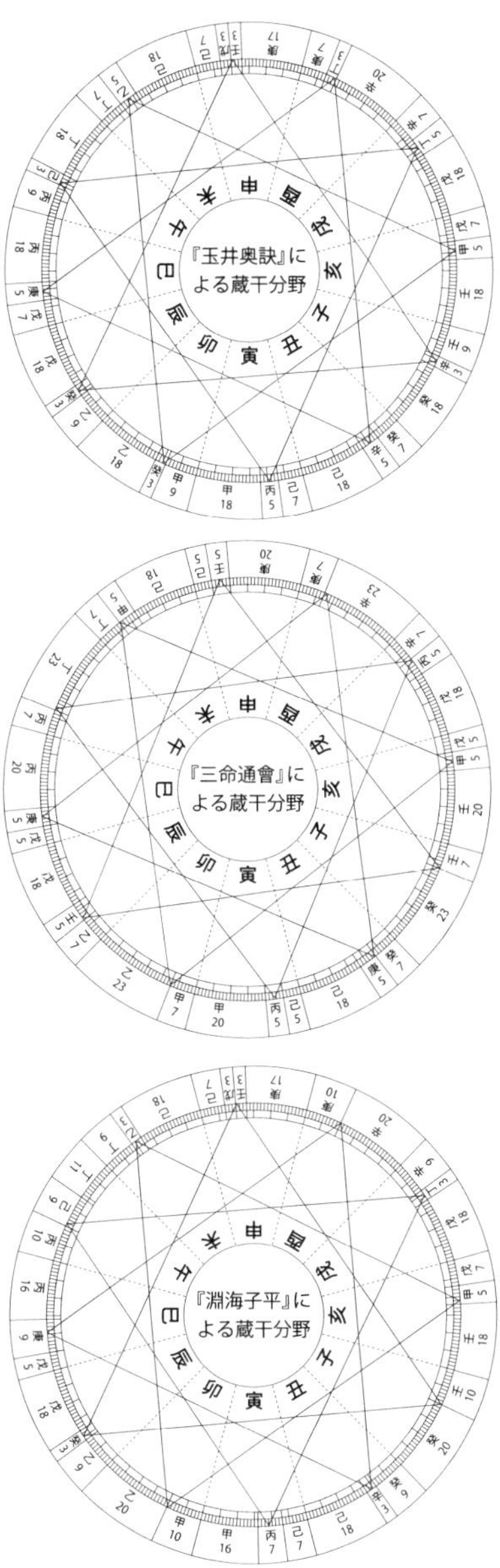

【図表20】古典の三原書に基づく月支蔵干の各配当日数を図表化したもの

それは明代の推命学書である『子平大法』の「蔵干」説に代表されるものです。

一般に「節気蔵干」と呼ばれるものの特徴は、「干支暦（太陽暦）」としての〝十二節（十二ヶ月）〟＝一太陽年（黄経三百六十度）〟に、「四立（立春・立夏・立秋・立冬）」を基準として〝四季＋土用〟を分配し、それに合わせて〝十干を均等に配布する〟ことで、厳密に言うと「月支」そのものの蔵干ではなくて、年間を通しての〝十干の均等配布〟を表わしたものということになります。

★『子平大法』の「節気蔵干」では――

寅――甲（30）　**卯**――甲（6）・乙（24）　**辰**――乙（12）・戊（18余）
巳――丙（30）　**午**――丙（6）・丁（24）　**未**――丁（12）・己（18余）
申――庚（30）　**酉**――庚（6）・辛（24）　**戌**――辛（12）・戊（18余）
亥――壬（30）　**子**――壬（6）・癸（24）　**丑**――癸（12）・己（18余）

もしも「月支」とは切り離して捉えるなら、これほど妥当な年間に対する〝十干配当〟はありません。

但し、「月支蔵干」という感覚で割り当てるのだとすれば、さまざまな矛盾が生じてしまうことになります。

何故なら「蔵干」というのは、元々「十二支」そのものに内蔵されている「十干」だからです。

「節気蔵干」説では、十二支に〝三合《さんごう》作用〟があることを認めながら、「蔵干」としての区分では〝三合〟に基づく「中気《ちゅうき》」の区分を排除してしまっているのです。したがって、十二支は〝「根」としての五行〟と〝「蔵干」としての五行〟が一致していません。

●「蔵干」の源流にある〝エジプトの「占星術」〟と〝六壬の「二十四山方位」〟

既に述べたように、徐子平に始まる「子平術」（生まれ日主体の干支命理術）としての「四柱推命」が、一般に広く浸透したのは宋代後半（十二世紀）～明代（十七世紀）にかけてです。それ以前に行われていた〝運命判断法〟として密かに浸透していたのは、意外に思われるかもしれませんが「西洋占星術」だったのです。

おそらくシルクロード経由で入って来た『七曜禳災訣《しちようじようさいけつ》』金倶叱《きんくしつ》撰や、インド経由で入って来た『宿曜経《すくようきよう》』不空《ふくう》撰や、ペルシャ経由で入って来た『都利聿斯経《とりいつしきよう》』李弥乾《りみけん》撰が、その普及元です。特に李弥乾は占星術師として実占でも活躍していたことが記録に残されています。

中でも「聿斯経」と呼ばれた〝ギリシャ系占星術〟は、当時ペルシャで〝占星術の聖典〟とされたプトレマイオス著『テトラビブロス（四部書）』の翻訳書を下敷きにした占星術であることが確かめられています。「聿斯経」には、他にも『聿斯四門経』、『聿斯経訣』、『聿斯隠経』、『徐氏聿斯歌』等の書があり、ここで注目されるのは「子平術」の創始者である徐子平、もしくは「子平術」の普及者である徐升と同じ「徐」氏による編著の占星術書が含まれていることです。年代的に符合するだけに、偶然とは思われないのです。

事実、明代には推命家として『三命通会』を著した萬民英が、一方では占星家として『星学大成』三十巻の撰者として登場します。同じ明代の『星平会海』水中龍《すいちゆうりゆう》撰という書物は、上巻が「占星術」、下巻が「子平術」でまとめられている著作です。

このような事実を知れば、四柱推命が「西洋占星術」からの影響を受けて成立したとしても、不思議はないわけです。四柱八字だけで判断材料の乏しい「子平術」に、暗示的に「聿斯経」が教えたのは〝アスペクトとしての「三合」〟でした。「聿斯経」には、実にたくさんの〝三合（百二十度）アスペクト〟の記述が登場するのです。

十二支「蔵干」の中で、やや違和感を抱くものがあるとすれば、それぞれの「中気」として加わって来る「蔵干」が、〝三合理論に基づく十干〟になっているという点でしょう。

この「三合」（百二十度）に当たる十二支方位の五行十干を「蔵干」としていることに関して、実は西洋占星術の方では何ら抵抗なく〝受け入れていたものがある〟のです。それは古代ギリシャの占星術で用いていた「デカン」です。この「デカン」というのは、元々は古代エジプトで誕生した〝星座区分〟で、十日間毎三十六デカンに区分して、そのそれぞれに〝守護神が宿っている〟という考え方に基づく占星術です。

「デカン」とは「顔」の意ですが、守護神となる星（厳密には恒星）が、夜空に「顔」を現わし我々を守ってくれる、という発想です。ギリシャ占星術では、伝統的な十二星座を三区分し、それぞれに「惑星神」を与えて「デカン」としたのです。この〝星座の三区分〟と、それぞれに対する〝守護神〟という考え方は、広くヨーロッパ占星術にも受け継がれました。そして、星座三区分の〝中間に来る惑星神〟は、百二十度方位にある〝星座の守護星〟なのです。

これとほぼ同様な発想が、十二支〝中気の「蔵干」〟なのです。百二十度方位にある十二支の〝五行十干〟が「蔵

古代エジプトを起源とする占星術では1星座が3分割され、「デカン」として三合（120度）星座守護星を備えた。

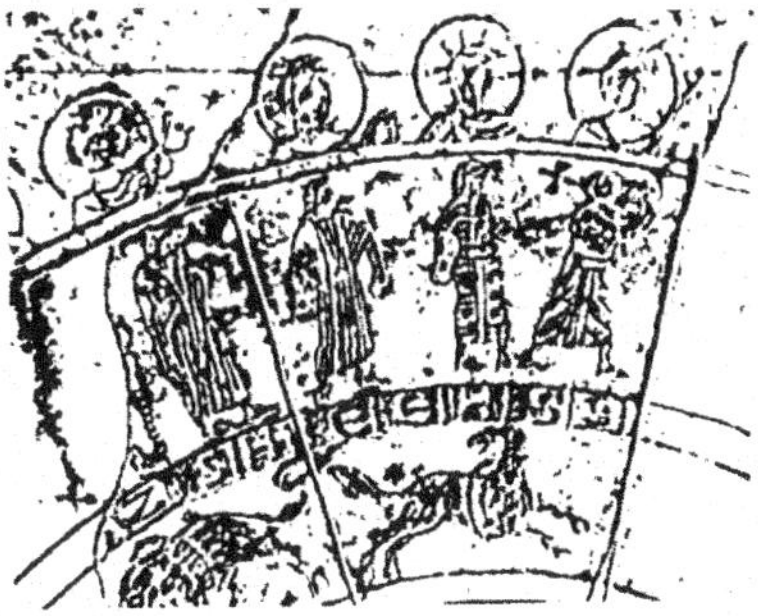

ヨーロッパ・ルネッサンス期の占星術では、1星座につき3人の〝守護神〟がそれぞれ〝丸い「顔」〟として欄外に突出して描かれた（「タブラ・ビアンキーニ」の図像より）

【図表21】古代エジプト～ヨーロッパ・ルネッサンス期の占星術が〝三合守護神〟の源流

干」となるからです。「十二支」と「十二星座」は、黄経で比べると十五度ずれていますが、「二十四節気」で合わせると奇妙な対応を見せるのです。

この「二十四節気」による奇妙な対応が、次なる発想を招いたものと考えられます。

実は、この「二十四節気」に対応する形で誕生したのが「六壬神課」や「奇門遁甲」で用いる「二十四山方位」なのです。ただ現在、一般に使用されている「二十四山方位」は古来継承されてきたものではなく、途中ですり替えられた可能性が強いように思われます。正しい「二十四山方位」は、後漢や北宋時代の遺跡から発掘された「六壬式盤」と呼ばれるものに記されている「二十四方位」の名称です。

ここでは「巽」「坤」「乾」「艮」の四方位は出て来ません。「巽」＝「戊」、「坤」＝「己」、「乾」＝「戊」、「艮」＝「己」と記されています。それによって「二十四山方位」は、十干・十二支だけの方位区分となるのです。そして、この各十五度の方位区分が「十二支」と「十干」の〝融合〟を産み出し、十二支の隣に「蔵干・正気《せいき》」が来るという配置として、見事に符合することになるのです。つまり、「蔵干・正気」とは、二十四山方位において隣り合わせ〝天空において融合している〟干支同士ということになります。

しかも、この「二十四山方位」を「二十四節気」に重ね合わせると、「立春」「立夏」「立秋」「立冬」それぞれの開始時期には「戊」や「己」の方位が来てしまうのです。つまり、四季の四立から「寅」や「巳」などの十二方位がスッキリ始まるのではなく、その手前の「戊」や「己」の方位が手前に来て途中から「寅」や「巳」の方位が始まる配置となるのです。これこそ正に「余気《よき》」として、「寅」や「巳」などの四立が「戊」や「己」からスタートしている秘密と言えるでしょう。

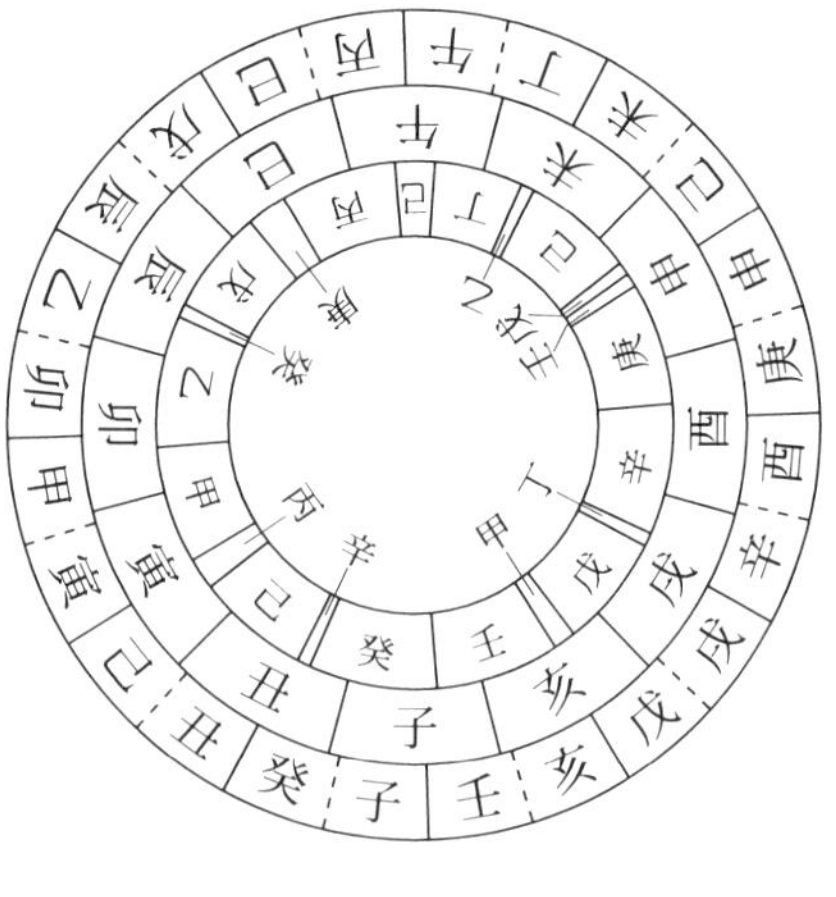

※一番内側は『淵海子平』に示された「蔵干」の区分。
中間は「十二支」、そして外側は原初の「24 山方位」

※発掘された「六壬式盤」の復原図中の「天盤」に記されている〝24 山〟の方位

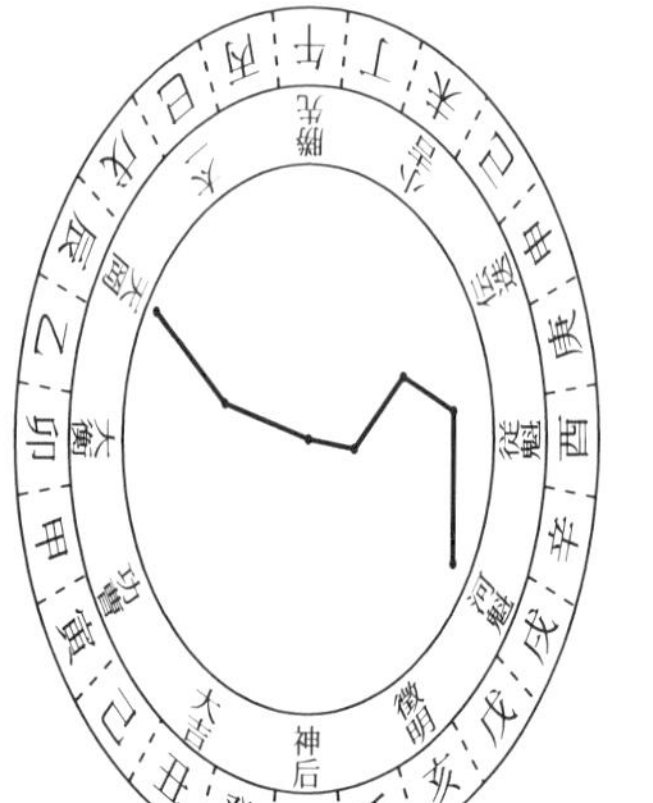

※原初の「24 山方位」には「艮」「巽」「坤」「乾」の〝易卦方位〟は含まれていない。

【図表22】蔵干「正気」と「24 山」方位
(「十二支」の隣り) はすべて同一

このようないくつもの要因が、複雑怪奇な「蔵干」を「月支」に産み出した理由と言えるでしょう。

●十二支五行は三つの要素から成り立つ

推命学書の多くは「十二支」の五行について、明らかな誤りを記載していることが多いものです。「天幹《てんかん》」の「枝＝根」として、「地枝《ちし》」に変わった「太初暦」以降の〝十二支五行〟は、陰陽・五行が明快な〝十干〟のように単純ではないのです。

「天幹」「地枝」として、〝天空（主として太陽）の影響が強い十幹〟に対して、〝大地（農業に関わりの深い「月」）の影響が強い十二枝（根）〟は、その「天」と「地」を繋ぐ存在として、地上に「人」を産み出したのです。

東洋運命学において「陰陽・五行説」と共に見落としてはならないのが「天・地・人」の「三才」（「三元」とも云う）に対する捉え方で、この〝三つが影響し合う〟ことで人間の「運命」は形成されていく、と考えられるようになりました。つまり、**「運命」という存在は、「天」「地」「人」それぞれの影響を重ね合わせた「三才」（三元）によって初めて解明できるもので、どれ一つを欠いても「運命の全体像」を見極めることは出来ない**、という考え方です。

推命学もその範囲を出るものではなく、「十干」は「天元」、「十二支」は「地元」、そして「蔵干」が「人元」で〝三元が出揃う〟というのが、徐子平以降の命理学的な考え方なのです。昔から「天の時」「地の利」「人の和」を得ることが強運の条件とされ、そういう意味でも「蔵干」を抜きに命理を論じることはなかったのです。

その「蔵干」の根底にあるのは、第一に〝「根」としての五行作用〟です。さらに「二十四節気」に基づく「二十四山方位」です。或いは西洋占星術の「星座の三分割」である「デカン」の発想などです。

十二支の五行作用は、事実上、三つの要素から成り立っています。

その一つは、四季の「正気五行」と呼ばれるもので、一般の推命学書が〝十二支の五行〟として記しているものがこれです。けれども、「枝＝根」としての十二支は、「正気五行」だけを〝幹・枝が一体化した五行〟として受け止めていません。「中気（三合）五行」と呼ぶ五行や、「余気（方合）五行」と呼ぶ五行も、「天幹・地枝」として、〝幹と一体化した「枝＝根」〟は、合わせ持っているからです。

その結果、地枝としての十二支五行は、「正気・中気・余気」の三つの要素から成立していると言えるのです。

★当然、「正気五行」は、四季の「立春」「立夏」「立秋」「立冬」＋「土用」に基づく五行で、次のようになります。

春季「木」 正気―寅（陽）・卯（陰）　**夏季「火」** 正気―巳（陰）・午（陽）　**秋季「金」** 正気―申（陽）・酉（陰）　**冬季「水」** 正気―亥（陰）・子（陽）　**土用**―辰（陽）・未（陰）・戌（陽）・丑（陰）

★「余気（方合）五行」は、「東面」「南面」「西面」「北面」の〝方合で結びつく五行〟で、次のようになります。

東面「木」 五行―寅（東北東）・卯（正東）・辰（東南東）　**南面「火」** 五行―巳（南南東）・午（正南）・未（南

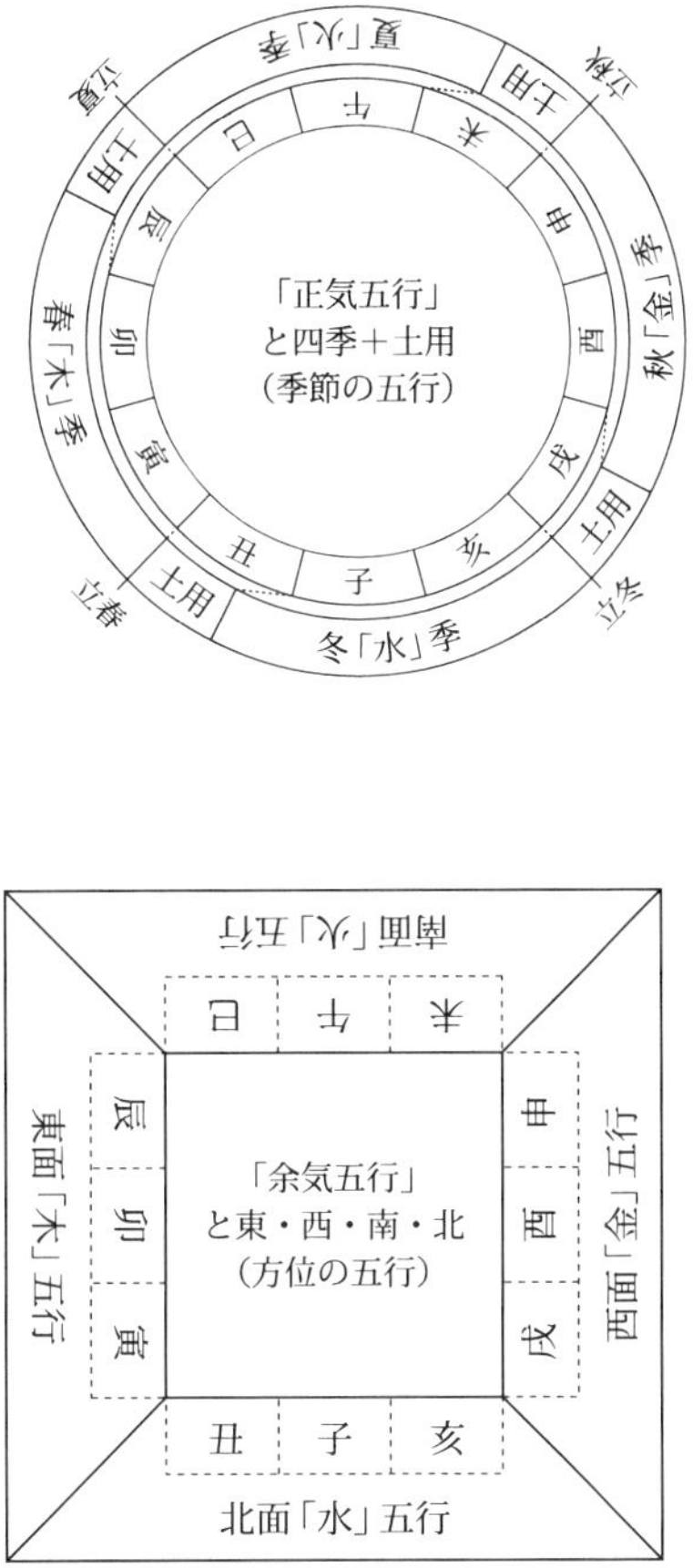

【図表23】「正気五行」と「余気五行」の根底にある捉え方

南西）　**西面「金」**五行―申（西南西）・酉（正西）・戌（西北西）　**北面「水」**五行―亥（北北西）・子（正北）・丑（北北東）

★「中気（三合）五行」は、「生」・「旺」・「墓」の〝三合で結びつく五行〟で、次のようになります。

春季「木」三合―亥（生）・卯（旺）・未（墓）　**夏季「火」**三合―寅（生）・午（旺）・戌（墓）　**秋季「金」**三合―巳（生）・酉（旺）・丑（墓）　**冬季「水」**三合―申（生）・子（旺）・辰（墓）

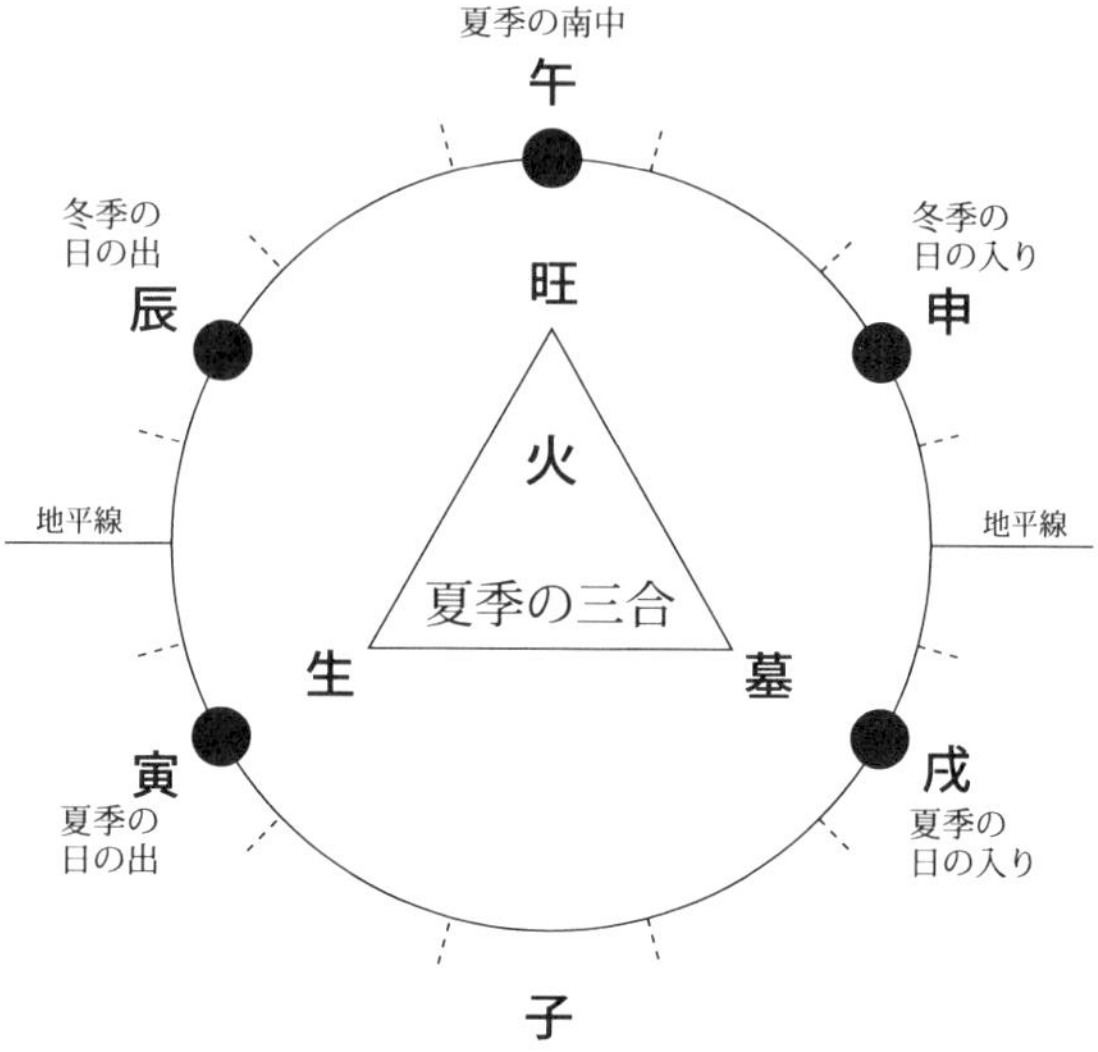

※「火」の三合は〝夏季の三合〟で、夏至の頃の太陽は「寅」方位から〝日の出〟として上昇し、昼に「午」方位で南中し、夕方に「戌」方位に〝日の入り〟する。

※したがって〝夏季の三合〟は寅が「生」であり、午が「旺」であり、戌が「墓」となって「三合」の〝完成形〟と言える。

【図表24】「中気五行」の根底にある捉え方

この「中気（三合）五行」が、「生」・「旺」・「墓」で結びつく五行となっていることは、実は現象面からも裏付けられているのです。どういうことかというと、夏至の時、つまり夏季の太陽は「寅」の方角から出て、「戌」の方角へと沈むのです。冬至の時、つまり冬季の太陽は「辰」の方角から出て、「申」の方角へと沈むのです。

このように自然界の現象面からも、太陽が「寅」（東北東）に生まれ、「午」（真南）で正午を迎え、「戌」（西北西）

に没していくのは紛れもない事実で、〝三合の原理〟は生きていると言えるのです。

このように、三つの要素から成り立つ五行を包含したものが、推命学上の〝十二支五行〟なのです。

したがって、「孟支（四季の初めに来る十二支）」である寅・巳・申・亥は〝二つの五行〟を包含し、「仲支（四季の中間にある十二支）」である卯・午・酉・子は〝一つだけの五行〟を維持し、「季支（四季の終わりに来る十二支）」である辰・未・戌・丑は〝三つの五行〟を包含することになります。

★改めて十二支五行をまとめると、次のようになります。

寅――**火**（生）・**木**（東北東・陽春）　卯――**木**（旺・正東・陰春）　辰――**水**（墓）・**木**（東南東）・**土**（土用）
巳――**金**（生）・**火**（南南東・陰夏）　午――**火**（旺・正南・陽夏）　未――**木**（墓）・**火**（南南西）・**土**（土用）
申――**水**（生）・**金**（西南西・陽秋）　酉――**金**（旺・正西・陰秋）　戌――**火**（墓）・**金**（西北西）・**土**（土用）
亥――**木**（生）・**水**（北北西・陰冬）　子――**水**（旺・正北・陽冬）　丑――**金**（墓）・**水**（北北東）・**土**（土用）

これらの五行が、「天幹・地枝」とも呼ばれ〝幹と一体化した十二枝〟が「内蔵」或いは「秘蔵」している「蔵干」の基となっているものなのです。したがって、個々の十二支の蔵干数としても「孟支」なら二つ、「仲支」なら一つ、「季支」なら三つというのが、妥当な数と言えるのです。

ところが、既に示してきたように、古典原書『淵海子平』などの蔵干数は三つが多く、特に「月支蔵干」として提示されている蔵干は〝節入り後の日数区分〟があり、それをそのまま継承している流派（門派）と、日数区分に拘らない流派（門派）が存在しています。さらに、『子平大法』などが唱道している「節気蔵干」を採用している流派（門派）もあって、統一されていないのが現状です。

本書では、基本的に〝日数区分（月律分野）を用いない蔵干〟、及び「月支」もそれ以外の十二支（地支）も〝一律に扱う「蔵干」〟を採用しています。当然、寅・巳・申・亥は〝二つの蔵干〟、卯・午・酉・子は〝一つの蔵干〟、辰・未・戌・丑は〝三つの蔵干〟という内蔵の仕方です。

★具体的には次のような十二支の「蔵干」が、もっとも妥当と考えられます。

寅──「丙」「甲」　**卯**──「乙」　**辰**──「乙」「癸」「戊」　**巳**──「庚」「丙」　**午**──「丁」

未──「丁」「乙」「己」　**申**──「壬」「庚」　**酉**──「辛」　**戌**──「辛」「丁」「戊」

亥──「甲」「壬」　**子**──「癸」　**丑**──「癸」「辛」「己」

これらとは別に、〝生まれ月日の五行〟として「月令五行」を抽出しますが、それと「蔵干」とは別物という捉え方をしています。この区別は、後で「格局」（後述）を定める時に重要となります。

●「月令五行」と「月支蔵干」の根本的違い

多くの推命学書が「月令《げつれい》」と「月支蔵干」とを〝同じもの〟であるかのような扱い方をしています。

基本的に「月支蔵干」だけを特別視している推命家の多くは、〝同じもの〟として扱っているよう私の目には映ります。何度も述べますが、「節気蔵干」というのは年間に対しての〝十干配当〟で、「月支」そのものが〝秘蔵している蔵干〟ではありません。また、「月律蔵干表」を用いる推命家の論理は一貫せず、既にみたように古典原書の説もまちまちです。大体、何故「月支」だけを特別に扱うのか、それに対しての明確な説明がありません。

実は「月支」だけが特別に扱われていたのには、いくつかの理由があります。その第一は〝生まれ月日〟が、どの季節五行と密接に関わっているのか、〝四季＋土用〟に区分された〝天空黄経度〟中の、どの「五行領域内」で出生しているのか、判然とさせるために必要なことなのです。元々「春」に咲く花が、「秋」に花開かせるのは難しいように、人生に花を咲かせるためには、個々の出生日にふさわしい季節があるからです。

推命学上で「我」と観立てる出生日「十干」が、〝四季＋土用〟に区分された、どの季節（五行）領域で生まれているかによって、「我」としての生命力や個性が異なり、人生に咲かせるべき〝花〟の種類が異なってくるのです。それを見極めるため必要なのが、「月令」と呼ぶ〝生まれ月日に基づく五行領域〟なのです。

この「月令五行」の把握によって、「我」である出生日「十干」の〝生命力の強弱〟及び〝個性領域〟が判明します。つまり先天運として授けられている生命力や個性が強まる季節（五行）領域なのか、抑えられる季節（五行）領域なのか、五行の〝強弱関係〟が判然とするのです。生命力や個性が強くなる領域内の生まれであれば「得令」と呼び、生命力や個性が抑えられる領域内の生まれであれば「失令」と呼んだりします。

「月令五行」は、一見「月支五行」や「蔵干」と同じもののように感じるかもしれませんが、同じ「月支」内でも、例えば「未」月（節）の場合、その節入り後十二日間の出生日は「夏（火）」の五行期間であり、その後十八日余の出生日は「土用（土）」期間となって、同じ月支内でも分かれています。これは日数区分のない「蔵干」とは別なのです。また本来の「月支五行」とも同一とは言えないのです。

★推命学上の「月令」季節五行は〝四季＋土用〟を見定めるもので、あらためて述べれば次のように区分されます。

「春季（立春・黄経315～25度）」＝「木行（歳星支配）」――「土用（黄経25～45度）」＝「土行（填星支配）」
「夏季（立夏・黄経45～115度）」＝「火行（熒惑支配）」――「土用（黄経115～135度）」＝「土行（填星支配）」
「秋季（立秋・黄経135～205度）」＝「金行（太白支配）」――「土用（黄経205～225度）」＝「土行（填星支配）」
「冬季（立冬・黄経225～295度）」＝「水行（辰星支配）」――「土用（黄経295～315度）」＝「土行（填星支配）」

このような黄経度区分に基づいて、〝四季＋土用〟の「月令五行」は定められています。

なお推命学書の中には、この〝四季＋土用〟の黄経度領域を「太陰暦」に基づく区分であると勘違いされている著者がいますが、この区分は紛れもなく「太陽暦」に基づく区分です。

また「月令」に関する記述では、「我」である出生日「十干」を強める季節（五行）が「得令」で、「我」である出生日「十干」を弱める季節（五行）が「失令」ですが、これと似た言葉で「月令を得る」という表現があります。この「月令を得る」と「得令」とはこれまた〝微妙に違う〟のです。その違いとは「月令を得る」

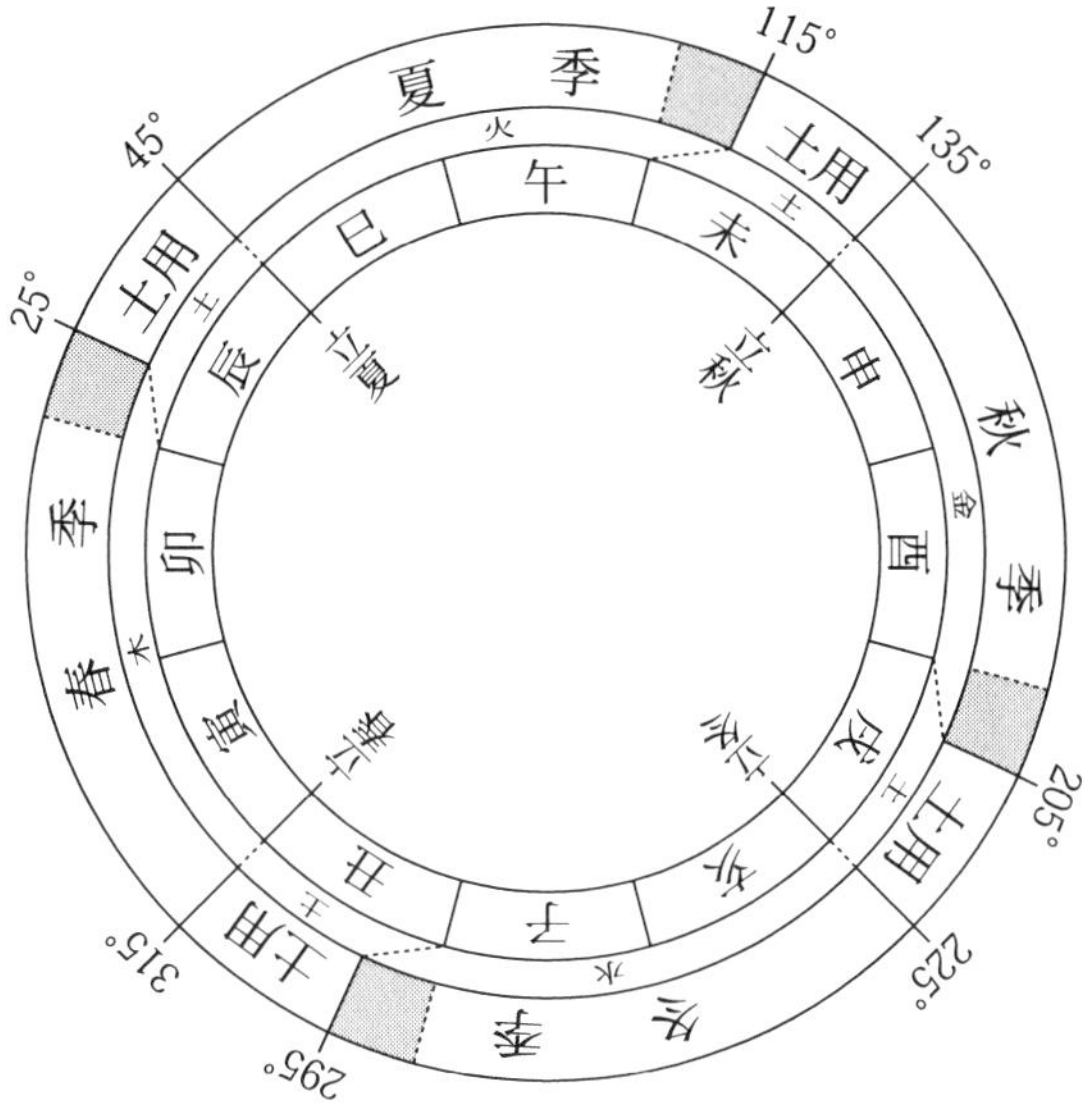

【図表25】「月令」季節五行と十二支月の違い

状態であれば、必ず「得令」なのですが、その逆に「得令」であっても「月令」を得ていない場合があるからです。

　実は、季節（五行）と出生日「十干」との強弱関係は、五段階に分かれているのです。二段階なら「得令」は同時に「月令を得る」と同じ意味となるのですが、五段階に分かれ、その内の二段階が「得令」、三段階が「失令」となるために、「得令」であっても「月令」を得ていないケースが出て来るのです。

　このような〝微妙な違い〟というものが、推命学用語には少なくありません。

　それが、ことさら推命学を難しくしているのです。

　しかも、そういう微妙な違いがあっても、そのことには触れずに〝先に進んでいく〟推命学書が少なくありません。

　例えば「月支蔵干」と、それ以外の「年支蔵干」「日支蔵干」「時（刻）支蔵干」は異なるということは記されていても、なぜ違うのか、なぜ異なった蔵干が表出されるのか、なぜ「月支」のみ「月律分野蔵干表」という表を用いて生まれ日に該当する「蔵干」を表出するのか、通常の推命学書には記されていません。

その結果、一部の推命家は「月支」以外にも分野区分を作成し、「年支」「日支」「時（刻）支」それぞれの細分を行ったりしています。「時（刻）支」の二時間を「月支」に合わせ三分割しているのです。また一部の推命家は「月支」以外はすべて、十二支の「正気」五行による「蔵干」のみを採用しています。

〝生まれ月日〟による「月令」季節五行と、「月支」も含めた〝十二支の「蔵干」〟とを区別して扱えば、このような混乱は起こらなくなるのです。

●「月令」がもたらす「得」「失」の五段階パワー

「我」である出生日「十干」は、「太初暦」以降は当然のことながら「陰陽・五行」を授けられました。また、天空黄経度に基づく「干支暦」の方でも、〝四季＋土用〟による「五行」区分が明確となりました。実際に四柱命式を表出した後、第一に行わなければならないのは、「我」である出生日「十干」五行と、〝生まれ月日〟による「月令」季節五行を照らし合わせて、パワーを得ているか、失っているか、を確認することです。

★「甲」日生まれは「陽」「木」で「**樹木**」的イメージ、「乙」日生まれは「陰」「木」で「**草花**」的イメージです。生まれ月日による「月令」季節五行で「春季（木行）」の出生なら「旺令《おうれい》」となり、「**月令を得る**」生まれです。
「冬季（水行）」の出生なら「相令《そうれい》」となり、「得令」の範囲内です。
「夏季（火行）」の出生なら「休令《きゅうれい》」となり、「失令」の生まれです。

「土用（土行）」の出生なら「囚令《しゅうれい》」となり、「失令」の生まれです。

「秋季（金行）」の出生なら「死令《しれい》」となり、「失令」の生まれです。

★「丙」日生まれは「陽」「火」で「**太陽**」的イメージ、「丁」日生まれは「陰」「火」で「**灯火**」的イメージです。
生まれ月日による「月令」季節五行で「夏季（火行）」の出生なら「旺令」となり、「**月令を得る**」生まれです。

「春季（木行）」の出生なら「相令」となり、「得令」の範囲内です。

「土用（土行）」の出生なら「休令」となり、「失令」の生まれです。

「秋季（金行）」の出生なら「囚令」となり、「失令」の生まれです。

「冬季（水行）」の出生なら「死令」となり、「失令」の生まれです。

★「戊」日生まれは「陽」「土」で「**山岳**」的イメージ、「己」日生まれは「陰」「土」で「**田園**」的イメージです。
生まれ月日による「月令」季節五行で「土用（土行）」の出生なら「旺令」となり、「**月令を得る**」生まれです。

「夏季（火行）」の出生なら「相令」となり、「得令」の範囲内です。

「秋季（金行）」の出生なら「休令」となり、「失令」の生まれです。

「冬季（水行）」の出生なら「囚令」となり、「失令」の生まれです。

「春季（木行）」の出生なら「死令」となり、「失令」の生まれです。

★「庚」日生まれは「陽」「金」で「**刀剣**」的イメージ、「辛」日生まれは「陰」「金」で「**宝飾**」的イメージです。
生まれ月日による「月令」季節五行で「秋季（金行）」の出生なら「旺令」となり、「**月令を得る**」生まれです。

「土用（土行）」の出生なら「相令」となり、「得令」の範囲内です。

「冬季（水行）」の出生なら「休令」となり、「失令」の生まれです。

「春季（木行）」の出生なら「囚令」となり、「失令」の生まれです。

「夏季（火行）」の出生なら「死令」となり、「失令」の生まれです。

★「壬」日生まれは「陽」「水」で「**河海**」的イメージ、「癸」日生まれは「陰」「水」で「**雨雪**」的イメージです。
生まれ月日による「月令」季節五行で「冬季（水行）」の出生なら「旺令」となり、「**月令を得る**」生まれです。

「秋季（金行）」の出生なら「相令」となり、「得令」の範囲内です。

「春季（木行）」の出生なら「休令」となり、「失令」の生まれです。

「夏季（火行）」の出生なら「囚令」となり、「失令」の生まれです。

「土用（土行）」の出生なら「死令」となり、「失令」の生まれです。


「干支暦」に基づく出生日「十干」は、〝生まれ月日〟による「月令」季節五行から見て「旺令」「相令」「休令」「囚令」「死令」という五段階の〝得・失関係〟に振り分けられることになります。

この内、「旺令」と「相令」の生まれは、「我」である出生日「十干」が季節から沢山〝パワー〟を得られる「得

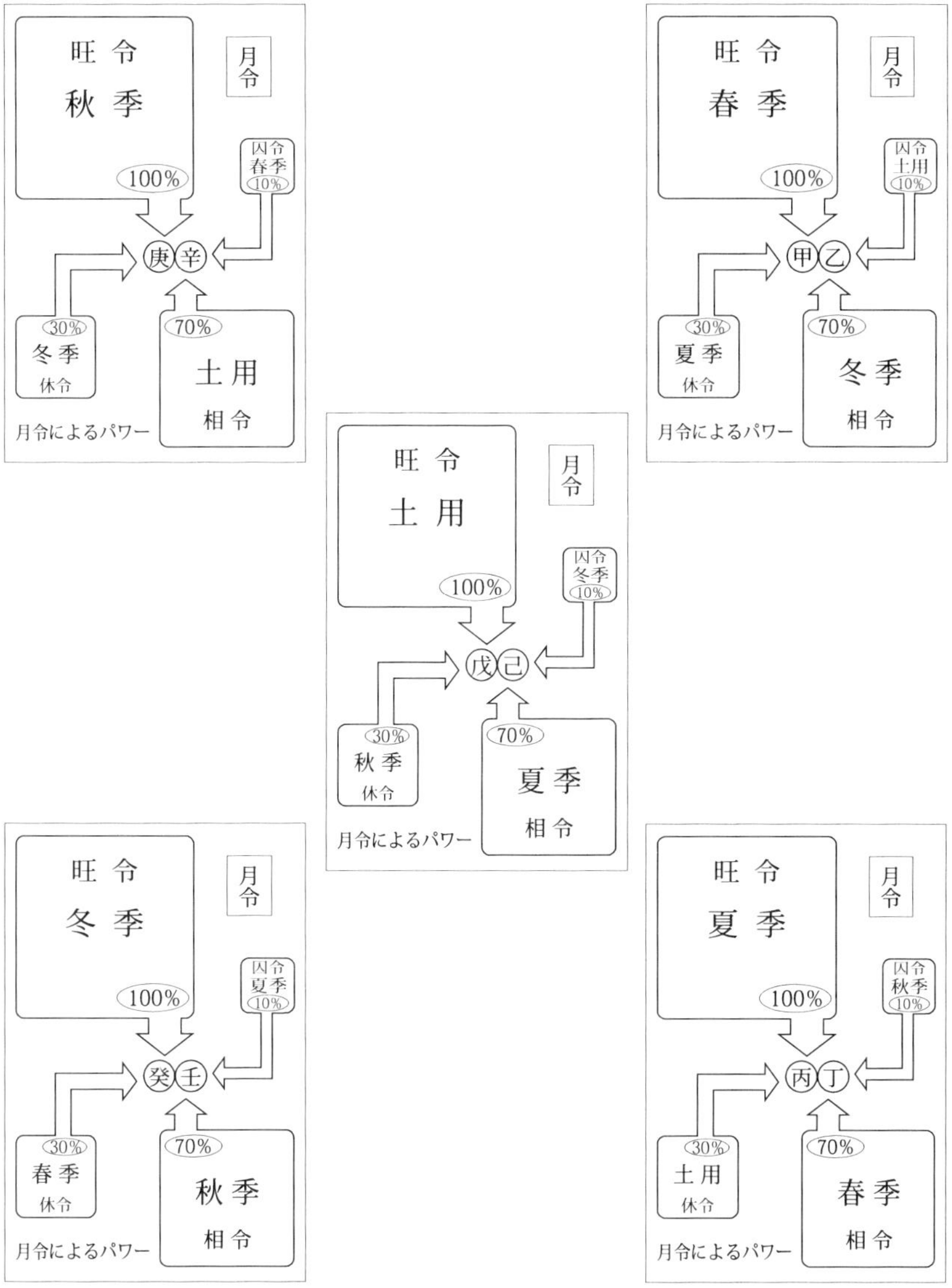

日主（十干）の強弱を表す「月令」季節からのパワー度数

【図表26】日主（十干）の強弱を読むための〝三要素〟

令」に属していることになります。その〝パワー〟の程度は、「旺令」が百%、「相令」が七十%と考えて良いでしょう。

それに対して、「休令」「囚令」「死令」の生まれは、「我」である出生日「十干」が季節からあまり〝パワー〟を得られない「失令」に属していることになります。〝パワー〟を得られないとは言うものの、その比率はそれぞれ違っていて、「休令」は三十%、「囚令」は十%、「死令」は〇%のパワーです。

これを〝強弱論〟に置き換えるなら、「旺令」が「最強」、「相令」が「強」、「休令」が「微弱」、「囚令」が「弱」、「死令」が「最弱」ということになります。

推命学では、「我」である出生日「十干」のことを、他の十干とは分ける意味から「日主《にっしゅ》」とも呼びます。

★その「日主」と〝生まれ月日〟による季節五行との関係を整理すれば次のようになります。
「日主」五行が、「月令」季節五行と〝同一〟なら、「旺令」で百%のパワー、強弱論なら「**最強**」となります。
「日主」五行が、「月令」季節五行から〝相生〟されれば、「相令」で七十%のパワー、強弱論なら「**強**」となります。
「日主」五行が、「月令」季節五行を〝相生〟すれば、「休令」で三十%のパワー、強弱論なら「**微弱**」となります。
「日主」五行が、「月令」季節五行を〝相勝（相剋）〟すれば、「囚令」で十%のパワー、強弱論なら「**弱**」です。
「日主」五行が、「月令」季節五行から〝相勝（相剋）〟されれば、「死令」で〇%パワー、強弱論なら「**最弱**」です。

命式上での「日主」と、〝生まれ月日〟による「月令」季節五行との五段階「得・失」パワーの関係は、あくまでも五行相互の関係で、種々の例外を持つ「十干」と「月支」との個別関係ではありません。

「日主」パワーの強弱を見極める第一段階として、「日主」と「月令」との関係はここから始まるのです。

そして、四柱命式で最初に抑えておくべき「日主」と「月令」との関係を把握する段階では、「十干」の個別作用とか「月支」が内蔵する「蔵干」とかは、まだ考えなくても良い、ということです。

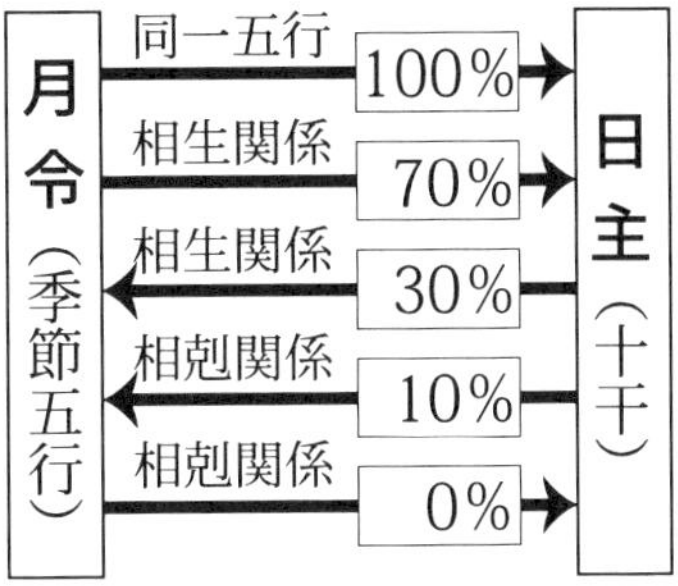

【図表27】月令によって得られるパワー度数

●「身強」と「身弱」を定める三つの基準

「我」である出生日の「十干（日主）」は、〝生まれ月日〟による「月令」季節五行のパワーだけで〝強弱のすべて〟が定まるわけではありません。けれども第一に把握すべき部分で、強弱判定の鍵となることは否めません。

天空「十干」の強弱を定めるには、「月令」パワーによる「得令」「失令」以外にも、「年支」「月支」「日支」「時（刻）支」から大地の「枝＝根」としての〝栄養分を得られるか〟どうかも確認すべきポイントとなります。

ここで重要なのが通常の推命学書と異なる「十幹・十二枝」としての〝十二支五行〟なのです。

推命学上では、日主「十干」だけでなく、「年干」でも「月干」でも「時（刻）干」でも、それぞれの「天干」五行と〝同一の五行作用〟を有する十二支のことを「有根《ゆうこん》」と呼んだり、「得地《とくち》」と呼んだりします。

また「十干」の側からは、**「根を持っている」**とか、**「地を得ている」**と表現します。つまり殷（商）王朝期、天空の「太陽神霊」であった十干は、「太初暦」以降は樹木の「幹」のような存在となって、大地から〃「枝＝根」である十二支五行〃を栄養分として採り込むことが出来れば、出生日五行としてのパワーが強められ、生命力や個性を発揮しやすい環境にある、と観ることが出来ます。

この場合、四柱の中でも〃同柱十二支の「根」〃がもっとも強く作用します。「月支」ではないかと考える方がおられるかもしれませんが、すでに「月令」季節五行として強弱を確認しているので、純粋に十二支として捉えた場合は、同柱「日支」の方が作用として強いのです。因みに、同柱以外の十二支はすべて同列です。

「根」としての栄養分を数値に換算するなら、同柱十二支の場合が四十％、それ以外の十二支が二十％です。

十二支の場合、孟支《もうし》である「寅」「巳」「申」「亥」は〃二つの五行〃、仲支《ちゅうし》である「卯」「午」「酉」「子」は〃一つだけの五行〃、季支《きし》である「辰」「未」「戌」「丑」は〃三つの五行〃を地下栄養分の「枝＝根」として包含しています。

実際には、十干の「根」となる十二支五行は、「蔵干」としての〃別な顔〃も持っているのですが、「日主」をはじめとして「天幹」に作用する時の「地枝」の栄養分は、あくまでも「枝＝根」五行として生じるもので、「蔵干」としてではありません。

つまり、「天干」の〃強弱〃判断では、第一に「月令」季節五行による五段階パワーを確認し、その次に「年支」「月支」「日支」「時（刻）支」の地支それぞれから〃栄養分を得ているかどうか〃が着眼点となり、同一五行作用

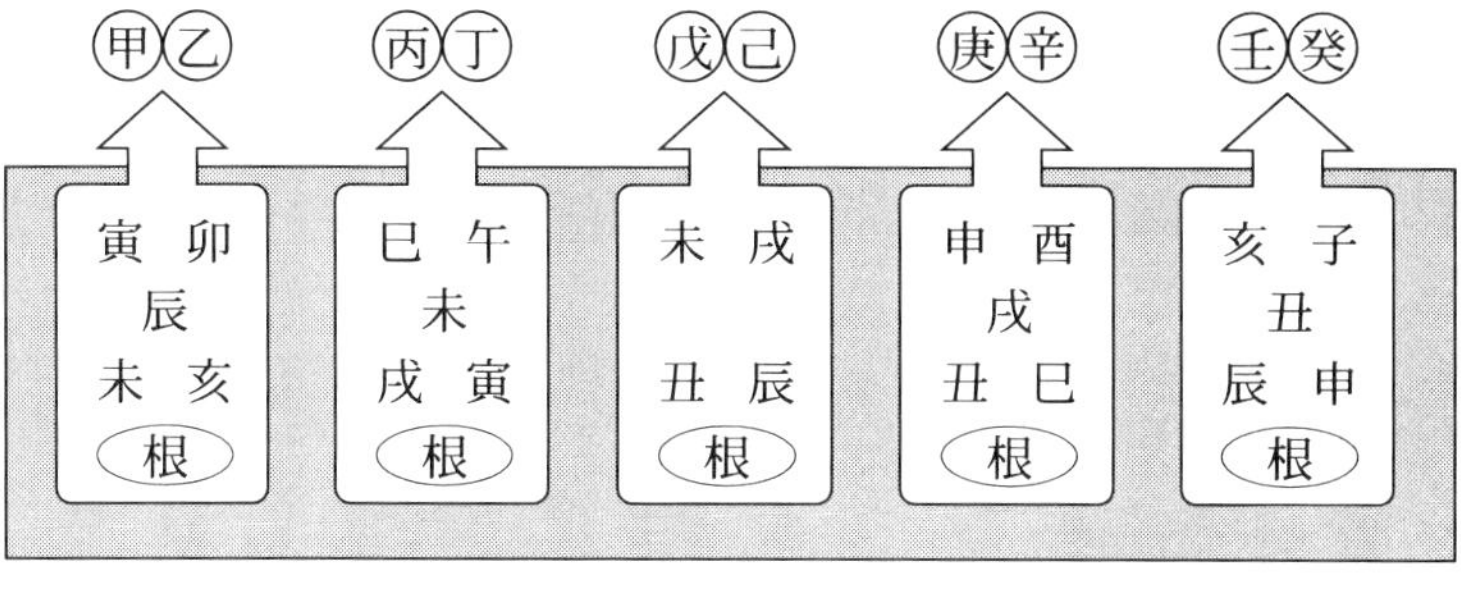

【図表28】天干が栄養分を吸収できる「根」としての地支

の十二支があれば「地（根）を得ている」ということになります。この場合、複数の十二支から「地（根）を得ている」ほどパワーも強くなり、「天干」の持つ意味合いを具体化しやすくなります。

★ここに改めて、「天干」それぞれが、「地（根）を得る十二支」を整理してみましょう。

甲・乙の「地（根）を得る十二支」――寅・卯・辰・未・亥
丙・丁の「地（根）を得る十二支」――巳・午・未・戌・寅
庚・辛の「地（根）を得る十二支」――申・酉・戌・丑・巳
壬・癸の「地（根）を得る十二支」――亥・子・丑・辰・申
戊・己の「地（根）を得る十二支」――丑・辰・未・戌

「日主」十干が、〝生まれ月日〟による「月令」季節五行では「失令」期間に生まれて十分なパワーが得られず、四柱十二支による「枝＝根」五行の栄養分も得られなかった場合、パワーを獲得する最後の頼みは「日主」以外の四柱「天干」ということになります。つまり、「日主」以外の四柱に〝同一五行の十干〟があるか、〝相生してくれる五行の十干〟があるか、

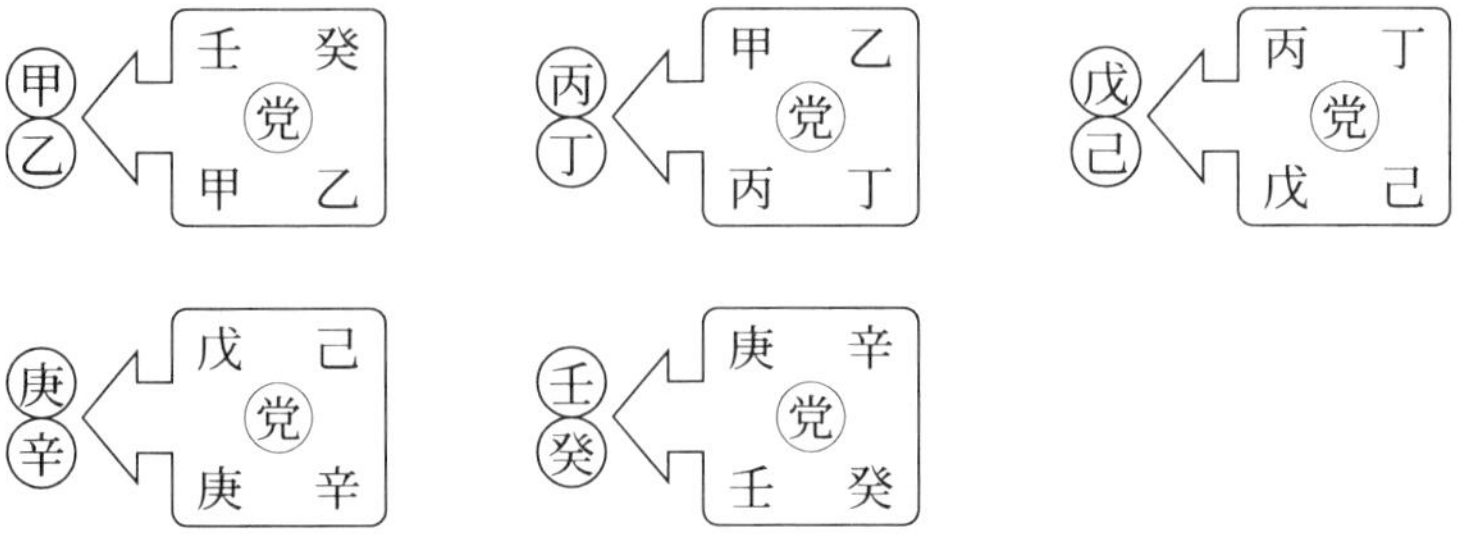

【図表29】「党」（仲間）を得ることができる天干

を確認することです。「年干」「月干」「時（刻）干」のどれかに、「我」である「日干」五行を〝生じる五行〟、或いは〝同一五行〟の十干があれば、そこから〝五行の生助を得ることが出来る〟からです。

このような命式を「日主」が、他の四柱から「**党**（=「仲間」の意）**を得ている**」というふうに表現します。

この「日主」の「党（仲間）」となる十干が、「月令」季節五行によるパワーが強い十干、或いは四柱地支から「地（根）を得ている」十干であれば、自ずと〝強い生助〟を得て、「我」をサポートしてくれることになります。

一つの四柱天干から「党（仲間）を得ている」だけであれば、一柱につき「一干」としての生助に過ぎませんが、その十干が「地（根）を得ている」なら倍加された生助を得ることになります。

★これも「十干」別に整理すれば、次のようになります。

「甲」「乙」が「党（仲間）を得る」→甲・乙・壬・癸
「丙」「丁」が「党（仲間）を得る」→丙・丁・甲・乙
「庚」「辛」が「党（仲間）を得る」→庚・辛・戊・己
「壬」「癸」が「党（仲間）を得る」→壬・癸・庚・辛

②

	時	日	月	年	
			（党）	（党）	
天干	甲	庚	己	庚	月令
地支	申	辰	丑	辰	土（相令）
	（有根）				

「相令」で、1支「有根」で、2干「党」の命式

①

	時	日	月	年	
	（党）				
天干	乙	丙	戊	戊	月令
地支	未	寅	午	戌	火（旺令）
	（有根）	（有根）	（有根）	（有根）	

「旺令」で、4支「有根」で、1干「党」の命式

④

	時	日	月	年	
			（党）	（党）	
天干	甲	辛	己	庚	月令
地支	午	酉	卯	寅	木（囚令）
		（有根）			

「囚令」で、1支「有根」で、2干「党」の命式

③

	時	日	月	年	
			（党）	（党）	
天干	壬	戊	丙	丙	月令
地支	戌	戌	申	寅	金（休令）
	（有根）	（有根）			

「休令」で、2支「有根」で、2干「党」の命式

⑥

	時	日	月	年	
天干	辛	乙	丁	辛	月令
地支	巳	酉	酉	酉	金（死令）

「死令」で、4支「無根」で、3干「無党」の命式

⑤

	時	日	月	年	
				（党）	
天干	己	癸	甲	壬	月令
地支	未	亥	辰	戌	土（死令）
		（有根）	（有根）		

「死令」で、2支「有根」で、1干「党」の命式

※〝三つの基準〟に照らし合わせた日干の強弱は、①②③④⑤⑥の順になります。

【図表30】日干の強弱を知るための具体例

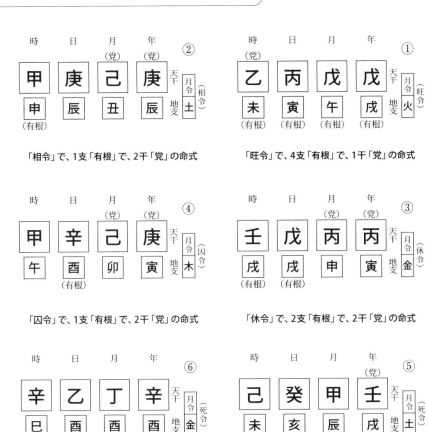

「戊」「己」が「党（仲間）を得る」→戊・己・丙・丁

推命学では「日主」の強弱に対して「**身強**《みきょう》（旺）」「**身弱**《みじゃく》」という表現も良く使われます。

「我」である「日主」十干の〝強弱〟だけを、ことさら重要視する推命方式では、この「身強」「身弱」が重要な判断のポイントとなります。ところが、その「身強（旺）」「身弱」の判定基準は、あいまいな場合が多いものです。

本書では、これまで述べたような〝三つの基準〟に照らし合わせて判断するのが妥当と考えています。

推命学の初心者にもわかりやすいよう数値を使って書きましたが、それはあくまで目安としてであって、本来は命式構造の違いによっても、多少、数値的に違いが出てくるものです。

判断基準の第一は〝生まれ月日〟による「月令」季節五行で、**「月令」からパワーを得ているか**どうか、その第二は〝地支〟の**「枝＝根」から栄養分を得ているか**どうか、その第三は他の**四柱天干から生助を得ているか**どうか——これらを総合的に見て、「日主」以外の四柱「天干」や「月支蔵干」の強弱も踏まえながら、最終的に「身強（旺）」「身弱」は決定すべきものです。

第5章　もう一つの「十干」と「十二支」がある

命式中の「十干」「十二支」は、いくつかの条件が揃うと、新たな作用が働くとか、もう一つの機能が発現していく仕組みとなっています。それらの中には、古典原書をそのままの形で鵜《う》呑みに出来ない説もあって、慎重な扱いが求められます。「十干」は、龍神に出逢うと〝大きく変貌する〟性質を持ち、そこに「干支暦」の秘密が隠されています。

●「干合」は、どうして生じるのか

十干同士には「干合《かんごう》」と呼ぶ〝特殊な組み合わせ〟があります。

昔から「夫婦有情の形」として知られているのが、十干同士の「干合」です。五組の組合せがあって、陽干側から観れば、五行説で〝相勝（相剋）する陰干〟が「干合」する十干となります。陰干側から観れば、五行説で〝相勝（相剋）される陽干〟が「干合」する十干となります。何故このような十干同士が「干合」するのかを理解するためには「干支暦」の構造を把握する必要があります。

「干支暦」はその構造上、六十干支の循環暦となっています。その結果、五年間で六十の「月（節）干支」が一巡し、五日間で六十の「時（刻）干支」が一巡する構造となっています。したがって、例えば「甲」の年と六年後の「己」の年には、同一の「月（節）干支」が巡って来ているということになります。

【図表31】「甲（夫）」&「己（妻）」の年は「夫婦（干合）」となって「土行」を授かり、「辰」月が「戊」となって産まれてくる子孫干支の月が誕生していく

つまり「月（節）干支」として表記されている干支は、年干と密接に関わっていて、実質的には五行の異なる「陽」の年干と、「陰」の年干とによって〝生み出されている干支〟なので、それぞれ血縁が異なる〝夫婦が一緒になって子

供を産む〟姿になぞらえて「夫婦有情の形」と呼ばれるのです。この時、一体化する二つの「十干」は、異なっている五行同士ですが〝相勝（相剋）同士〟であり、〝陰陽が異なる〟「十干」同士です。

それは「甲」と「己」の年だけでなく、「乙」と「庚」の年、「丙」と「辛」の年、「丁」と「壬」の年、「戊」と「癸」の年も同様です。それぞれの十干は、一体化し「夫婦」となったので、その子孫としての「月（節）干支」を生み出すことが出来たのです。

同様な組み合わせは「日干」と「時（刻）干支」でも繰り返され、「甲」の日と六日後の「己」の日には、同一の「時（刻）干支」が巡って来る循環構造となっています。

一対となる五組の干合「十干」は、「夫婦（干合）」となって〝新たな五行〟を授かり、その子孫としての「月（節）干支」や「時（刻）干支」を産み出していくという構造です。

★改めて、これを整理して記せば次のようになります。
「甲（夫）」&「己（妻）」の年、或いは日は――「夫婦（干合）」となって「土行」を授かり――
甲子→乙丑→丙寅→丁卯→**「戊」**辰→己巳→庚午→辛未→壬申→癸酉→甲戌→乙亥…の子孫干支を出産
「乙（妻）」&「庚（夫）」の年、或いは日は――「夫婦（干合）」となって「金行」を授かり――
丙子→丁丑→戊寅→己卯→**「庚」**辰→辛巳→壬午→癸未→甲申→乙酉→丙戌→丁亥…の子孫干支を出産
「丙（夫）」&「辛（妻）」の年、或いは日は――「夫婦（干合）」となって「水行」を授かり――
戊子→己丑→庚寅→辛卯→**「壬」**辰→癸巳→甲午→乙未→丙申→丁酉→戊戌→己亥…の子孫干支を出産

「丁（妻）」＆「壬（夫）」の年、或いは日は――「夫婦（干合）」となって「木行」を授かり――
庚子→辛丑→壬寅→癸卯→「甲」辰→乙巳→丙午→丁未→戊申→己酉→庚戌→辛亥…の子孫干支を出産
「戊（夫）」＆「癸（妻）」の年、或いは日は――「夫婦（干合）」となって「火行」を授かり――
壬子→癸丑→甲寅→乙卯→「丙」辰→丁巳→戊午→己未→庚申→辛酉→壬戌→癸亥…の子孫干支を出産

一対として結びつく十干が「夫婦（干合）」となって、授けられる〝新たな五行〟は、「辰」十二支と結びついている十干の「五行」となります。

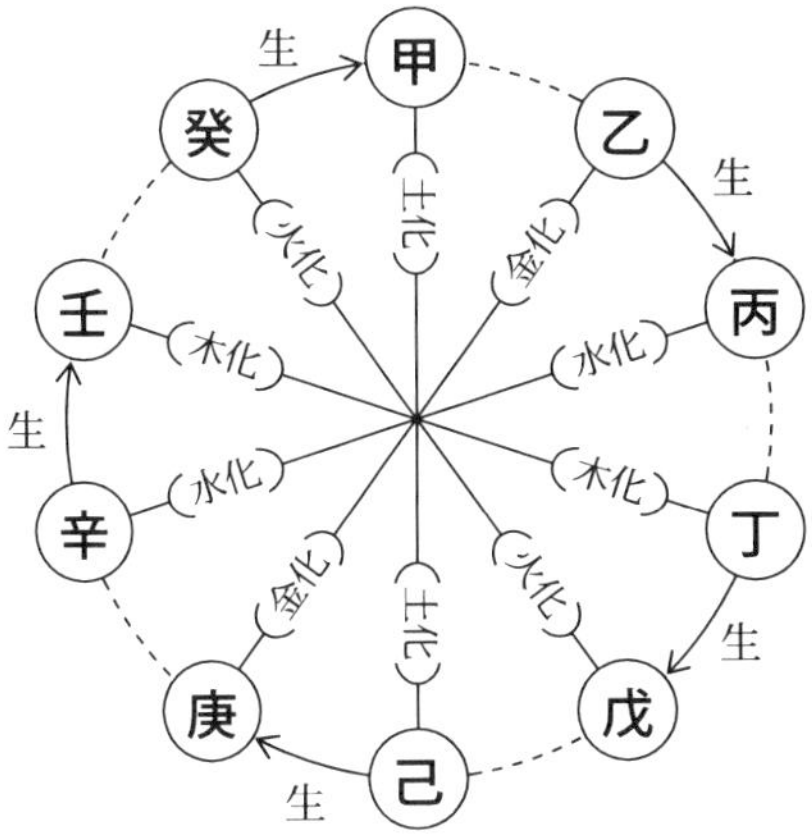

十干同士が一体化することで
新たな五行循環を生み出します

【図表32】十干の合化と、その循環

何故、干合して授けられる〝新たな五行〟が十二支の「辰」と結びつくのかというと、殷（商）王朝期の「十二辰」のところで述べたように、元々「辰」という文字は〝大蛤の象形〟で、それは〝太陽と月が重なり合う〟「新月」直前の姿に酷似しているところから仮借された象形文字です。

十干同士の「干合」とは、いわば〝太陽神霊〟同士の一体化（重なり合い）で、実際の太陽ではあり得ないことですが、十二支としても唯一実際には存在しない「辰（龍）」に乗る「十干（五行）」を、太陽神霊の重なり合いである〝「合化」にふさわしい変化五行〟として捉えたのかもしれません。

既に述べたように「五行相勝（相剋）説」を主張したのは、思想家・鄒衍ですが、彼が活躍した戦国時代に使われていた「干支暦」での歳首は「冬至」を含む「子月」で、一日の開始も「夜半」と呼ぶ「子時（刻）」からでした。

ところが、前漢代・武帝の時代、思想家・董仲舒などが出て「五行相生説」を主張し、「干支暦」の歳首は「立春」後の「寅月（節）」に変えられ、一日の開始も「平旦」と呼ぶ「寅時（刻）」からに変りました。

このように変更することで、十干の「夫婦（干合）」が〝産み出す〟子孫干支も変わり、長子が〝相生する形〟の「干支暦」へと変貌を遂げたのです。それは現代へと続く「干支暦」です。但し、一日の開始時間は実用に不便だったのか、前漢代の後に本来の「子時（刻）」へと戻してしまいました。

★つまり、「五行相勝（相剋）説」の戦国時代は、次のような「干支暦」だったのです。

「甲（夫）」＆「己（妻）」の年、或いは日――干合（夫婦）五行は「土行」――

長子「甲」（**木**行）〈子の月・時〉――相勝（相剋）関係→「戊」（**土**行）〈辰月・時〉

「乙（妻）」＆「庚（夫）」の年、或いは日――干合（夫婦）五行は「金行」――

長子「丙」（**火**行）〈子の月・時〉――相勝（相剋）関係→「庚」（**金**行）〈辰月・時〉

「丙（夫）」＆「辛（妻）」の年、或いは日――干合（夫婦）五行は「水行」――

長子「戊」（**土**行）〈子の月・時〉――相勝（相剋）関係→「壬」（**水**行）〈辰月・時〉

「丁（妻）」＆「壬（夫）」の年、或いは日――干合（夫婦）五行は「木行」――
長子「庚」（**金**行）〈子の月・時〉――相勝（相剋）関係→「甲」（**木**行）〈辰月・時〉
「戊（夫）」＆「癸（妻）」の年、或いは日――干合（夫婦）五行は「火行」――
長子「壬」（**水**行）〈子の月・時〉――相勝（相剋）関係→「丙」（**火**行）〈辰月・時〉

★それが、「五行相生説」の前漢代・武帝の時代は、次のような「干支暦」に変わったのです。

「甲（夫）」＆「己（妻）」の年、或いは日――干合（夫婦）五行は「土行」――
長子「丙」（**火**行）〈寅の月・時〉――相生関係→「戊」（**土**行）〈辰月・時〉
「乙（妻）」＆「庚（夫）」の年、或いは日――干合（夫婦）五行は「金行」――
長子「戊」（**土**行）〈寅の月・時〉――相生関係→「庚」（**金**行）〈辰月・時〉
「丙（夫）」＆「辛（妻）」の年、或いは日――干合（夫婦）五行は「水行」――
長子「庚」（**金**行）〈寅の月・時〉――相生関係→「壬」（**水**行）〈辰月・時〉
「丁（妻）」＆「壬（夫）」の年、或いは日――干合（夫婦）五行は「木行」――
長子「壬」（**水**行）〈寅の月・時〉――相生関係→「甲」（**木**行）〈辰月・時〉
「戊（夫）」＆「癸（妻）」の年、或いは日――干合（夫婦）五行は「火行」――
長子「甲」（**木**行）〈寅の月・時〉――相生関係→「丙」（**火**行）〈辰月・時〉

●命式上の「干合」は〝五種類の作用〟に分かれる

推命学上における「干合」には、実質的に〝五種類の作用〟が存在していると考えられます。

＊その第一は「**合化**《ごうか》」で、これまで述べてきたような〝五行変化の作用〟です。

★実質的には、各十干は「干合」することで、次のように「変化」して行きます。

「甲」＆「己」──合化「土」行⟶「戊」＆「己」
「乙」＆「庚」──合化「金」行⟶「辛」＆「庚」
「丙」＆「辛」──合化「水」行⟶「壬」＆「癸」
「丁」＆「壬」──合化「木」行⟶「乙」＆「甲」
「戊」＆「癸」──合化「火」行⟶「丙」＆「丁」

この作用が実際に働くのは、〝「月令」五行を得た時〟という主張もあれば、〝月支の「蔵干」が合化する十干を含む時〟という主張もあれば、〝干合し合う干の地支から生・助がある時〟という主張もあれば、〝隣接すれば全てが化す〟という主張もあります。**本書では、合化五行が〝生まれ月日〟の「月令」季節五行で「旺令」「相令」のパワーを得ていれば、十干の変化が生ずるとします。**但し、元の五行「十干」が百％消失してしまうわけではありません。この場合、「年干」と「月干」の干合でも、「旺令」「相令」であれば変化していきます。

＊その第二は「**倍化**《ばいか》」で、五行は変わらずに〝意味合いが二倍に強まる作用〟です。
この作用が実際に働くのは、〝「日主（日干）」に隣接して合化しない時〟という主張もあれば、〝「日主」に隣接する十干が「月令」を得ている時〟という主張もあります。**本書では、「日主」に隣接する十干・五行が、「月令」季節五行で「旺令」「相令」のパワーを得ていれば、元の十干が「倍化」されるとします。**「日主」の方が、「旺令」「相令」なら倍化はされず、「干合」作用のみが強力に発揮されます。

＊その第三は「**合去**《ごうきょ》」で、両方の十干が〝五行の力を失う作用〟です。
この作用が実際に働くのは、〝「年干」と「月干」の干合で「月令」を得ていない時〟という主張もあれば、〝「合去」という作用はない〟という主張もあります。**本書では、〝完全なる「合去」はあり得ない〟という考え方です。**ただ本来の天干としての作用が半減されます。

＊その第四は「**争合**《そうごう》」（又は「妬合」）で、一つの十干を〝複数干が求めて争う作用〟です。
この作用が実際に働くのは、〝一つの十干が二つの十干に挟まれる時〟という主張もあれば、〝挟まれなくても一干対複数干の時〟という主張もあります。**本書では、挟まれていなくても天干で「干合」出来る十干が複数ある場合、一干対二干、一干対三干は、「争合」（妬合）と観ます。**「争合」（妬合《とごう》）は恋愛・結婚では〝三角関係〟が生じやすい形で、それ以外でも〝財産争い〟や〝地位争い〟に巻き込まれやすいことが特徴です。

①「合化」する干合の実例

②「倍化」する干合の実例

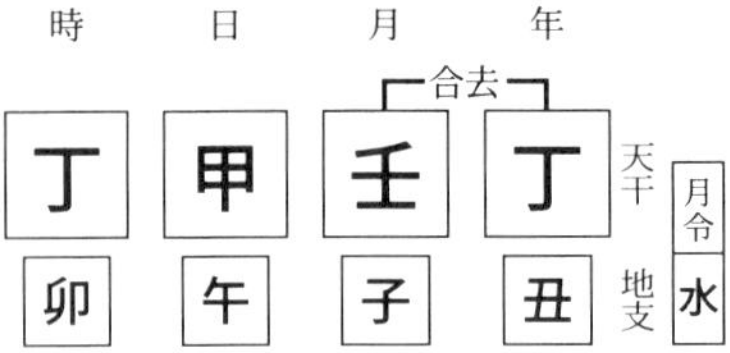

③「合去」する干合の実例

④「争合」する干合の実例

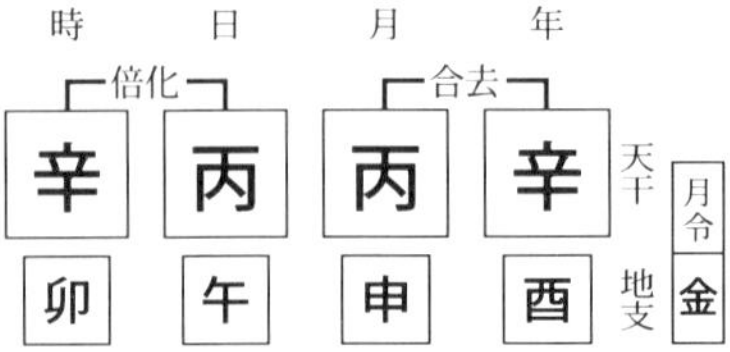

⑤「倍化」と「合去」の干合がある実例

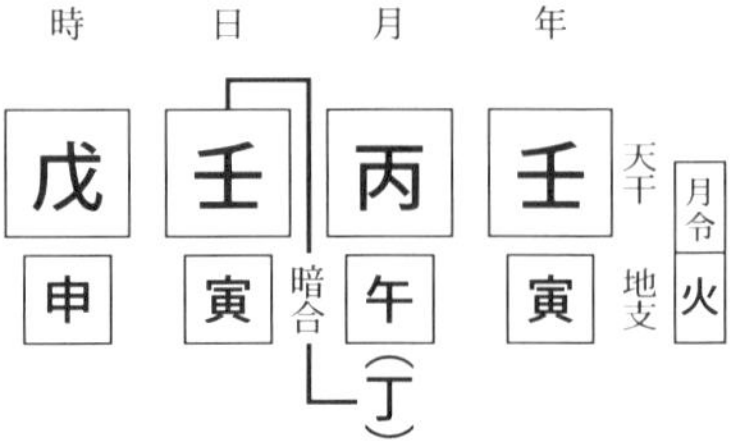

⑥「暗合」する干合の実例

【図表33】各種の干合パターンを持つ命式実例

＊その第五は「暗合《あんごう》」で、地支蔵干が加わって成立する干合で〝蔭からの援助が期待できる作用〟です。

この作用が実際に働くのは、〝「日主」が蔵干と干合する時〟という主張もあれば、〝地支の蔵干同士が干合する時〟という主張もあります。**本書では、「日主」と「月支蔵干」の干合のみ「暗合」とします。困難な時でも、必ず、蔭からの援助が期待できます。**

このように「干合」一つでも、さまざまな作用と解釈があり、単純にどれが正しい、正しくないと言い切れない多様な実例が、私の手元には見受けられます。実質的に「合化」しない場合でも、「干合」が存在する命式は、〝異性からの人気運〟と〝変身作用〟があり、共通する志を持った「仲間」を求めやすい傾向が見受けられます。

＊十干の位相（相互関係）で、取り上げられることが少ないものに、「干冲《かんちゅう》」があります。

これは文字通り「十干」同士の衝冲で、元々「二十四山方位」に基づく衝冲方位で、単なる十干同士の〝相勝関係〟とは区別して考えなければなりません。四柱推命に「二十四山方位」が関係していることに驚かれる方がいるかもしれませんが、実は「位相」においては十干・十二支の方位が大きな鍵を握っているのです。つまり〝相勝(相剋)同士〟だから「冲」するのではなく、天空二十四方位の百八十度方位だから「冲」するのです。したがって、通常の五行関係のように〝相勝する側〟だから傷つかないとか、〝相勝される側〟だから傷つくという関係でなく、衝冲し合って〝双方とも傷つく〟というのが著しい特徴なのです。したがって天干同士で「干冲」する十干が隣接していた場合、双方ともそのパワーが半減されます。そのどちらかに「干合」十干が隣接していれば、干合作用の方が強いので、「干冲」としての働きは極端に薄れます。

【図表34】「干冲」を表す24山方位

★「干冲」し合う十干は「二十四山」方位で百八十度の関係にある十干同士のみ作用が生じます。

「甲」――干冲――「庚」双方ともパワー半減
「乙」――干冲――「辛」双方ともパワー半減
「丙」――干冲――「壬」双方ともパワー半減
「丁」――干冲――「癸」双方ともパワー半減

●「支合」に潜んでいた西洋占星術の支配星

十二支の組合せが作り出す種々な「位相」（相互関係）の第一は「支合《しごう》」です。

この関係については、すでに「月支」誕生の過程で説明しましたが、太陽と月との会合である「新月」の方位と、北斗七星の斗柄が指し示している方位との相互関係です。

ところが、本来であれば「支合」として〝一体化している〟のは「太陽」と「月（太陰）」であり、しかも同一の「十二支方位」内です。確かに、「新月（太陰）」と「北斗七星」との関係性は示されていますが、「支合」として〝一体化している〟のかと云えば、はなはだ疑問です。しかも、原初から「支合」には、他の位相には見受けられない〝奇妙さ〟が存在しています。

★それは「合化」の法則で、二つの十二支が隣接すると次のような〝五行変化〟が生じるとされています。
「子」――支合――「丑」→合化「土行」

「寅」――支合――「亥」→合化「木行」

「卯」――支合――「戌」→合化「火行」

「辰」――支合――「酉」→合化「金行」

「巳」――支合――「申」→合化「水行」

「午」――支合――「未」→合化「午→太陽」「未→太陰」

〝五行変化〟としながら、「午」が「太陽」に変化するとか、「未」が「太陰」に変化するのは如何にも〝奇妙〟です。

そこで近年の推命学書の中には、「午」「未」共に「火行」と記してあるものもあります。もちろん、苦し紛れの五行合わせで、本来の姿ではありません。

〝本来の姿〟と云えば、元々の「太陽」や「太陰」には明確な意味があって、これらの「五行」は西洋占星術の「支配惑星」を意味しているのです。それも、〝古代の七惑星〟時代の西洋占星術で、惑星と云えば「太陽」「月（太陰）」「水星」「金星」「火星」「木星」「土星」迄の七惑星です。

★古代の占星術では、七惑星それぞれに「我が家」があって、次のように決められていました。
太陽＝昼世界の代表惑星――我が家→「しし座」（代表星座）→「午」＝夏至点～冬至点まで支配
月（太陰）＝夜世界の代表惑星――我が家→「かに座」（代表星座）→「未」＝冬至点～夏至点まで支配

水星（水行）―昼の家→「おとめ座」＝「巳」
金星（金行）―昼の家→「てんびん座」＝「辰」
火星（火行）―昼の家→「さそり座」＝「卯」
木星（木行）―昼の家→「いて座」＝「寅」
土星（土行）―昼の家→「やぎ座」＝「丑」

水星（水行）―夜の家→「ふたご座」＝「申」
金星（金行）―夜の家→「おうし座」＝「酉」
火星（火行）―夜の家→「おひつじ座」＝「戌」
木星（木行）―夜の家→「うお座」＝「亥」
土星（土行）―夜の家→「みずがめ座」＝「子」

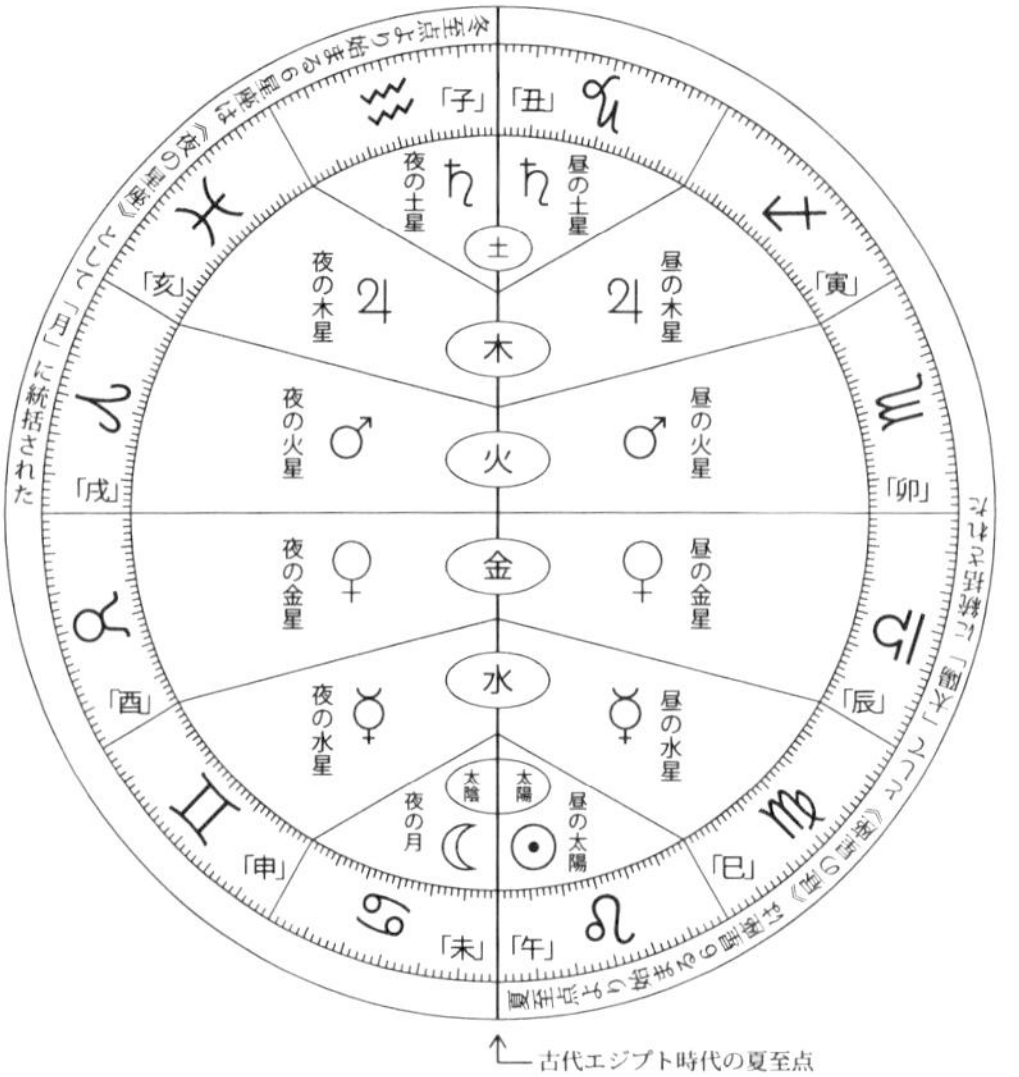

【図表35】「支合」の源意は西洋占星術

現代の占星術では、天王星・海王星・冥王星も支配星に加わっているので、原初のような「支配惑星」とはなっていないのですが、各星座と十二支が一致しているのは現代の「七政四余」（中国の西洋式占星術）でも同様です。また、「五惑星」と「五行」の関係も同一で、現代でも「七政四余」では〝惑星のアスペクト判断〟とは別に〝五行を応用した改運方法〟を指導しています。

例えば、「火星」によるトラブルは〝相生する「木星」〟の吉アスペクトで救い、或いは「火星」によるトラブルを〝相勝（相剋）する「水星」〟の凶アスペクトで抑える、というふうな応用の仕方をします。

ともかく、「支合」で結びつく〝陰・陽の十二支〟は、古代の七惑星それぞれの「昼の家」&「夜の家」として、西洋占星術の世界で見事に結びついていたのです。

もちろん、「干支術」の方でも、「新月（日・月の会合）」&「北斗七星の斗柄」として共通点はあるのですが、その「合化」の五行が「干支術」からは説明がつかないのです。

もっとも、占術というのは〝理論的には奇妙〟でも、最終的には〝的中すれば良い〟のです。そういう意味では「支合」による〝五行の変化〟も、「月令」季節五行で「旺令」「相令」に当たるのであれば、「午」「未」以外は採用してかまわないと本書では考えます。但し、あくまでも〝プラス五行としての変化〟で、本来の五行が完全に消滅するわけではありません。また、「支合」は十二支同士の結びつきが強いので、「枝＝根」としての作用が半減されてしまう場合もあります。けれども、完全な「合去」はありません。

★「支合」特有の作用を整理すれば次のようになります。

＊「支合」は、当然ながら隣接している十二支がもっとも強く作用し、間を置くとその作用が薄れますが、まったく作用しないわけではありません。

＊片側が「支合」で、片側が次に述べる「支冲」の場合、その両方とも作用が半減します。

＊「日支」と「年支」の支合は、先祖や親との関わりがやや強まり、種々な事情から一緒に暮らすとか、大人になっても親子間の交流が継続しやすい傾向が見受けられます。

＊「日支」と「月支」の支合は、比較的早く本格的な恋愛や結婚をしていく形で、相手と良好な継続性もあるのが特徴です。仮に別れても、すぐに別な相手が出てくる特徴もあります。

＊「日支」と「時支」の支合は、年齢的に遅くなって縁の深い相手と結ばれていく形で、若い年齢で求めても長続きする相手が得られにくい傾向を持っています。既婚者は〝不倫関係〟が継続しやすい特徴もあります。

＊「日支」と「時支」の支合は、子供との関係が深く晩年まで継続し続ける傾向を持っています。

●「支冲」「支刑」「支害」と「天冲殺」の関係

十二支同士の位相として「支合」と一対に語られがちなのが「**支冲**《しちゅう》」です。けれども構造的には「干冲」との方が深く関わっている位相と言えます。

天空「二十四山方位」としても、地上「十二支方位」としても、百八十度対冲し合っているのが「支冲」です。これも〝相勝（相剋）五行〟としての「冲」を採用しているのではなく、あくまでも方位的な対冲の作用が意味を持っているので、どちらの十二支が傷つくとか、勝つとかいうことではなく、互いに衝突し合うとか、離反し合うとかいう状態を招き、その結果、本来のパワーが半減しやすいというのが特徴です。完全な「冲去」はありません。

隣接し合う十二支同士の「支冲」がもっとも強く作用します。一つの十二支の左右に「支合」「支冲」が同時に存在する場合、双方ともに「位相」が不成立となります。但し、年運として同一の十二支年が巡ってきた場合、その年だけは「支合」「支冲」ともに成立します。

★具体的には次のような「支冲」が成立します。

「子（蔵干正気・癸）」（真北）――支冲――「午（蔵干正気・丁）」（真南）
「丑（蔵干正気・己）」（北北東）――支冲――「未（蔵干正気・己）」（南南西）
「寅（蔵干正気・甲）」（東北東）――支冲――「申（蔵干正気・庚）」（西南西）
「卯（蔵干正気・乙）」（真東）――支冲――「酉（蔵干正気・辛）」（真西）
「辰（蔵干正気・戊）」（東南東）――支冲――「戌（蔵干正気・戊）」（西北西）
「巳（蔵干正気・丙）」（南南東）――支冲――「亥（蔵干正気・壬）」（北北西）

このように蔵干正気が「戊」「己」以外はすべて「干冲」と同一になるのが「支冲」の特徴です。

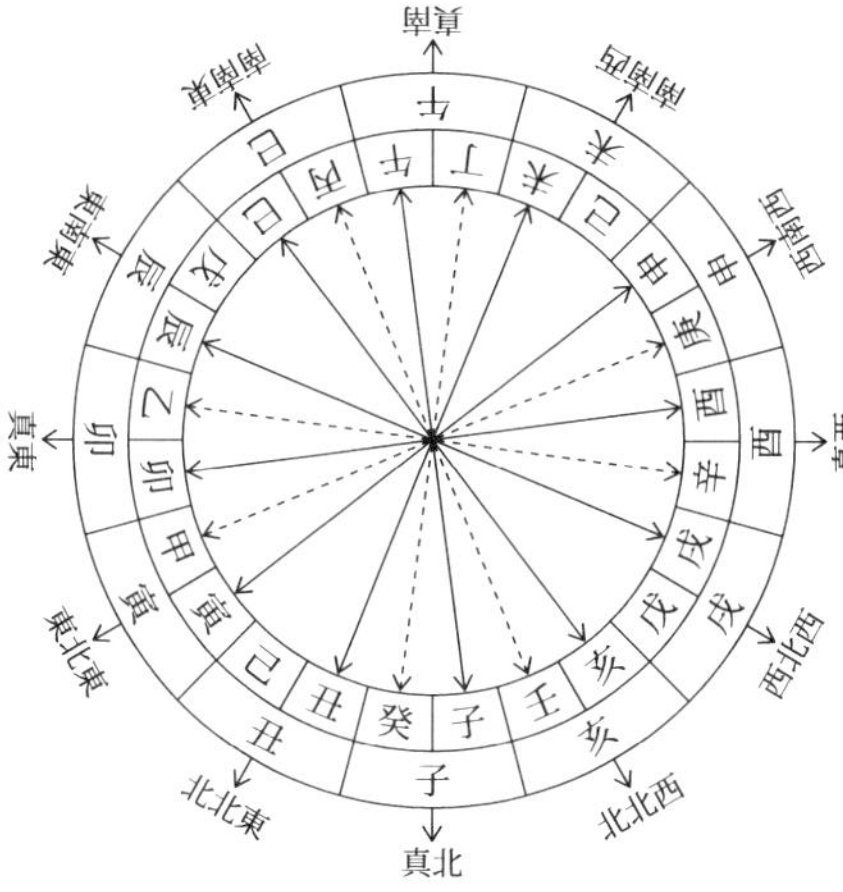

天空24山方位と地上12支方位で
180度に対冲し合っている〝12支冲〟

【図表36】24山方位と12支方位の「支冲」

★「支冲」特有の作用を整理すれば、次のようになります。

＊「辰」と「戌」の支冲、及び「丑」と「未」の支冲は、仲間同士の衝突や離反が起こることを暗示し、親戚関係のトラブルに巻き込まれやすいとか、職場内の同僚との間にトラブルが生ずる等しやすいようです。

＊「子」と「午」との支冲が見られるのは、上下関係でのトラブルが生じやすい形で、上司と部下の関係がギク

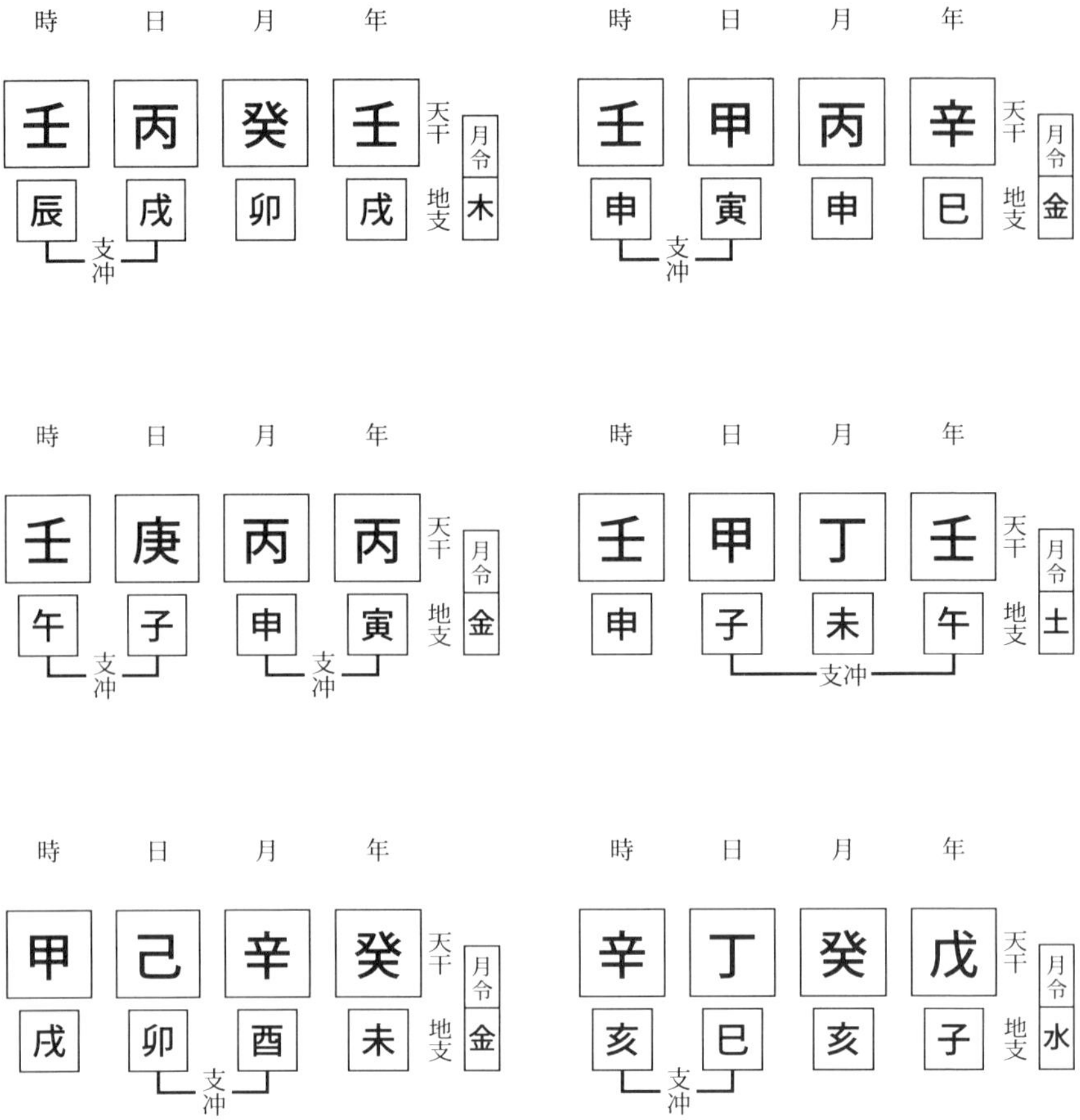

【図表37】各種パターンが見受けられる支冲の実例

シャクするとか、親子間の関係がギクシャクするとか生じがちです。

＊「寅」と「申」との支冲が見られるのは、意見の食い違いからの衝突や趣味の違いからの衝突が起こりやすい形で、他にも移動・旅行中のトラブルに遭遇しやすいのが特徴です。

＊「卯」と「酉」との支冲が見られるのは、恋愛・結婚に関してのトラブルが生じやすい形で、最初は熱烈な愛情で結ばれても、徐々に衝突し合う関係となっていくか、種々の事情から別居しやすい組み合わせです。

＊年支と日支との支冲が見られるのは、親子間が離れ離れとなりやすく、生まれ故郷からも離れていく形で、親元に成人後も留まるとトラブルが絶えない親子関係となりがちです。

＊月支と日支との支冲が見られるのは、兄弟や親友と離れ離れとなりやすく、家業の相続が難しい組み合わせの一つです。また若くしての恋愛・結婚は長続きし難い形で、三十代半ば以降であればＯＫとなります。

＊日支と時（刻）支との支冲が見られるのは、子供との関係がギクシャクしがちな組み合わせで、成人後も子供と一緒に暮らすとトラブルが多くなりがちです。熟年後、急に離婚をするなどしやすい形でもあります。

次に、この「支冲」と深く関わっているのが「空亡《くうぼう》」とも呼ばれる「**天冲殺**《てんちゅうさつ》」です。

この「天冲殺」の理論構造を正しく理解している推命学書は極めて稀です。

実は「天冲殺」(空亡)というのは、日干支に対しての天冲殺ではなくて、十日間で構成される「旬」における「天冲」なのです。したがって、「甲」～「癸」迄並ぶ十の「天干」の中間に位置する「戊」「己」を〝天干の代表者〟として、その「戊」や「己」と一対となっている十二支が〝支冲している十二支〟が「天冲殺」となるのです。

この場合、日干支が「陽」であれば、「天冲殺」も〃陽支〃となり、日干支が「陰」であれば、「天冲殺」も〃陰支〃となります。陽支も陰支も、共に「天冲殺」なのではありません。古書の中でも『星平会海』の「空亡表」では、陰陽別が守られていて、陽干支には「陽支」のみ、陰干支には「陰支」のみが与えられています。

★「天冲殺」を具体的に理解しやすくまとめると次のようになります。

旬としての十日間

「甲子」……（戊）**「辰」**・（己）**「巳」**……「癸酉」→天冲殺**「戌」**・**「亥」**
「甲戌」……（戊）**「寅」**・（己）**「卯」**……「癸未」→天冲殺**「申」**・**「酉」**
「甲申」……（戊）**「子」**・（己）**「丑」**……「癸巳」→天冲殺**「午」**・**「未」**
「甲午」……（戊）**「戌」**・（己）**「亥」**……「癸卯」→天冲殺**「辰」**・**「巳」**
「甲辰」……（戊）**「申」**・（己）**「酉」**……「癸丑」→天冲殺**「寅」**・**「卯」**
「甲寅」……（戊）**「午」**・（己）**「未」**……「癸亥」→天冲殺**「子」**・**「丑」**

旬としての十日間

＊「天冲殺」の作用は、元々が〃「天干」からの冲作用〃なので、年支にあれば「年干」に対してのパワーが半減し、月支にあれば「月干」に対してのパワーが半減し、時刻支にあれば「時（刻）干」に対してのパワーが半減します。したがって、通常は月支が「天冲殺」となる命式はマイナス面が強くなるものです。

＊年支が「天冲殺」であれば、先祖伝来の土地や財産を失う命で、家業を継承しても継続が難しいものです。
＊月支が「天冲殺」であれば、身内から恩恵を得られない人の命で、身内よりも他人の方が援助してくれます。
＊年干支から見て日支が「天冲殺」であれば、結婚によって幸福を得られない命で、共同事業も失敗します。
＊時刻支が「天冲殺」であれば、築き上げた財産を晩年に失う命で、子供による恩恵も得ることは出来ません。

十二支同士の位相で「**支刑**《しけい》」に関しては、採用している推命学書と採用していない推命学書とがあります。

理論的には、十二支の「三合五行」で結びつく十二支と、十二支の「方合五行」で結びつく十二支との衝突を個別に結び付けて「支刑」としたもので、本来から云えば「方合五行」の三支が表出されている時、それを「刑

甲子日干支から始まる60干支は10（干）周期60干支循環の基本						
甲子	甲戌	甲申	甲午	甲辰	甲寅	前半四刻
乙丑	乙亥	乙酉	乙未	乙巳	乙卯	
丙寅	丙子	丙戌	丙申	丙午	丙辰	
丁卯	丁丑	丁亥	丁酉	丁未	丁巳	
戊辰	戊寅	戊子	戊戌	戊申	戊午	中間五行
己巳	己卯	己丑	己亥	己酉	己未	
庚午	庚辰	庚寅	庚子	庚戌	庚申	後半四刻
辛未	辛巳	辛卯	辛丑	辛亥	辛酉	
壬申	壬午	壬辰	壬寅	壬子	壬戌	
癸酉	癸未	癸巳	癸卯	癸丑	癸亥	
戌	申	午	辰	寅	子	天冲殺
亥	酉	未	巳	卯	丑	

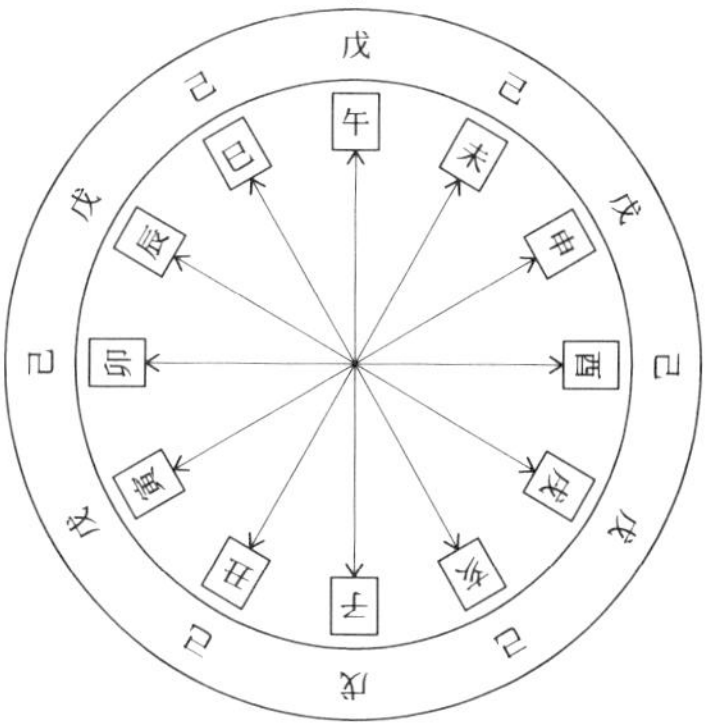

「戊」同士「己」同士の冲衝（180度）12支が同列干支にもそのまま適用されている訳で、例えば「戊辰」「己巳」が含まれる列の場合、冲衝となる「戊」と「亥」が180度位置で「天冲」

【図表38】「天冲殺」とは「天干」が冲する（180度）十二支の意

する」形の三合一支も表出している時、もしくは「三合五行」と「方合五行」が丁度二支ずつ相互に「刑し合う」形で表出されている時、もっとも強く作用するものと思われます。

★「支刑」を理解しやすいように記せば次のようになります。

三合五行「水」――「申」―「子」―「辰」
　　　　　　　刑←　刑←　刑←
方合五行「木」――「寅」―「卯」―「辰」

三合五行「木」――「亥」―「卯」―「未」
　　　　　　　刑←　刑←　刑←
方合五行「水」――「亥」―「子」―「丑」

三合五行「火」――「寅」―「午」―「戌」
　　　　　　　刑←　刑←　刑←
方合五行「火」――「巳」―「午」―「未」

三合五行「金」――「巳」―「酉」―「丑」
　　　　　　　刑←　刑←　刑←
方合五行「金」――「申」―「酉」―「戌」

＊基本的には、「三合」側の支から、「方合」側の支を「刑する」作用の方が強く働きます。ただ「刑」としての作用が発現したとしても、それによって「方合」の結びつきが崩壊してしまうわけではありません。

＊「申」↓「寅」、「寅」↓「巳」、「巳」↓「申」の支刑は、重要な物事の開始に当たって反対や干渉や妨害が

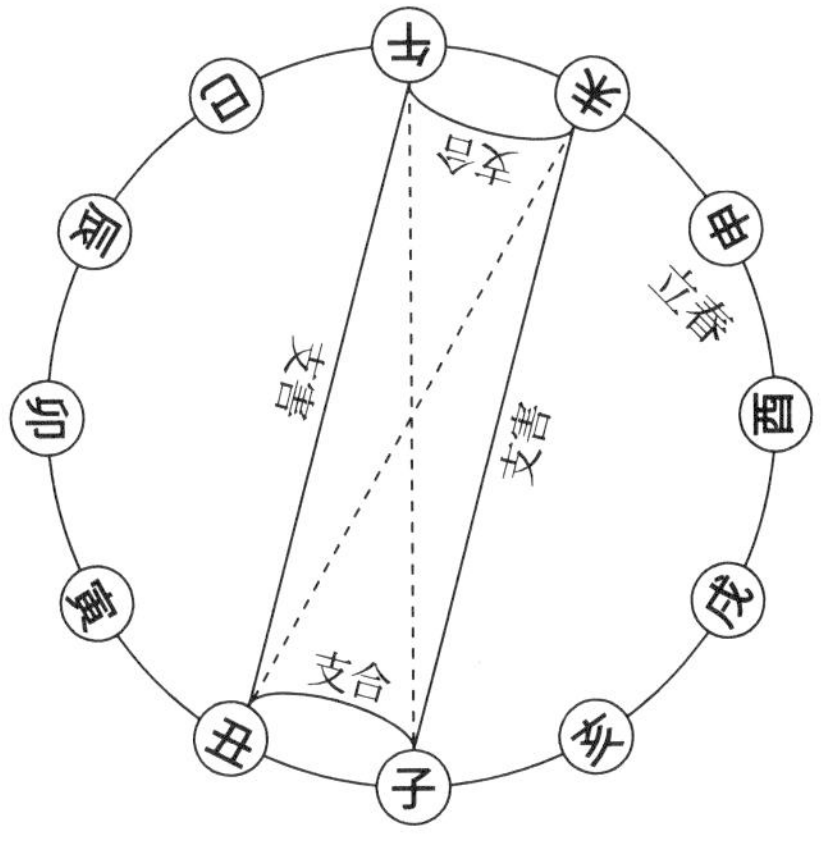

「支合」する十二支の「支冲」となる
十二支が「合」を〝害する〟ので「支害」

【図表39】「支害」が生じる構図

生じやすい形であると共に、勢いに任せて行ったことが途中挫折しやすい傾向を持っています。

＊「子」→「卯」、「卯」→「子」の支刑は、融和性の乏しい形で孤立しやすい性質と、秘密の不倫関係などが生じやすく、思わぬ男女間のトラブルへ引き摺り込まれるような事態が生じやすい人の位相です。

＊「戌」→「未」、「未」→「丑」、「丑」→「戌」の支刑は、保守的な防衛本能と物資的欲望が強く、新しい環境に馴染《なじ》みにくく、ストーカー的な問題なども生じやすい傾向を持っています。

＊「辰」→「辰」、「午」→「午」、「亥」→「亥」、「酉」→「酉」の支刑は、勝ち気で我の強い性質と、ライバルが生じやすい運命を持っていて、敵対関係に巻き込まれやすい傾向を持っています。

「**支害**《しがい》」は、本来であれば「支合」する十二支の対冲（支冲）に位置する十二支との組み合わせです。したがって、四柱命式に「支合」が存在している時、同時に出現していればその効力が大きく、「支害」単独で大きな作用が発現するものではありません。特に「日支」の左右に〝「支合」する十二支〟と〝「支害」する十二支〟が挟み撃ちする形は、恋愛や結婚に支障をもたらしやすい形で、それも家族が支障となるケースが多いようです。

★改めて「支害」となる各ケースを示すと次のようになります。

「子」―支合―「丑」←支冲→「未」＝「子」―支害―「未」＝「子」←支冲→「午」―支合―「未」
「丑」―支合―「子」←支冲→「午」＝「丑」―支害―「午」＝「丑」←支冲→「未」―支合―「午」
「寅」―支合―「亥」←支冲→「巳」＝「寅」―支害―「巳」＝「寅」←支冲→「申」―支合―「巳」
「卯」―支合―「戌」←支冲→「辰」＝「卯」―支害―「辰」＝「卯」←支冲→「酉」―支合―「辰」
「申」―支合―「巳」←支冲→「亥」＝「申」―支害―「亥」＝「申」←支冲→「寅」―支合―「亥」
「酉」―支合―「辰」←支冲→「戌」＝「酉」―支害―「戌」＝「酉」←支冲→「卯」―支合―「戌」

＊「子」―「未」の支害がある場合は、家族間のトラブル、消化器系の疾患にも悩まされることがあります。

＊「丑」―「午」の支害がある場合は、夫婦間のトラブル、神経系の疾患にも悩まされることがあります。

＊「寅」―「巳」の支害がある場合は、移動中のトラブル、不測の事故・怪我にも悩まされることがあります。

＊「卯」―「辰」の支害がある場合は、対人関係でのトラブル、女性は出産でも悩まされることがあります。

＊「申」―「亥」の支害がある場合は、野外でのトラブル、紛失関係の問題にも悩まされることがあります。

＊「酉」―「戌」の支害がある場合は、男女関係のトラブル、火傷や皮膚病でも悩まされることがあります。

第6章　「通変十星」の光と影

「通変十星」は、「十神」「六親」「主星」「運命星」等さまざまな呼ばれ方をしていますが、四柱推命の中でもっとも中心的役割を果たす〝運命の主役〟であることは間違いがありません。昔の教科書では「吉星」「凶星」に分けたりしていますが、どの星にも「吉」「凶」があり、「喜」「忌」があり、どのような人の生涯にも光と影を投げかけながら、人生模様を描き出していきます。

●命式を観ただけで「通変」が判るようになったら一流

「我」である日主から、他の「天干」や「蔵干」を観て表出していくのが「通変十星《つうへんじっせい》」です。

出生日の「十干」を基準として、「年干」「月干」「時干」それぞれを観て表出する「通変」は、どのような流派（門派）の推命学でも共通しています。けれども、それから先は研究者によって違いがあるもので、天干以外は一切「通変」を表出させない観方、「月支蔵干」のみ「通変」を表出させる観方、年支・月支・日支・時支それぞれ一蔵干のみ「通変」を表出させる観方、さらに年支・月支・日支・時支それぞれ複数の蔵干を表出させる観方と実にさまざまです。多年にわたる研究結果として、そのどれが正しいと一概には言い切れません。

ただ推命家として一流であれば、少なくとも命式を観れば、「早見表」など使わなくてもすぐ「通変」が思い浮かぶようでなければいけません。「早見表」を使って通変星を出しているうちは、まだまだ三流なのです。

先にも述べたように、「天」「地」「人」の三方向から〝運命を見通す〟のが推命学なので、そういう点からは「蔵干」の持つ役割は大きく、**本書では「地支蔵干」からも「通変」を表出すべきであるという立場を取っています。**

ただ「天干」から表出される「通変」は、〝社会的な命を吹き込まれた〟十干であり、「蔵干」から表出される「通変」は、〝潜在的に備わっている〟十干であり、その中でも「月支蔵干」から表出される「通変」は、〝「格」となるべき部分〟の十干で、それがそのまま「天干」としても表出していれば、もっとも強力に作用する「通変」となることは間違いありません。

そこで、まず、「早見表」を使わずとも「通変」を出す手法に慣れていきましょう。

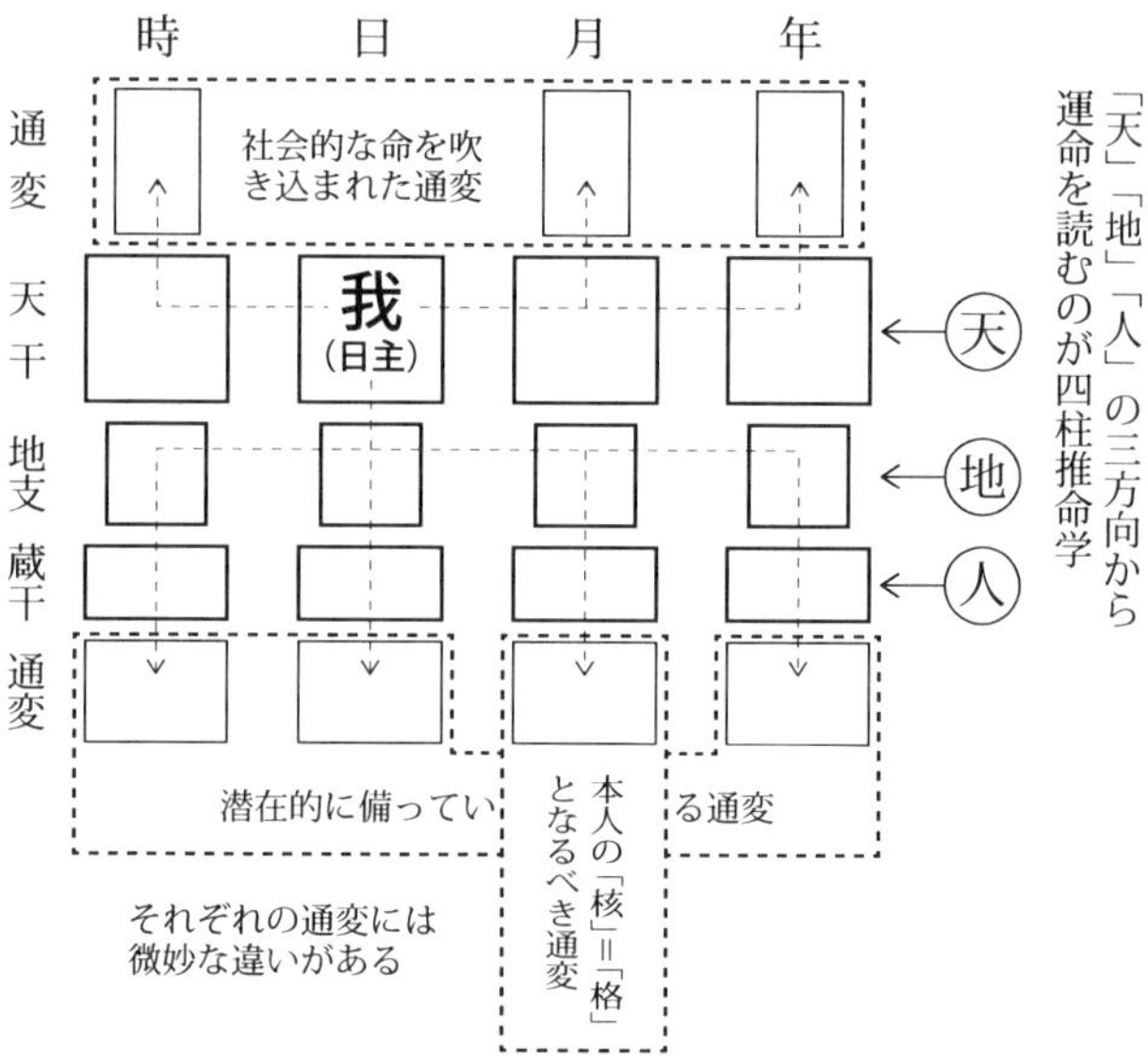

【図表40】「天」「地」「人」と「通変」その位置の把握

「通変」は十種類ありますが、大体、その名称は統一されています。「陰・陽」を分けずに「五行」だけで扱う時には五種となって、「比・劫」「食・傷」「財・帛」「官・殺」「印・梟」として記すこともあります。

通常は、「比肩《ひけん》」「劫財《ごうざい》（敗財《はいざい》）」「食神《しょくじん》」「傷官《しょうかん》」「正財《せいざい》」「偏財《へんざい》」「正官《せいかん》」「偏官《へんかん》（七殺《しちさつ》）」「印綬《いんじゅ》（正《せい》印《いん》）」「偏印《へんいん》（梟神《きょうじん》・倒食《とうしょく》）」と記される十種類です。日本の「算命学」では同じ「通変」を、「貫索《かんさく》」「石門《せきもん》」「鳳閣《ほうかく》」「調舒《ちょうじょ》」「司禄《しろく》」「禄存《ろくぞん》」「牽牛《けんぎゅう》」「車騎《しゃき》」「玉堂《ぎょくどう》」「竜高《りゅうこう》」と称しています。本書では、「比肩」「劫財」「食神」「傷官」「正財」「財帛《ざいはく》」「正官」「七殺」「印綬」「梟神」の名称で統一いたします。

★「通変」の表出方法は、「我」である出生日十干から、他の十干を観て、その五行と陰陽の関係性から自動的に決定されます。もちろん、蔵干の場合も同一です。

出生日十干から見て、五行が同一で、陰陽も同一であれば、つまり同一十干なら「比肩」となります。

出生日十干から見て、五行が同一で、陰陽が異なっていれば「劫財」となります。

出生日十干から見て、相生する五行で、陰陽が同一であれば「食神」となります。

出生日十干から見て、相生する五行で、陰陽が異なっていれば「傷官」となります。

出生日十干から見て、相生される五行で、陰陽が同一であれば「梟神」となります。

出生日十干から見て、相生される五行で、陰陽が異なっていれば「印綬」となります。

出生日十干から見て、相勝（相剋）する五行で、陰陽が同一であれば「財帛」となります。

出生日十干から見て、相勝（相剋）する五行で、陰陽が異なっていれば「正財」となります。

出生日十干から見て、相勝（相剋）される五行で、陰陽が同一であれば「七殺」となります。

出生日十干から見て、相勝（相剋）される五行で、陰陽が異なっていれば「正官」となります。


これは例えば、「我」である出生日十干が「甲」であった場合、同一十干の「甲」を観れば「比肩」となり、同一五行で陰陽が異なる「乙」を観れば「劫財」となり、「甲」から相生する五行で陰陽が同一の「丙」を観れば「食神」となり、相生する五行で陰陽が異なる「丁」を観れば「傷官」となり、「甲」が相生される五行で陰陽が同一の「壬」を観れば「梟神」となり、相生される五行で陰陽が異なる「癸」を観れば「印綬」となり、「甲」が相勝する五行で陰陽が同一の「戊」を観れば「財帛」となり、相勝する五行で陰陽が異なる「己」を観れば「正財」となり、「甲」が相勝される五行で陰陽が同一の「庚」を観れば「七殺」となり、相勝される五行で陰陽が異なる「辛」を観れば「正官」となる、と云った風に表出していきます。

十干それぞれの「五行」と「陰陽」が完璧に頭に入っていれば、「表」を用いるより早く表出できるものです。

天干の「通変」では、「月支蔵干」と同一な十干があれば、その通変がもっとも強く作用します。それ以外では「旺令」「相令」の十干が強く作用します。さらに「地（根）」を得ている十干も強く作用します。これらの十干が複数ある場合は、通変が表わす運命や性質の作用も混合したものとなって、単純なキャラクターではなく、人間的に深みや奥行きのある人物を造形していきます。

●「通変」十星が表している「光」と「影」

【比肩】——出生日十干から見て、同一十干の時——

★名称「比肩《ひけん》」の意味

「比肩」とは、文字通り「比べる肩」で、自分と〝肩を並べる人々〟を指します。つまり、「兄弟」「同僚」「仲間（親友）」を意味する言葉です。当然、人生上〝そういう人達〟が鍵を握るとか、運命的に重要であることを表します。

★性格

独立心や自立心が強く、常にマイペースで物事を進めていきます。自己防衛本能が強く、慣れ親しむまで時間のかかるタイプです。自分の信念を貫き、他人から指示を受けるとか、管理されるのを嫌います。自分の一存で行動しがちで、周りとの協調性が失われやすく、頑固一徹になるとか、我儘な行動が目立つこともあります。

★人生の「光」

周囲や世間が、独自の個性や才能を認めてくれれば、輝かしい人生を歩むことが出来ます。親元を離れて組織から独立し、フリーの立場で活躍するとか、新たな組織を編成し、そのトップとして大衆をリードしていきます。兄弟や親友が力を貸してくれることで社会的に成功します。

★人生の「影」

周りに馴染《なじ》めず、自ら孤立し、引きこもりのように心を閉ざしてしまうタイプと、逆に人使いが激しく横暴で周りから敬遠されてしまうタイプに分かれます。いずれも心の中は空虚で、笑顔を忘れ、孤独感のみ強まります。金銭的な苦労を強《し》いられることもあります。

【劫財】――出生日十干から見て、同一五行で陰陽が異なる時――

★名称「劫財《ごうざい》」の意味

「劫財」とは、文字通り「財を劫《おびや》かす」で、財を〝投げ出し〟物事に当たる性質を意味します。この場合の「財」は「妻妾」「人材」「家財」「才能」です。当然、人生上〝一か八か〟の勝負が多くなり、運命的に不安定なことを表します。

★性格

親友や兄弟や同僚との関係を大切にする性質です。多才ですが一つの仕事に落ち着けるタイプではなく、生活の変化を求めがちです。保守的な生活を嫌い、派手で華やかな生き方を模索し続けます。本心は周りに悟られないよう立ち振る舞います。突然、感情的になるとか、現実を無視した行動に出ようとする時が見られます。

★人生の「光」

周囲に恵まれ、交友関係が拡大し、自由に生活ができれば、輝かしい人生を歩むことが出来ます。投資的事業や商売に成功し、才能が磨かれ、勘が冴えわたり、飲食や遊興にお金を使い、華やかに人生を突っ走ります。

★人生の「影」

金銭的なトラブルから窮地に陥ってしまうタイプと、恋愛的なトラブルから窮地に陥ってしまうタイプに分かれます。いずれも衝動的に破壊本能が強まり、組織からの離脱を試み、社会のルールを踏み越えようとします。

【食神】――出生日十干から見て、相生する五行で陰陽が同一の時――

★名称「食神《しょくじん》」の意味

「食神」とは、文字通り「飲食の神様」で、〝食べることには困らない〟ことを表します。つまり、「食事」「住居」「衣服」は確保される言葉です。当然、人生上〝飲食・住居〟が鍵を握るとか、職業的にも重要なことを表します。

★性格

柔和で穏やかな人間性を持ち、多少ルーズですが献身的な性質です。生活密着型で理想を追い求めるようなことはしません。適度に生活を楽しみ、新たなものを生み出し、愛《いつく》しみながら育て上げようとします。人一倍情感が豊かで、感覚的に物事を理解し、幅広く趣味を所有し、愛する人に尽くすことで充実感を得ていきます。

★人生の「光」
多くの人達から愛されるものを作り出すことが出来れば、輝かしい人生を歩むことが出来ます。愛する人に献身的な愛情を捧げて、健康と食生活にも恵まれて、理想のマイホームを得ることが出来れば最高でしょう。
★人生の「影」
ゴミ屋敷のように物を溜め込んでストレスを抱えるタイプと、食べ過ぎや飲み過ぎから健康を害していくタイプに分かれます。いずれも本質的な努力を忘れ、欲望に負け、自分に甘く、堕落した生活を続ける人生です。

【傷官】――出生日十干から見て、相生する五行で陰陽が異なる時――

★名称「傷官《しょうかん》」の意味
「傷官」とは、文字通り「傷つく官」で、「官」とは〝履歴〟を意味しています。つまり、「学歴」「職歴」「経歴」が〝汚される状態〟を指します。当然、人生上〝履歴に汚点〟を残しやすく、過去の「傷あと」が後々まで痛みを伴うようです。
★性格
シャープな頭脳の持ち主で感受性が強く、世間的な評価を気にする人です。社会的には反権力で正義感が強く、理論派で批評眼にも優れています。好奇心が強く、専門技能や資格免許と縁があり、興味ある分野への挑戦意欲が衰えません。人一倍傷つきやすく、精神的には脆《もろ》さがあり、反抗心が強いので上司との相性が重要です。

★人生の「光」

周りからの共感を得て、その才能が見事に開花すれば、輝かしい人生を歩むことが出来ます。時代をリードしていく素質があり、流行の先陣を切ります。批評・弁舌も巧みであり、優秀な指導者としても喝采を浴びます。スペシャリストとしての素質に磨きをかければ部下にも恵まれます。

★人生の「影」

社会的な権威ある人物や組織から足元を掬《すく》われ崩れていくタイプと、誹謗《ひぼう》・中傷が過ぎて世間からそっぽを向かれるタイプに分かれます。いずれも時代の変化を見損なったために、牙を抜かれ、生活の糧を失うのです。

【財帛】――出生日十干から見て、相勝する五行で陰陽が同一の時――

★名称「財帛《ざいはく》」の意味

「財帛」とは、文字通り「献上される財産」ですが、通常、使われる「偏財」は「回転財」を意味しています。つまり、「事業資金」を意味する言葉です。当然、人生上で〝大きなお金〟が動いて、運命的に重要な意味を持ちます。お金が動くと、付き合う相手も自然に変化していきます。

★性格

義侠心が強く、楽天的で情緒性溢れる性質です。大らかで気前が良く、多方面に才能があり、事業的手腕を持っています。おだてに弱く、多くの人と交流を持ち、常に未来を見据えて行動するのが特徴です。仕事絡みの異性関係が生じやすく、トラブルを引き起こしがちです。即断即決で不屈の精神を持ち、浪費癖だけが欠点です。

★人生の「光」

外交的手腕や将来を見越した先見の明を活かせば、輝かしい人生を歩むことが出来ます。部下にも、異性にも恵まれ、指導者としても才能を発揮し、大きな事業で多大な収益をもたらし、多方面に人脈を持っています。

★人生の「影」

安易に物事を引き受け、苦労を自ら買って出て窮地に陥るタイプと、仕事以外の相談事や依頼事が多く、異性にも悩まされて苦悶するタイプに分かれます。いずれも余計なことでお金が出ていき体調を崩しがちです。

【正財】——出生日十干から見て、相勝する五行で陰陽が異なる時——

★名称「正財《せいざい》」の意味

「正財」とは、文字通り「正当な財産」で、自分が〝働いて得る収入〟を指します。つまり、「商売」「経理」「貯蓄」に関係ある言葉です。当然、人生上で〝勤労の対価〟としての収入を得、それに応じた才能を発揮していきます。与えられた環境に順応しやすい傾向が見受けられます。

★性格

堅実で働き者であり、真面目で忍耐強いのが特徴です。生活に嘘がなく、誠実なので信頼のおけるタイプです。家庭や職場の既存の状態に落ち着きを感じ、改革などは望みません。何物も収集意欲が強く、整理整頓して、時間にも正確であり、浮ついた部分を感じさせません。融通が効かず、機敏に対応できない歯痒さを感じます。

★人生の「光」

安定的職場で徐々に実力を発揮し、周囲から信頼され、輝かしい人生を歩むことが出来ます。家庭・家族に恵まれ、部下・後輩の関係も良好で、組織で生きがいを見出し、計画に沿って財産を蓄え、順調に人生を歩みます。公務員としても、大企業の社員としても、敵を持つことが少ないものです。

★人生の「影」

大事な時に優柔不断で決断できずチャンスを逃すタイプと、頑固で融通の利かない性格が災いし疎《うと》んじられるタイプに分かれます。いずれもこだわりが強く、臨機応変さに欠け、周囲から浮いてチャンスも遠のきます。

【七殺】――出生日十干から見て、相勝される五行で陰陽が同一の時――

★名称「七殺《しちさつ》」の意味

「七殺」とは、文字通り「七番目の殺神」という意味で、「七回殺す」という意味ではありません。つまり、出生日干も含めて「七番目に位置する十干」の意です。〝切った張った人生〟が鍵を握り、穏やかには過ごせません。荒海に乗り出していく〝挑戦者〟としての人生となります。

★性格

決断力や行動力に富み、ズバリと物を言い、喜怒哀楽の激しい人です。敵に対しては容赦せず、強引に物事を推し進めていきます。親分肌や姉御肌と云った頼れるタイプで、面倒見も良いが怒らすとすぐに手が出ます。格式ばったことを嫌い、誰に対しても態度が大きく、意外なほど戦略家で相手の弱点を突くのに長けています。

★人生の「光」

世の中が乱れ混乱状態の時や非常事態の時には才能を発揮し、輝かしい人生を歩むことが出来ます。ピンチヒッターとして仕事を任せられると実力以上の力を発揮します。危険を伴う分野では一段と輝きが増します。

★人生の「影」

感情的に暴走し羽目を外して弾かれてしまうタイプと、暴力的な事件・事故に絡んで危険人物の烙印を押されるタイプに分かれます。いずれも後ろ盾を失って、病気や怪我から体調を崩し、苦悶の日々が待っています。

【正官】――出生日十干から見て、相勝される五行で陰陽が異なる時――

★名称「正官《せいかん》」の意味

「正官」とは、文字通り「正しい官位」の意で、王道を歩んで〃地位・役職を得る〃ことを表します。つまり、現代で云う「公務員」や「大企業」の出世を意味する言葉です。当然、人生上でも〃正当な道〃を選択しようとします。やや情愛の乏しい傾向も窺われます。

★性格

几帳面で責任感が強く、組織内部での役割に徹するタイプです。常に衝動性を抑え、理性的に物事を判断し、冷静に対処していくのが特徴です。感情的な好き嫌いに流されず、今何が必要かを意識して行動します。社会的な評価や評判を気にし、金銭より名誉を重んじ、正統な道を歩みたがり、優等生的な生活態度を崩しません。

★人生の「光」

大きな組織や伝統を重んじる世界に身を置くほど、輝かしい人生を歩むことが出来ます。正々堂々真正面から戦いを挑むタイプで権威者から気に入られて栄光をつかみます。名誉や地位ある履歴が積み重ねられます。

★人生の「影」

実力も実績もないのにプライドだけが高い孤高型のタイプと、大人しすぎて付き合いの悪い憂鬱型のタイプに分かれます。いずれも真面目ではあるけれども面白みに欠け、情緒性に乏しく、理想の世界を追い求めます。

【梟神】——出生日十干から見て、相生される五行で陰陽が同一の時——

★名称「梟神《きょうじん》」の意味

「梟神」とは、文字通り「梟《ふくろう》の神」ですが、「梟」は〝我が児を食する〟ことで有名です。他にも、「倒食」の名称があり、「食神」を打倒する存在です。当然、人生上〝食に困る〟日々が訪れるとか、我が子が背《そむ》くことを表します。また特異な能力を発揮し、人気が急上昇など波乱の人生です。

★性格

感覚派で研ぎ澄まされた勘と独特の生活スタイルを持っています。自分が興味のある世界にのめり込んでいくタイプで現実とのギャップに悩みやすいでしょう。生活に変化と刺激を求め、管理されることを嫌います。実用的ではない芸術や科学や神秘の分野で才能を発揮します。実生活への対応能力は極端に劣っています。

★人生の「光」

特異な発想や特別な技能など独創的な才能が認められれば、輝かしい人生を歩むことが出来ます。その個性的な生き方や作品が人気を博して、一躍、時代の寵児となって、各方面から脚光を浴びる可能性もあります。

★人生の「影」

元々引きこもり的要素が強く、自らすべてを投げ出してしまうタイプと、職を転々とし、家族とも折り合いが悪く、各地を流浪するタイプに分かれます。いずれも世の中に背を向けた生き方で、貧乏から抜け出せません。

【印綬】——出生日十干から見て、相生される五行で陰陽が異なる時——

★名称「印綬《いんじゅ》」の意味

「印綬」とは、文字通り「任命の印章＋紐」で、特別な〝役職を授かる〟ことを意味します。つまり、「地位」「名誉」を表している言葉です。当然、人生上で〝特別な使命〟が与えられるとか、運命的に名誉が授けられる人生です。どんなに苦境に立たされても誰かが救いの手を差しのべてくれます。

★性格

真面目《まじめ》で大人しく、同情心に満ち、規律正しい生活を好む人です。勉強熱心で、常に何かを学んでいたい気持ちが強いタイプです。自分から行動を起こすより、目上の期待に沿って行動するのを好みます。現状からの開拓意欲は乏しく、甘えん坊で見栄っ張りなところもあり、信仰心が強く、浪費を嫌って、経済観念は発達しています。実社会への適応能力がやや乏しい傾向も窺われます。

★人生の「光」

著述するとか、研究するとか、教授するとかの世界では、輝かしい人生を歩むことが出来ます。古典的な世界に向いていて、古いものを蘇らせることに特別な才能を持っていて、いつの間にか地位・名誉を得ていきます。

★人生の「影」

人生そのものに対する甘えが強く、甘ったれ気質が抜けないタイプと、周囲に対して我儘で虚栄心の塊のようなタイプに分かれます。いずれも寂しがり屋で、過去の愛憎の傷跡を引き摺りながら人生を歩んでいきます。

●「通変」それぞれが秘めている特有の現象

「通変」十星には、その「通変」だけが秘めている〝特有の現象〟というものがあります。

同じ「通変」でも、命式のどの部分に表出されているかによって、或いは命式に表れた他の「通変」や「位相」や「神殺」（後述）との関わりによっても、実際の現象面としての出来事では違いが出てくるものです。

ただ〝運命を把握する〟という立場から云えば、比較的表れやすい〝特有の現象〟は知っておくべきで、それによって的確なアドバイスが出来ますし、将来への対処の仕方が掴みやすくなるものです。

【比肩】――特有の現象――

＊「比肩」と神殺「羊刃《ようじん》」(後述)が同柱すると、父親、或いは兄弟と早くに生死別しやすい傾向があります。
＊「比肩」が複数表出すれば、父親との衝突を招きやすく、或いは早くに父親と生死別する可能性があります。
＊年柱・天干が「比肩」なら、若くして親元を離れ、独立独歩で生活することになりやすいものです。
＊日支蔵干が「比肩」で、支冲・支刑・支害があれば、初婚は長続きしないケースが多いものです。
＊時柱・天干が「比肩」なら、晩年に我が子が面倒をみてくれるケースは稀《まれ》であり、家業も相続されません。

【劫財】――特有の現象――

＊「劫財」と神殺「建禄《けんろく》」(後述)が同柱すると、身内・家族との間で金銭的なトラブルが生じやすくなります。
＊日主が「甲」「丙」「戊」「庚」「壬」で、天干に「正財」「劫財」が表出すれば、異性に対して貢ぎやすくなります。
＊年柱・月柱に「劫財」が並ぶと、投資やギャンブルを好み、一獲千金を射止めるか、借金塗《まみ》れかどちらかです。
＊日支蔵干が「劫財」で、支冲・支刑・支害があれば、男性は特に初婚は長続きしないケースが多いものです。
＊月柱・天干だけが「劫財」なら、凶悪犯罪や事件に巻き込まれやすく、仕事や友達の選択に注意が必要です。

【食神】――特有の現象――

＊「食神」と神殺「羊刃」(後述)が同柱すると、生涯を通じて経済的な苦労が多く働き続ける人生となります。
＊「食神」が多数表出すれば、女性は子供との縁が薄くなって、結婚しても長続きしない可能性があります。

*年柱・天干が「食神」で、支冲・支刑・支害がなければ、経済的に苦労することのない環境で育っています。

*天干が「食神」で地支蔵干に「梟神」を観れば、子供縁が乏しく、健康面でも持病を持ちやすくなります。

*「食神」と共に「正財」や「財帛」を観れば、社交性が豊かで、商売や事業で成功し、大きな財産を築きます。

【傷官】――特有の現象――

*「傷官」と「天冲殺」が同柱していると、女性は結婚運に支障が出やすく、男性は相続関係に支障が出ます。

*年干と月干に「傷官」と「劫財」が並べば、親子の縁薄く、若くして両親と生死別する可能性があります。

*女性で「傷官」を複数観るのは、技芸に優れた素質がありますが、恋愛・結婚は敗れることが多いようです。

*月干が「傷官」で、月令が「旺令」「相令」であれば、技術者や評論家として優れた素質を持っています。

*女性で日支蔵干に「傷官」を観れば、俗に云う〝嫁・姑問題〟を経験しやすく、夫との間に溝が出来ます。

【財帛】――特有の現象――

*「財帛」と「天冲殺」或いは「羊刃」が同柱すると、父親を早くに喪うとか、男女関係で財産を失います。

*年干の「財帛」が地支の「根」を持てば、父親の家業や財産を引き継ぎ、さらに収益を拡大できます。

*年干と月干に「財帛」が並べば、複数の父親に縁があり、男女とも金遣いが荒くなる傾向を持っています。

*年干や月干の「財帛」が、月令で「旺令」「相令」となり、支冲・支刑がなければ、健康で長寿が保証されます。

*月干が「財帛」で、同時に神殺の「天徳貴人」「月徳貴人」(後述)なら、父親の恩恵を得て社会で活躍します。

【正財】——特有の現象——

＊天干の「正財」と蔵干の「劫財」が同柱すると、金銭的なトラブル生じやすく、男女関係で財産を失います。
＊「正財」が複数表出しても、地支の「根」を得ていなければ、実生活で自由にお金を使うことが出来ません。
＊天干の「正財」が地支の「根」を複数得ていれば、複数の収入源を持つ生活を送るようになります。
＊日支蔵干が「正財」の男性は、支冲・支刑・支害がなければ、勤勉で家計のやりくりが上手な妻を得ます。
＊年干の「正財」が、月令で「旺令」「相令」を得ていれば、名家と言えるような家系の血を引いています。

【七殺】——特有の現象——

＊「七殺」と「正官」が並んで表出すると、社会的名誉や地位のことでトラブル生じやすく、大病も経験します。
＊「七殺」が複数表出すれば、女性は結婚が一度で済まず、訴訟問題に巻き込まれ、家庭が複雑となります。
＊「七殺」と「羊刃」が同柱すると、度量があり、活発な人生となって、部下・後輩から慕われるようになります。
＊年干と月干に「七殺」あって、地支の「根」を欠いていれば、衝動的で暴走しやすく、転職しやすいようです。
＊女性で日支蔵干に「七殺」を観れば、夫や恋人からＤＶを受けやすく、日干の「死令」「囚令」は要注意です。

【正官】——特有の現象——

＊男性の年干と時干に「正官」あれば、才能あっても成功しないだけでなく、子供運にも問題が生じます。
＊天干に「正官」と「傷官」が表出し、同一地支から「根」を得れば、見込み違いや妨害あって成功できません。

＊天干「正官」で地支蔵干「七殺」なら、社会的な批難を受けやすく、訴訟事件に巻き込まれやすくなります。
＊女性で「正官」が「天冲殺」や神殺の「墓」「絶」と同柱すれば、何かと支障があって中々結婚できません。
＊女性で天干「正官」となり、同柱が神殺「天徳貴人」「月徳貴人」なら、結婚後に夫が出世していく運命です。

【梟神】——特有の現象——

＊「梟神」と「天冲殺」が同柱すると、人気商売で成功することは難しく、生活の糧をなかなか得られません。
＊月支蔵干に「梟神」があれば、特殊な専門職、或いは芸能・芸術に向き、一般の会社勤めは長続きしません。
＊天干に「梟神」が複数表出すれば、恋愛・結婚はスムーズにゆかず、離婚・再婚・晩婚・独身となります。
＊「梟神」が「食神」と共にあれば、仕事をしても収入が乏しく、或いは子供に掛かる出費で金銭に窮します。
＊時柱・天干が「梟神」なら、子供運に縁の乏しい形で、仮に子供が産まれても一緒に暮らすことが出来ません。

【印綬】——特有の現象——

＊年干と月干に「印綬」が並ぶのは、複数の母親を持つ形で、何らかの事情から、複雑な家庭運を持ちます。
＊年干、或いは月干の「印綬」が、「天冲殺」や支冲・支刑・支害と同柱なら、母親と早く生死別する運命です。
＊時柱・天干が「印綬」で、年干か月干に「正財」あれば、目上からの恩恵を得て、経済的に恵まれる人生です。
＊「印綬」と神殺の「羊刃」が同柱すれば、精神的に脆く、肉体的にも隠れた病気が潜伏しやすいものです。
＊命式に「印綬」が多すぎれば、精神的悩みを抱えやすく、身内とは合わず、困っても助けになりません。

第7章　推命学最大の謎「格局」の真実

「謎」の多い推命学の中でも、〝最大の謎〟とされているのが「格局」に関しての謎です。それが証拠に、これまで日本で発行された推命学書で、「格局」というものの全体像を誰にでもわかるように説明し、どんな命式からでも迷うことなく「格局」が取れる解説書は皆無です。それは著述している本人が「格局」というものを的確に理解していないからのように思われます。

●「格局」の原点はインド・アラビアの占星学

日本の推命学書で、「格局《かつきよく》」に関して全く触れていない書籍が約四割を占めています。あとの六割は触れていますが、そのうちの半数は著者自身がよくわからずに書いています。つまり、「格局」というものをきちんと理解して執筆している推命家は三割にも満たないのです。

もちろん、これらは日本で過去発行された推命学書全体に対しての数値で、市販されない専門書も含まれています。つまり、それくらい判然としていないのが「格局」というものの実状なのです。

どうして判然としていないのかというと、「格局」の本質というか、原点というか、意味合いというか、その最初の部分が理解できていないからです。「格局」の〝採り方〟ばかりが先に来ていて、その本質が判っていないので、結局、何のために「格局」を定めるのか、定めたことによって何が判るのか、実際には、よくわからないまま「用神《ようじん》」（後述）へと進んでいくケースが多いのです。

「格局」の原点は、インド・アラビアの占星学にあります。

なぜ「占星学」なのか、不思議に思う方もいると思いますが、元々「子平」と呼ばれた四柱推命の成熟期には種々の命理学が採り入れられ、混沌としていた時期があったのです。明代の推命学書『三命通会《さんめいつうかい》』十二巻の撰者・萬民英は、同時に占星学書『星学大成《せいがくたいせい》』三十巻の撰者でもありました。元々が占星学の教科書を著した人物が推命学の編著者にもなっていたのです。

実は〝四柱推命の創立者〟と目される徐子平にも、現存はしていないのですが『徐氏畢斯歌《じよしいつしか》』という占星学書を著述した可能性が指摘されており、アラビア式占星学、或いはインド式占星学の影響があったとしても不思議ではないのです。現に『三命通会』と同じころに出版された『星平会海《せいへいかいかい》』は「占星術」（「天星法」とも言います）と「子平術」（「子平法」とも言います）を合わせた占術で、書名の「星平」はそれを表しています。

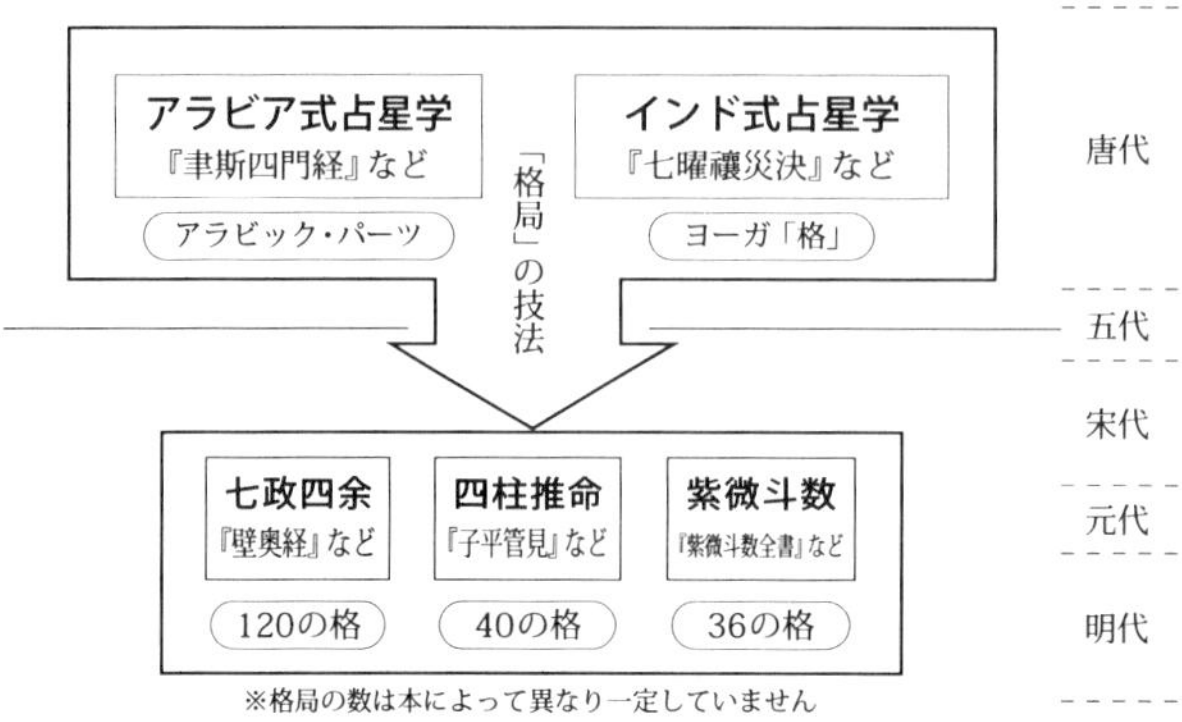

※格局の数は本によって異なり一定していません

【図表41】「格局」の源流はアラビア・インド占星学

中国で「子平」の術数（占い）が盛んになったのは「宋代」（十世紀）以降のことですが、アラビアやインドを経由した「占星」の術数が翻訳されたのは「唐代」（八世紀）後半からでした。つまり、命理学としては「子平術」が先なのではなく、「占星術」の方が先なのです。

「七政四余」という名称で知られる占術は、西洋式占星術による〝古代の七惑星〟である「七政」と、それ以外の〝余った擬似惑星〟である「四余」を合わせた占星術のことです。ただ最初は〝西洋式〟（厳密に言うと「アラビア式」、或いは「インド式」です）でしたが、次々と〝中国らしさ〟を加えていったことで、独自の「占星術」へと急速に変貌していったものです。

その一つとして登場したのが「星平会海」という占術で、文字通り「七政四余」（占星術）と「四柱推命」（子平術）を合わせた占術です。そして、ここに登場するのが「格局」なのです。もっとも、ここに登場する「格局」は、「子平術」の判断方法として記されているのではなく、

「占星術」の判断方法として記されているのです。

純粋な「七政四余」だけの教科書である『壁奥経《へきおうきょう》』には「霊合《れいごう》百二十格」という数の格局が示されていますし、『琴堂《きんどう》歩《ほ》天警句《てんけいく》』には「富着六十九格」という数の格局が示されています。ここで云う「格局」は、あくまでも「占星術」の方の判断技法の一つで、出生天宮図における〝惑星と十二宮の配置〟、〝惑星と十二支の配置〟、〝惑星と二十八宿の配置〟、〝惑星同士の配置〟などの中から〝特別な配置を検索するシステム〟です。そして、出生図にそれらの条件が備わっていれば、「格」としての〝固有名称と具体的現象〟とが与えられる仕組みなのです。

例えば「七政四余」の代表的な教科書の一つ『張《ちょう》果《か》星宗《せいそう》』には、「定格《ていかく》」、「星格《せいかく》」、「貴格《きかく》」、「賤格《せんかく》」等の大まかな分類があります。その内の「定格」には「十一曜定格」と「十二宮定格」とがあって、それを〝幸運な定格〟としての「合格」と、〝不運な定格〟としての「忌格」とに分けていました。

因みに〝幸運な十一曜定格〟には、「五星合格《ごせいごうかく》」「日月合格《にちげつごうかく》」「政余合格《せいよごうかく》」などがあり、〝不運な十一曜定格〟には「日月忌格《にちげつきかく》」「五星忌格《ごせいきかく》」などがあります。さらに〝幸運な定格〟の「政余合格」の中に「十一曜挟帝座《ようきょうていざ》」や「十一曜挟禄馬《ようきょうろくば》」がある、という複雑な分類です。

同じような「格局」の選定は、〝純中国産の占星術〟である「紫微斗数」にもあって、かつては「金燦光輝格《きんさんこうきかく》」「明珠出海格《めいしゅしゅつかいかく》」「日月照壁格《にちげつしょうへきかく》」等と云った〝格局による観方〟が存在していました。つまり、「子平術」以前に〝「格局」を選定する〟というシステムは「占星術」の方で既に確立されていたのです。

しかも、その源は「中国」に留まりません。元々が〝輸入された占星術〟である「七政四余」の輸入元は、その一つが「アラビア」経由であり、その一つは「インド」経由でした。

実は、アラビアの占星術には古くから「アラビック・パーツ」と呼ばれる〝独特の判断技法〟が採用されていました。しかも、それはアラビアが発祥ではなくて、遠くエジプト・バビロニアの占星術から既に存在していた、と云われています。

今日の西洋占星術ではあまり使用されることはありませんが、それでも「物質的幸運のパート」「守護神霊のパート」「拡大発展のパート」「愛情獲得のパート」などが伝承され続けています。

そして、インド占星術では「アラビック・パーツ」の代わりに、「ヨーガ」と呼ばれる〝特別な惑星配置〟や〝特別な惑星と十二宮の配置〟が採用されています。例えば「ダーナ・ヨーガ」（財産を獲得する配置）、「ガジャ・ケサリー・ヨーガ」（学者として成功する配置）、「ラージャ・ヨーガ」（尊敬と名声を得る配置）などがあります。

特に、このインドの「ヨーガ」は、中国では明らかに「格」として扱われ、占星術書に登場しているのです。

このような歴史的経緯を知れば、一見、「子平術」の中で〝突然生まれたかに見える〟「格局」による観方も、実は「星平会海」で用いた〝占星術の格局〟が、やがて「子平術」の方にも採り入れられ、〝日干と月支蔵干の配置〟、〝日干と十二支位相の配置〟、〝日干と神殺星の配置〟等の中から、〝特別な配置を検索するシステム〟として確立された可能性を否定することは出来ません。

初期の頃の「子平術」格局名には、今日とは違って「飛天禄馬格《ひてんろくばかく》」「日徳秀気格《にちとくしゅうきかく》」「六陰朝陽格《りくいんちょうようかく》」等と云った占星術で使用されたものと似た名称の格局名が多いのです。

●現代推命学における「格局」の真意

或る意味で、占星術を見習うような形で登場した子平術の「格局」でしたが、やがてそれは明代（十五世紀）以降には〝命式判断の切り札〟として定着するようになります。最初、占星術のように多数存在していた「格局」の種類も徐々に限定され、或る種の〝命式分類法〟へ脱皮したと言えるのかもしれません。

ところが、そこできちんと整理すれば問題はなかったのですが、未整理のまま継承されたため、現代研究者の〝混乱〟が始まったのです。

そこでまず明確にしなければならないのは、現代推命学にとっての「格局」とは何か？　ということです。現代の「子平術」——つまり、既に記した「陰陽・五行思想」に基づく運命理論では、特殊な命式以外は〝陰陽・五行のバランスを取る〟ことが、幸運な人生を歩む基本的な条件となります。

したがって、個々の命式の四柱八字（蔵干を含む）を調べて、その特徴を抽出する〝命式分類法〟を、本書では「格局」とします。その中心にあるのは出生日「十干」と、生まれ月日の「月令」季節五行、そして四柱八字（蔵干を含む）のキー・ポイントになる「通変」を見定め、「格局」を決定するというシステムです。

本書では、基本的にどの命式からでも〝一つだけ〟「格局」を選定できます。どの流派（門派）の推命学でも絶対に〝これだけが正しい〟という「格局」の選定基準はありません。現代の推命学流派の中には、命式によっては「格局」を選定できない四柱八字もある、と教えている推命書もありますが、〝命式分類法〟なのですから、選定できないと教えるのは奇妙です。

それなら最初から「宋代」から「明代」初期に行われた〝神殺主体の推命術〟に戻す方が、理に適《かな》っていると思われます。実占の場においては、理論的に正しいとか正しくないよりも、的確に判断できるかどうかの方が重要だからです。〝神殺判断〟を採り込むことで、より的確に具体的事象を判断出来れば、それはそれで一つの立派な推命学であると私は思います。

先にも述べたように、現代の推命学では〝特殊な命式〟以外は、〝陰陽・五行のバランスを取る〟ということを主眼として「格局」選定を行うのですが、〝バランスが極端に不均衡な命式〟の場合は、この原則を外れます。

推命学の古典として有名な『滴天髄』では、この「命式のバランス」問題を「従」と「不従」という表現を用いて分けています。つまり、「従」とは〝バランスが極端に不均衡な命式〟を指し、「不従」とは〝バランスを調整できる命式〟と分けているのです。

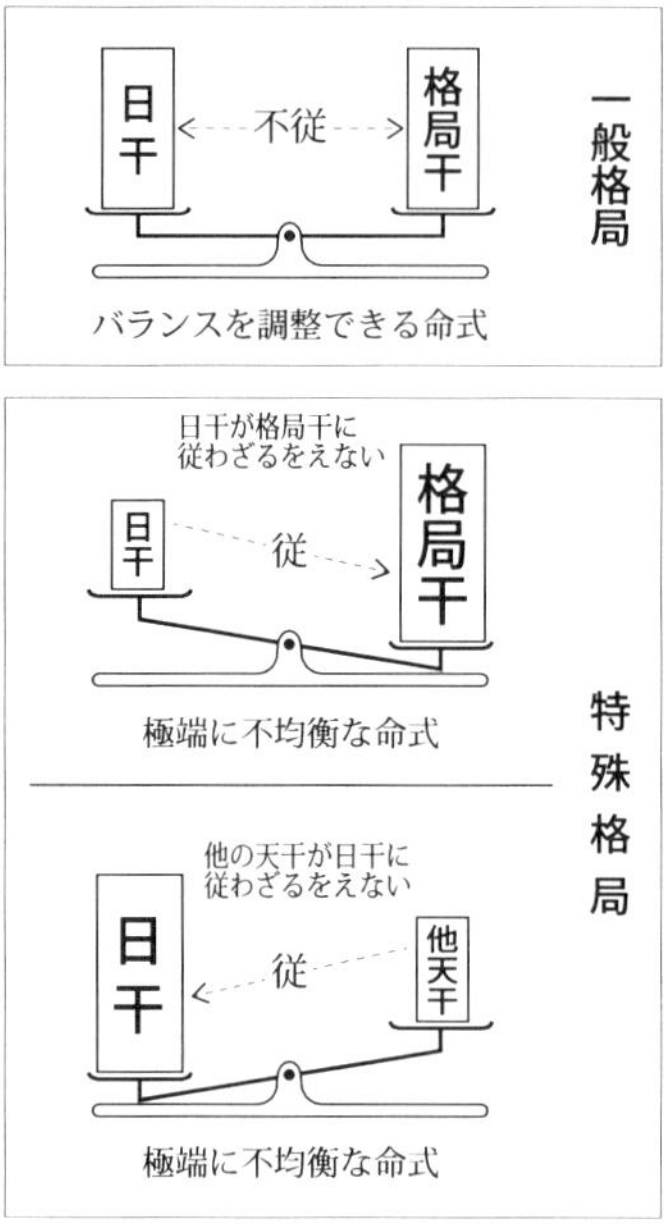

【図表42】現代推命学の格局分類

ここまで「命式のバランス」と記してきましたが、より正確にいうと、命式の四柱八字（蔵干を含む）における〝「日干」強弱と「格局干」強弱とのバランス〟なのです。このバランスが極端に崩れて、「日干」五行が極端に強く、さらに「格局干」も「日干」五行と同一で、他の五行が弱すぎてバランスが崩れている場合は、当然〝極端に不均衡な命式〟となります。通常、

「一行得気格《いちぎようとくきかく》」等の名称で知られる格局がこれに当たります。

それとは逆に「日干」五行が極端に弱く、「格局干」五行が極端に強すぎてバランスが崩れている場合も、これまた〝極端に不均衡な命式〟となります。通常、「従格《じゆうかく》」等の名称で知られる格局がこれに当たります。

これらいずれかの状態が、命式の四柱八字（蔵干を含む）に見受けられた場合は、五行バランスを取ることはもはや不可能なので、もっとも強い五行に「従う命式」として〝「格局」選定をする〟のが「子平術」としての〝幸運な人生の歩み方〟と観立てるのです。

比率的に云えば、このような〝特殊な命式〟は一割にも満たず、ほとんどの命式は〝バランスを調整できる命式〟に属します。また〝特殊な命式〟の中にも、稀に運気によって〝従いきれない状態〟が出てくるケースもあります。

逆に、一見、〝バランスを調整できる命式〟に属しながら、運気的にはどう考えても「従う命式」であるかのような現れ方をしているケースも見受けられます。これら実占面での特殊なケースは、今後の研究課題として推命学の若い研究者達に提出しておきたいと思います。

●「特殊格局」の条件とその種類

日本で発行されている推命学の教科書を読むと、「格局」分類の第一として、「特殊格局」（或いは「特別格局」）と「一般格局」（或いは「普通格局」）という名称を用いている推命家と、古典的な原書で使われる「外格」と「内格」という名称を用いている推命家に分かれるようです。

そして共通しているのは、どちらも〝同じ意味合い〟の二大分類として使用していることです。

つまり、〝バランスを調整できない〟「特殊格局」＝「外格」と、〝バランスを調整できる〟「一般格局」＝「内格」という捉え方なのです。

けれども、「特殊格局」と「外格」は厳密に言うと〝同じ意味合い〟ではないのです。

実は、明確な自覚をもって使用しているとは限らないのですが、一般的に云って「内格」とは、「月支蔵干」に基づく「通変」から〝「格局」を選定する〟ことであり、「外格」とは「月支蔵干」以外から〝「格局」を選定する〟ことを指しているからです。それ故に「建禄格《けんろくかく》」（後述）や「羊刃格《ようじんかく》」（後述）は、〝「外格」扱い〟なのです。

ところが、実際には「建禄格」や「羊刃格」に分類される命式構造だからと云って、それらの命式が必ず「日干」五行〝最強〟になるとは限らず、五行バランスを調整できるような四柱八字もあって、実質的に「内格」扱いせざるを得ないケースも出て来るのが実情です。

また「内格」の場合であっても、その「格局」五行が天干・地支にも並んで極端に強く、「日干」五行が極端に弱いため「従格」の命式構造となり、五行バランスを調整できない四柱八字で、「外格」扱いせざるを得ないケースもあるのが実情です。

このような微妙ともいえる四柱八字（蔵干を含む）が時々存在するため、「外格」「内格」と「特殊格局」「一般格局」を同一視してしまうのは危険なのです。最終的には「日干」が極端に強いか、或いは極端に弱いか、「通変」五行とのバランスも考えながら、〝バランスを調整できない〟「特殊格局」か、それとも〝バランスを調整できる〟「一般格局」として扱うか、見定めていくべきです。

つまり「格局」選定の第一は、くどいようですが「特殊格局」「一般格局」の区別から始まるのです。

そして、その場合、「特殊格局」の条件に当てはまっているかどうか、その見極めが第一段階なのです。

★「特殊格局」には、多くの場合、次のようなものが掲げられています。

【一行得気格《いちぎようとくきかく》】——日干が最強で、それを制剋する五行干支が存在しない命式——

「曲直格《きよくちよくかく》」——出生日が「甲」か「乙」で、月令は「春季」に属し、地支に「木」の「三合」か「方合」が揃い、「金」の干支がないことが条件です。

「炎上格《えんじようかく》」——出生日が「丙」か「丁」で、月令は「夏季」に属し、地支に「火」の「三合」か「方合」が揃い、「水」の干支がないことが条件です。

「稼穡格《かしよくかく》」——出生日が「戊」か「己」で、月令は「土用」に属し、地支に「丑」「辰」「未」「戌」が揃い、「木」の干支がないことが条件です。

「従革格《じゆうかくかく》」——出生日が「庚」か「辛」で、月令は「秋季」に属し、地支に「金」の「三合」か「方合」が揃い、「火」の干支がないことが条件です。

「潤下格《じゆんげかく》」——出生日が「壬」か「癸」で、月令は「冬季」に属し、地支に「水」の「三合」か「方合」が揃い、

「土」の干支がないことが条件です。

【化気格《かきかく》】――日干と月干、或いは日干と時干が「干合」し、月令「合化」、四支「有根」、制剋干支がない命式――

「化木格《かもくかく》」――「壬」と「丁」とが干合し、月令が「旺令」または「相令」で「木」に化し、四支すべて「木」が有根で、「金」の干支がないことが条件です。

「化火格《かかかく》」――「戊」と「癸」とが干合し、月令が「旺令」または「相令」で「火」に化し、四支すべて「火」が有根で、「水」の干支がないことが条件です。

「化土格《かどかく》」――「甲」と「己」とが干合し、月令が「旺令」または「相令」で「土」に化し、四支すべて「土」が有根で、「木」の干支がないことが条件です。

「化金格《かごんかく》」――「庚」と「乙」とが干合し、月令が「旺令」または「相令」で「金」に化し、四支すべて「金」が有根で、「火」の干支がないことが条件です。

「化水格《かすいかく》」――「丙」と「辛」とが干合し、月令が「旺令」または「相令」で「水」に化し、四支すべて「水」が有根で、「土」の干支がないことが条件です。

【従旺強格《じゅうおうきょうかく》】――日干五行強く、天干の「比肩・劫財」或いは「印綬・梟神」が「旺令」、制剋干支がない命式――

「従旺格《じゅうおうかく》」――日干五行が「最強」で、天干の「比肩・劫財」が「旺令」となり、四支が有根で、天干に「正官・七殺」がないことが条件です。

「従強格《じゅうきょうかく》」――日干五行が「強」で、天干の「印綬・梟神」が「旺令」となり、四支が有根で、天干に「正財・財帛」がないことが条件です。

ここまでが「特殊格局」で、日干五行が強すぎて〝バランス調整できない〟四柱八字（蔵干含む）の命式です。一般の推命学書では、「従格」を全部ひとまとめに論ずるケースが多いのですが、「従格」の場合は、日干五行が強すぎて〝バランス調整できない〟命式構造と、日干五行が弱すぎて〝バランス調整できない〟命式構造を一緒に扱ってしまうと、「特殊格局」自体が理解しにくいものになる可能性があります。

「子平術」（広義の「子平術」で、人生が波立たぬよう〝五行の均衡〟を採ることを主眼とした命理術）としての「四柱推命」は、あくまでも四柱八字に備わった五行の均衡を意識して「格局」や「用神」を選定するのが普通ですが、あまりに〝偏りの大きい命式構造〟では、それを放棄し、偏りに任せて人生を歩むことこそが、本人の「生きる道」として提示されていることになります。

その場合、これまで述べて来た「一行得気格《いちぎょうとっきかく》」や「化気格《かきかく》」や「従旺強格《じゅうおうきょうかく》」では、「我」である出生日・天干の五行が極端に強く、それを制剋する五行干支が見当たらないので、自らの〝意志〟や〝個性〟をストレートに発揮して生きていくことが「幸運を掴む道」でもあり、先天的な「生きる道」でもあるというのです。

この場合、これらの「格局」の条件として、ほぼ合致しながらも、一つだけ条件をクリアできていないケースというのがしばしば見受けられます。例えば、他の条件はクリアしていても〝制剋干支〟が一つだけ含まれ

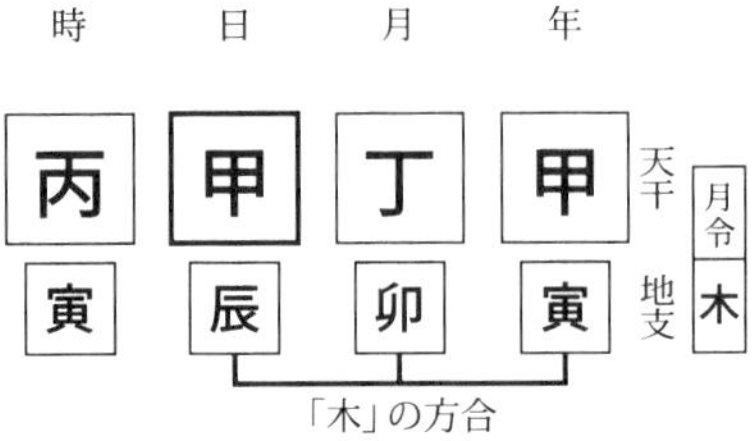

「曲直格」の実例

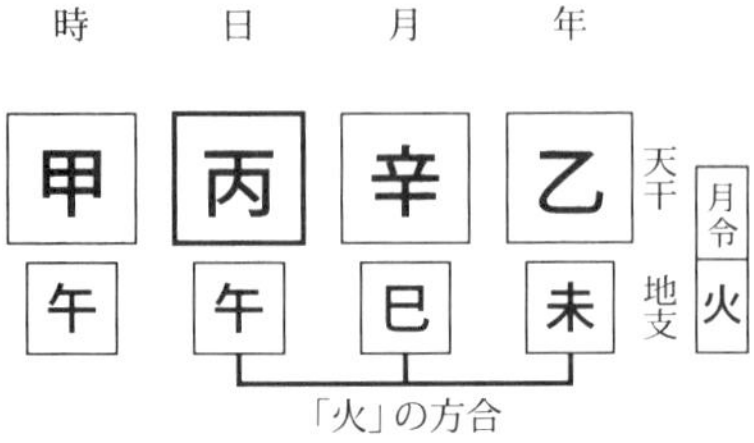

「炎上格」の実例

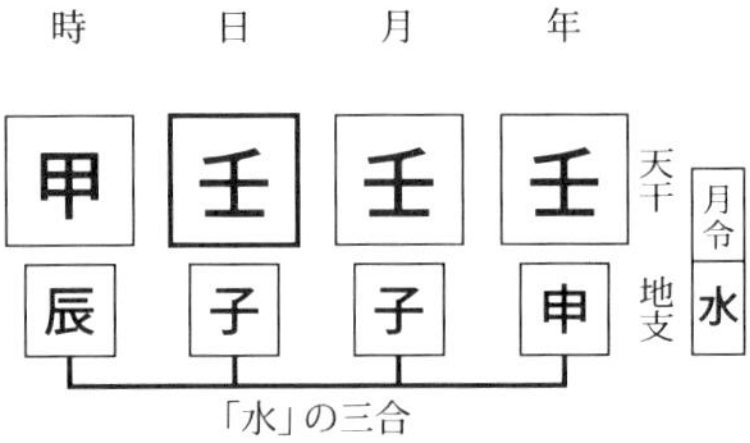

「潤下格」の実例

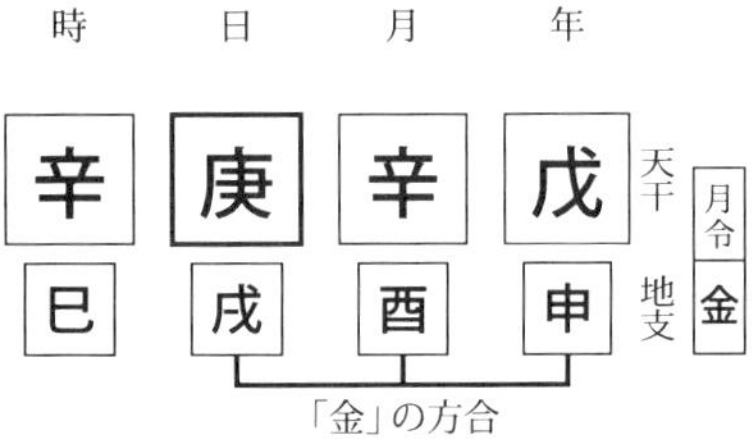

「従革格」の実例

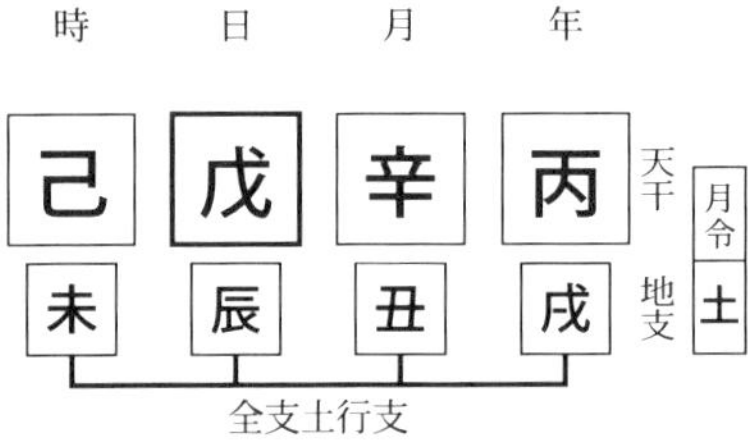

「稼穡格」の実例

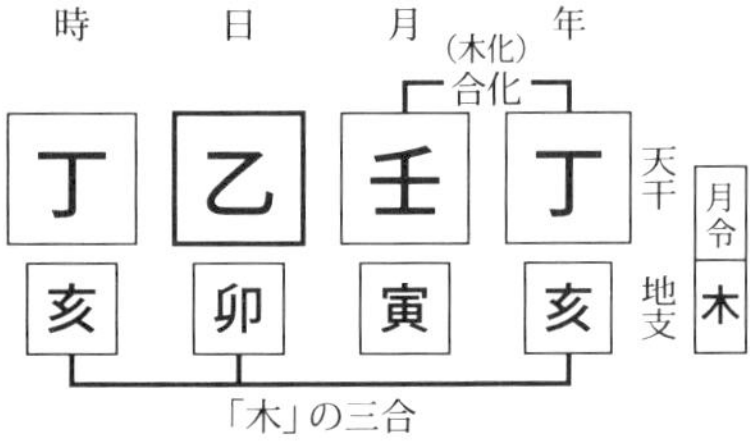

「曲直格」の実例

【図表43A】「一行得気格」となるさまざまな実例

	時	日	月	年	月令
通変	傷官		印綬	梟神	
天干	壬	辛	戊	己	
地支	辰	丑	辰	未	土

「従強格」の実例

	時	日	月	年	月令
通変	梟神		梟神	比肩	
天干	甲	丙	甲	丙	
地支	午	午	午	午	火

「従旺格」の実例

	時	日	月	年	月令
通変	梟神		財帛	傷官	
天干	戊	庚	甲	癸	
地支	寅	辰	寅	卯	木

「棄命従財格」の実例

	時	日	月	年	月令
通変	傷官		七殺	比肩	
天干	丁	甲	庚	甲	
地支	卯	戌	午	寅	火

「棄命従児格」の実例

	時	日	月	年	月令
通変	正財		正財	食神	
天干	甲	辛	甲	癸	
地支	午	未	子	卯	水

「棄命従勢格」の実例

	時	日	月	年	月令
通変	正財		正官	梟神	
天干	丙	癸	戊	辛	
地支	辰	丑	戌	丑	土

「棄命従殺格」の実例

【図表43B】「従格」となるさまざまな実例

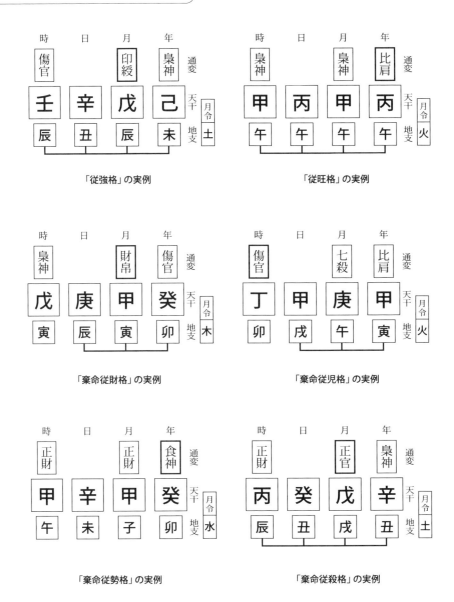

ているような場合です。実占的に難しいのはこういう場合で、これまでの人生の経過や出来事から見て「特殊格局」の方が当てはまりそうなケースがしばしば見受けられるのです。

本書では、「特殊格局」を採用するかどうかは、微妙な場合、或る程度その人の過去の出来事や実際の運気とも照らし合わせて判断すべきであると申し添えておきます。

この点に関しては、これから述べる日干五行が弱すぎて〝バランス調整出来ない〟命式構造の場合も共通しています。日干五行が弱すぎる命式を「棄命従格《きめいじゅうかく》」と呼びますが、これは文字通り〝自らの命を棄ててかかる〟という意です。この「棄命従格」には、その条件をギリギリでクリアしているのか、クリアしていないのか微妙なケースが意外なほど多いのです。

【棄命従格】――日干五行に「根」が無く、「食神・傷官・正財・財帛・正官・七殺」通変五行が極端に強い命式――

「棄命従児格《きめいじゅうじかく》」――日干五行が「無根」で、天干の「食神」「傷官」が「旺令」となり、四支が有根、天干に「印綬・梟神」がないことが条件です。

「棄命従財格《きめいじゅうざいかく》」――日干五行が「無根」で、天干の「正財」「財帛」が「旺令」となり、四支が有根、天干に「比肩・劫財」がないことが条件です。

「棄命従殺格《きめいじゅうさつかく》」――日干五行が「無根」で、天干の「正官」「七殺」が「旺令」となり、四支が有根、天干に「食神・傷官」がないことが条件です。

「棄命従勢格《きめいじゅうせいかく》」――日干五行が「無根」で、天干に透出した通変のいずれかが「旺令」となり、天干に日干五行を生助してくれる十干がないことが条件です。

推命学書によっては、この「棄命従格」について、日干以外の天干が〝一つの五行で統一〟されることを条件にしている流派（門派）と、そうではなくて地支の方が「三合」や「方合」で〝一つの五行が統一〟されることを条件にしている流派（門派）があります。また、特別厳しい条件を出さずに、全体的な干支構成として「旺令」五行が極端に強く、日干五行に「根」が無いこと、「格局」干に対し制剋干支がないこと、を条件としている流派（門派）とがあります。本書も、この比較的成立しやすい条件の「棄命従格」の方式に従っています。

また、この中で「棄命従勢格」は、一つの五行に限定しないのが特徴で、日干五行が無根で「財・殺・食」の通変が混ざり合って「旺令」「相令」となり、〝バランス調整できない〟命式構造の場合をいいます。そして、このようなケースが意外なほど多く見受けられるのです。

なお、本書で採り上げていない「特殊格局」に、「両神相生格《りょうじんそうしょうかく》」と「両神成象格《りょうじんせいしょうかく》」があります。通常、四柱八字に異なる五行の「二干・二支」が並ぶことで成立する、とされる「両神格」ですが、日干が〝極端に弱い〟というわけでもなく、「格局」干が〝極端に強い〟というわけでもなく、〝バランス調整できない〟命式構造ではありません。したがって、「特殊格局」として扱うこと自体が、意味を持たないと考えられます。

●「一般格局」を定める法則の不可思議

明代以降に確立された「子平術」としての四柱推命は、「七政四余」や「紫微斗数」に見習った〝特殊な型〟

としての「格局」を離れて、どの命式構造からでも抽出可能な〝命式分類〟としての「格局」方式を採用するようになりました。ところが、それ以前の〝特殊な型〟としての「格局」との境界線が明瞭ではなかったために、後世の研究者が混乱する一因となってしまったのです。

俗に「雑格」とか「奇格」と呼ばれて、これまで述べて来た「特殊格局」とは異なる形で、成立するとされてきた「格局」の中には、後に述べる〝日柱「神殺」〟のいくつかも含まれています。これらは「格局」を四柱八字の中の〝特殊な型〟として捉えていた時代の推命学としては有効なのですが、明代以降の〝命式分類〟としての推命学では、混乱を避ける意味でも「格局」から外すべきだと思われます。

古典の推命学原書として日本で重要視された『淵海子平』や『三命通会』は、当時までに主張された学説を選別せずに掲載しているので、「雑格」や「奇格」の類も分けることなく種々掲載されています。実は、こういう種類の「格局」も、最初から〝もう一つの格局〟として、本来の「格局」とは別に抽出し、そこからの判断も加えていくという方式であれば、使用しても何ら問題はないのです。

実際、明代の頃には、そういうような推命方式を用いた推命家もいたことが、原書をいくつか照らし合わせて考えると窺《うかが》われます。けれども、それはある一定線の推命学をマスターした後の話で、最初からそれを試みようとすると混乱するのが必至です。ですから、本書では「雑格」「奇格」は扱わないのです。

そこで、これまで説明した「特殊格局」以外の命式の四柱八字（蔵干を含む）の構造は、基本的に「一般格局」としての扱いとなります。つまり、出生日「十干」が極端に強すぎたり、極端に弱すぎたりしない命式です。

「一般格局」を選定するポイントは、丁寧に記せば次のようになります。

〈1〉第一に「日干」強弱の確認――つまり日干が「得令」（「旺令」「相令」が含まれる）であるか、「失令」（「休令」「囚令」「死令」が含まれる）であるか、「有根」（各地支から「根」を得ている）のかどうか、「党多」（生助干が多い）のかどうか――それぞれを確認しておくことです。

〈2〉第二に「月支蔵干」の確認――つまり月支が「寅」→「甲・丙」、「卯」→「乙」、「辰」→「戊・癸・乙」、「巳」→「丙・庚」、「午」→「丁」、「未」→「己・乙・丁」、「申」→「庚・壬」、「酉」→「辛」、「戌」→「戊・丁・辛」、「亥」→「壬・甲」、「子」→「癸」、「丑」→「己・辛・癸」――「月令」五行ではなく、あくまでも「月支蔵干」の確認です。

〈3〉第三に「日干」以外の天干に、「月支蔵干」に含まれる十干が表出しているのかどうかを確認します（「日干」以外の天干に、「月支蔵干」が表出していることを「透干《とうかん》」、或いは「透出《とうしゅつ》」と言います）。因みに「月支蔵干」以外の地支蔵干でも、天干として表出していれば「透干」や「透出」と言いますが、「格局」を選定するうえで用いた場合は、「月支蔵干」に含まれる十干であることが前提となっています。それは「月支蔵干」は、「旺令」や「相令」になるケースも多く、それだけ命式全体に与える影響力が強いことが確実だからです。

〈4〉第四に「月支蔵干」が、年干、月干、時干のどこかに透出していれば、文句なくそれが「格局干」となります。その場合は、出生日「十干」から、その「格局干」を照らし合わせ「通変」を出して、それを「格局名」とします。厳密に言えば「天干」通変を「格局」として選定するので、古典における「外格」とも言えます（ただし、本書では必ずしも「特殊格局」の扱いにはなりません）。

〈5〉第五に「月支蔵干」に含まれる十干が、二つも三つも透出している場合は、「蔵干正気」が透出していればそれを優先し、それ以外の場合は「得地（有根）」や「党多」を観て、強い方を「格局」とします。なお、同じ五行でも「十干」の異なるものが透出している場合、それを「蔵干」の透出とはみなしません。

〈6〉第六に「月支蔵干」が、天干には透出していない場合、「月支蔵干」に含まれる十干の内から一つを「格局干」とします。通常は「蔵干正気」が優先されますが、「得地（有根）」や「党多」の関係で稀に「蔵干中気」や「蔵干余気」が選定されることもあります。厳密に言えば、この「月支蔵干」を、そのまま「格局」として選定することを「内格」と言います（ただし、本書では必ずしもそれだけを「一般格局」として扱っておりません）。

〈7〉第七に「日干」から「月支蔵干」を観ての通変として「比肩」や「劫財」が表出される場合、それを「格局」として採用すると、五行の〝バランスが調整できない〟命式となってしまいます。そこで「比肩」の通

	時	日	月	年	月令
通変	傷官		劫財	正財	
天干	乙	壬	癸	丁	
地支	巳	午	卯	酉	木
蔵干	丙・庚	丁	乙	辛	
通変			傷官		

月支蔵干は「乙」のみで、時天干に透出しているので、その通変を採って「傷官格」

「傷官格」の実例

	時	日	月	年	月令
通変	正財		比肩	食神	
天干	壬	己	己	辛	
地支	申	丑	丑	酉	水
蔵干	庚・壬	己・辛・癸	己・辛・癸	辛	
通変			比肩・食神・財帛		

月支蔵干は「己・辛・癸」の三干あり、その内、年干「辛」と月干「己」が透出していますが、「比肩」は採れないので、「辛」を採って「食神格」

「食神格」の実例

	時	日	月	年	月令
通変	七殺		七殺	正財	
天干	丙	庚	丙	乙	
地支	子	申	寅	卯	木
蔵干	癸	庚・壬	甲・丙	乙	
通変			財帛・七殺		

月支蔵干は「甲」と「丙」があり、月干と時干に「丙」が透出しているので、その通変を採って「七殺格」

「七殺格」の実例

	時	日	月	年	月令
通変	傷官		梟神	正官	
天干	甲	癸	辛	戊	
地支	寅	卯	酉	寅	金
蔵干	甲・丙	乙	辛	甲・丙	
通変			梟神		

月支蔵干は「辛」のみで、月天干に透出しているので、その通変を採って「梟神格」

「梟神格」の実例

【図表44A】「一般格局」で〝透出型〟の実例

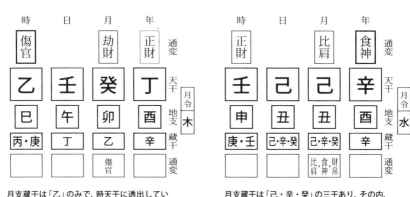

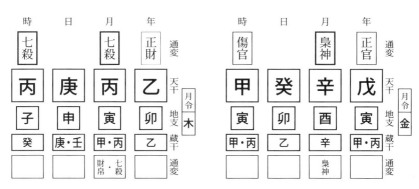

	時	日	月	年
通変	梟神		梟神	劫財
天干	辛	癸	辛	壬
地支	酉	卯	亥	子
蔵干	辛	乙	壬・甲	癸
通変			劫財・傷官	

月令 水

月支蔵干は「壬」と「甲」があり、「壬」が透出しているが、「劫財」となるので採用できず、「甲」の方を採って、内蔵された「傷官格」

	時	日	月	年
通変	印綬		正官	比肩
天干	己	庚	丁	庚
地支	卯	戌	亥	戌
蔵干	乙	戊・丁・辛	壬・甲	戊・丁・辛
通変			食神・財帛	

月令 水

月支蔵干は「壬」と「甲」がありますが透出せず、正気蔵干「壬」の通変を採って「食神格」

	時	日	月	年
通変	正財		食神	劫財
天干	辛	丙	戊	丁
地支	卯	辰	申	未
蔵干	乙	戊・癸・乙	庚・壬	己・乙・丁
通変			財帛・七殺	

月令 金

月支蔵干は「庚」と「壬」がありますが透出せず、但し「庚」と同じ金行「辛」が透出しているので、「庚」の通変を採って「財帛格」

	時	日	月	年
通変	食神		傷官	比肩
天干	丙	甲	丁	甲
地支	寅	申	丑	申
蔵干	甲・丙	庚・壬	己・癸・辛	庚・壬
通変			正財・印綬・正官	

月令 土

月支蔵干は「己・癸・辛」の三干あっていずれも透出せず、同五行も透出していないので、正気蔵干「己」の通変を採って「正財格」

【図表44B】「一般格局」で〝内蔵型〟の実例①

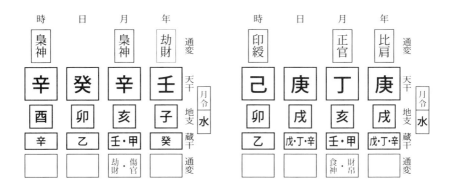

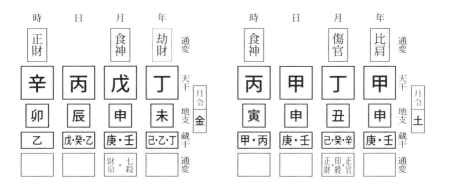

	時	日	月	年	
通変	食神		食神	印綬	
天干	戊	丙	戊	乙	月令
地支	子	子	子	亥	水
蔵干	癸	癸	癸	壬・甲	
通変			正官		

月支蔵干は「癸」のみで内蔵された「正官格」

	時	日	月	年	
通変	財帛		印綬	比肩	
天干	壬	戊	丁	戊	月令
地支	子	寅	巳	申	火
蔵干	癸	甲・丙	丙・庚	庚・壬	
通変			梟神・食神		

月支蔵干は「丙」と「庚」でいずれも透出せず、正気蔵干「丙」の通変を採って「梟神格」

	時	日	月	年	
通変	劫財		正官	食神	
天干	乙	甲	辛	丙	月令
地支	亥	戌	卯	午	木
蔵干	壬・甲	戊・丁・辛	乙	丁	
通変			羊刃（劫財）		

月支蔵干は「乙」のみで、通変は「劫財」で採用できないので、神殺を採り「羊刃格」

	時	日	月	年	
通変	正官		正財	七殺	
天干	戊	癸	丙	己	月令
地支	午	亥	子	未	水
蔵干	丁	壬・甲	癸	己・丁・乙	
通変			建禄（比肩）		

月支蔵干は「癸」のみで、通変は「比肩」で採用できないので、神殺を採り「建禄格」

【図表44C】「一般格局」で〝内蔵型〟の実例②

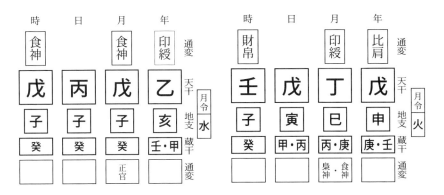

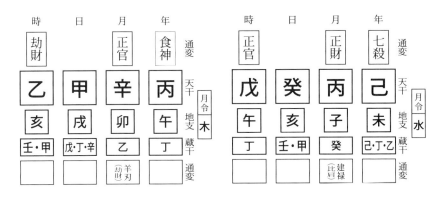

変は「建禄格」、「劫財」の通変は「羊刃格」という名称を設けて「外格」扱いしている教科書が多いのです。けれども、これらの「格局」の場合、条件が整えば先に説明した「一行得気格」の方へ振り分けられるとか、「従旺格」に振り分けられるとかします。そうならない四柱八字命式だけが「建禄格」や「羊刃格」となり、実占的には〝「内格」扱い〟となります。つまり、「一般格局」として変則ではあるが〝バランス調整できる〟命式として観るべきなのです。

このように順序立てて記すと、「一般格局」の格局選定も、初めての方には難しく感じられるかもしれませんが、実際の命式を使って慣れていけば、そんなに難しいものではありません。そこで実際の「出生日」と「出生月」を示しながら、「一般格局」としての「格局」の採り方を具体的に記していくことにしましょう。

●「出生日」と「出生月」による命式の「格局」

「格局」の選定は、あくまでも「特殊格局」が先で、「一般格局」が後です。

この原則を間違えると、「用神」の求め方が違ってきてしまうからです。明代以降の〝命式分類〟としての「格局」の選定は、順序さえ間違えなければ、どのような四柱八字命式でも的確に「格局」を採ることが出来ます。

本書では既に述べたように「月支蔵干」と、〝生まれ月日による「月令」季節五行〟とは、分けて捉えています。これを一緒のものとして扱うと、「格局」が難しいものになってしまうのです。また、多くの推命学書で採用している「月律分野蔵干表」というものを本書は用いません。

「月支」に〝蔵干作用〟があることは認めながら、それが「生まれ日」の日付によって〝変化するもの〟とは認めていないからです。「地支蔵干」のところで述べたように、古典原書においても各蔵干の〝日数配分〟はさまざまです。日本では、ことさら『淵海子平』の〝日数配分〟が採用されているようですが、その根拠は薄弱です。

「月支」の場合、もっとも強く作用しているのは「蔵干正気」です。けれども、地支の五行は〝正気五行〟だけでなく、〝「三合」中気五行〟や〝「方合」余気五行〟も備わって成り立っているので、それらの〝五行作用〟を根底に持つ「蔵干」を外すことは出来ないのです。しかも、それらは日付によって分かれて作用するのではなく、透出された天干と結びつくことによって、内蔵されていたパワーを発揮する性質を持っているのです。

そのような意味からも、「日干」も含めて、天干は「党多」として同じ天干の仲間を得ることより、「有根」として地支から「根」を得ることの方が、より強いパワーを発揮できることを知らなければなりません。

★「出生日」と「出生月」による命式の「格局」は、次のように定めることが出来ます。

＊出生日「甲」の場合、出生月「寅」なら、天干に「丙」あれば「食神格」
　天干に「丙」が無く、「特殊格局」に該当しなければ「建禄格」
　「金」干支が無く、他の条件も一致するなら「従旺格」、或いは「曲直格」、「化木格」

出生日「甲」の場合、出生月「卯」なら、「特殊格局」に該当しなければ「羊刃格」

「金」干支が無く、他の条件も一致するなら「従旺格」、或いは「曲直格」、「化木格」

出生日「甲」の場合、出生月「辰」なら、天干に「戊」あれば「財帛格」、「癸」あれば「印綬格」
天干に「戊」も「癸」も無ければ、蔵干正気を採って「財帛格」

出生日「甲」の場合、出生月「巳」なら、天干に「丙」あれば「食神格」、「庚」あれば「七殺格」
天干に「丙」も「庚」も無ければ、蔵干正気を採って「食神格」

出生日「甲」の場合、出生月「午」なら、無条件に「傷官格」

出生日「甲」の場合、出生月「未」なら、天干に「己」あれば「正財格」、「丁」あれば「傷官格」
天干に「己」も「丁」も無ければ、蔵干正気を採って「正財格」

出生日「甲」の場合、出生月「申」なら、天干に「庚」あれば「七殺格」、「壬」あれば「梟神格」
天干に「庚」も「壬」も無ければ、蔵干正気を採って「七殺格」

出生日「甲」の場合、出生月「酉」なら、無条件に「正官格」

出生日「甲」の場合、出生月「戌」なら、天干に「戊」あれば「財帛格」、「丁」は「傷官格」、「辛」は「正官格」
天干に「戊」も「丁」も「辛」も無ければ、蔵干正気を採って「財帛格」

出生日「甲」の場合、出生月「亥」なら、無条件に「梟神格」

出生日「甲」の場合、出生月「子」なら、無条件に「印綬格」

出生日「甲」の場合、出生月「丑」なら、天干に「己」あれば「正財格」、「辛」は「正官格」、「癸」は「印綬格」
天干に「己」も「辛」も「癸」も無ければ、蔵干正気を採って「正財格」

＊出生日「乙」の場合、出生月「寅」なら、「特殊格局」に該当しなければ「傷官格」
「金」干支が無く、他の条件も一致するなら「従旺格」、或いは「曲直格」、「化木格」
出生日「乙」の場合、出生月「卯」なら、「特殊格局」に該当しなければ「建禄格」
「金」干支が無く、他の条件も一致するなら「従旺格」、或いは「曲直格」、「化木格」
出生日「乙」の場合、出生月「辰」なら、天干に「戊」あれば「正財格」、「癸」あれば「梟神格」
天干に「戊」も「癸」も無ければ、蔵干正気を採って「正財格」
出生日「乙」の場合、出生月「巳」なら、天干に「丙」あれば「傷官格」、「庚」あれば「正官格」
天干に「丙」も「庚」も無ければ、蔵干正気を採って「傷官格」
出生日「乙」の場合、出生月「午」なら、無条件に「食神格」
出生日「乙」の場合、出生月「未」なら、天干に「己」あれば「財帛格」、「丁」あれば「食神格」
天干に「己」も「丁」も無ければ、蔵干正気を採って「財帛格」
出生日「乙」の場合、出生月「申」なら、天干に「庚」あれば「正官格」、「壬」あれば「印綬格」
天干に「庚」も「壬」も無ければ、蔵干正気を採って「正官格」
出生日「乙」の場合、出生月「酉」なら、無条件に「七殺格」
出生日「乙」の場合、出生月「戊」なら、天干に「戊」あれば「正財格」、「丁」は「食神格」、「辛」は「七殺格」
天干に「戊」も「丁」も「辛」も無ければ、蔵干正気を採って「正財格」

出生日「乙」の場合、出生月「亥」なら、無条件に「印綬格」
出生日「乙」の場合、出生月「子」なら、無条件に「梟神格」
出生日「乙」の場合、出生月「丑」なら、天干に「己」あれば「財帛格」、「辛」は「七殺格」、「癸」は「梟神格」
天干に「己」も「辛」も「癸」も無ければ、蔵干正気を採って「財帛格」

*出生日「丙」の場合、出生月「寅」なら、無条件に「梟神格」
出生日「丙」の場合、出生月「卯」なら、無条件に「印綬格」
出生日「丙」の場合、出生月「辰」なら、天干に「戊」あれば「食神格」、「癸」は「正官格」、「乙」は「印綬格」
天干に「戊」も「癸」も「乙」も無ければ、蔵干正気を採って「食神格」
出生日「丙」の場合、出生月「巳」なら、天干に「庚」あれば「財帛格」
天干に「庚」が無く、「特殊格局」に該当しなければ「建禄格」
「水」干支が無く、他の条件も一致するなら「従旺格」、或いは「炎上格」、「化火格」
出生日「丙」の場合、出生月「午」なら、「特殊格局」に該当しなければ「羊刃格」
「水」干支が無く、他の条件も一致するなら「従旺格」、或いは「炎上格」、「化火格」
出生日「丙」の場合、出生月「未」なら、天干に「己」あれば「傷官格」、「乙」あれば「印綬格」
天干に「己」も「乙」も無ければ、蔵干正気を採って「傷官格」
出生日「丙」の場合、出生月「申」なら、天干に「庚」あれば「財帛格」、「壬」あれば「七殺格」

出生日「丙」の場合、出生月「酉」なら、無条件に「正財格」
天干に「庚」も「壬」も無ければ、蔵干正気を採って「財帛格」
出生日「丙」の場合、出生月「戌」なら、天干に「戊」あれば「食神格」、「辛」は「正財格」
天干に「戊」も「辛」も無ければ、蔵干正気を採って「食神格」
出生日「丙」の場合、出生月「亥」なら、天干に「壬」あれば「七殺格」、「甲」あれば「梟神格」
天干に「壬」も「甲」も無ければ、蔵干正気を採って「七殺格」
出生日「丙」の場合、出生月「子」なら、無条件に「正官格」
出生日「丙」の場合、出生月「丑」なら、天干に「己」あれば「傷官格」、「辛」は「正財格」、「癸」は「正官格」
天干に「己」も「辛」も「癸」も無ければ、蔵干正気を採って「傷官格」
＊出生日「丁」の場合、出生月「寅」なら、無条件に「印綬格」
出生日「丁」の場合、出生月「卯」なら、無条件に「梟神格」
出生日「丁」の場合、出生月「辰」なら、天干に「戊」あれば「傷官格」、「癸」は「七殺格」、「乙」は「梟神格」
天干に「戊」も「癸」も「乙」も無ければ、蔵干正気を採って「傷官格」
出生日「丁」の場合、出生月「巳」なら、「特殊格局」に該当しなければ「正財格」
「水」干支が無く、他の条件も一致するなら「従旺格」、或いは「炎上格」、「化火格」
出生日「丁」の場合、出生月「午」なら、「特殊格局」に該当しなければ「建禄格」

「水」干支が無く、他の条件も一致するなら「従旺格」、或いは「炎上格」、「化火格」

出生日「丁」の場合、出生月「未」なら、天干に「己」あれば「食神格」、「乙」あれば「梟神格」
天干に「己」も「乙」も無ければ、蔵干正気を採って「食神格」

出生日「丁」の場合、出生月「申」なら、天干に「庚」あれば「正財格」、「壬」あれば「正官格」
天干に「庚」も「壬」も無ければ、蔵干正気を採って「正財格」

出生日「丁」の場合、出生月「酉」なら、無条件に「財帛格」

出生日「丁」の場合、出生月「戌」なら、天干に「戊」あれば「傷官格」、「辛」は「財帛格」
天干に「戊」も「辛」も無ければ、蔵干正気を採って「傷官格」

出生日「丁」の場合、出生月「亥」なら、天干に「壬」あれば「正官格」、「甲」あれば「印綬格」
天干に「壬」も「甲」も無ければ、蔵干正気を採って「正官格」

出生日「丁」の場合、出生月「子」なら、無条件に「七殺格」

出生日「丁」の場合、出生月「丑」なら、天干に「己」あれば「食神格」、「辛」は「財帛格」、「癸」は「七殺格」
天干に「己」も「辛」も「癸」も無ければ、蔵干正気を採って「食神格」

＊出生日「戊」の場合、出生月「寅」なら、天干に「甲」あれば「七殺格」、「丙」あれば「梟神格」
天干に「甲」も「丙」も無ければ、蔵干正気を採って「七殺格」

出生日「戊」の場合、出生月「卯」なら、無条件に「正官格」

出生日「戊」の場合、出生月「辰」なら、天干に「癸」あれば「正財格」、「乙」あれば「正官格」
天干に「癸」も「乙」も無ければ、蔵干正気「戊」を採って「建禄格」
「木」干支が無く、他の条件も一致するなら「従旺格」、或いは「稼穡格」、「化土格」

出生日「戊」の場合、出生月「巳」なら、天干に「丙」あれば「梟神格」、「庚」あれば「食神格」
天干に「丙」も「庚」も無ければ、蔵干正気を採って「梟神格」

出生日「戊」の場合、出生月「午」なら、無条件に「羊刃格」

出生日「戊」の場合、出生月「未」なら、天干に「乙」あれば「正官格」、「丁」あれば「印綬格」
天干に「乙」も「丁」も無く、「特殊格局」に該当しなければ「印綬格」
「木」干支が無く、他の条件も一致するなら「従旺格」、或いは「稼穡格」、「化土格」

出生日「戊」の場合、出生月「申」なら、天干に「庚」あれば「食神格」、「壬」あれば「財帛格」
天干に「庚」も「壬」も無ければ、蔵干正気を採って「食神格」

出生日「戊」の場合、出生月「酉」なら、無条件に「傷官格」

出生日「戊」の場合、出生月「戌」なら、天干に「丁」あれば「印綬格」、「辛」は「傷官格」
天干に「丁」も「辛」も無ければ、蔵干正気「戊」を採って「建禄格」
「木」干支が無く、他の条件も一致するなら「従旺格」、或いは「稼穡格」、「化土格」

出生日「戊」の場合、出生月「亥」なら、天干に「壬」あれば「財帛格」、「甲」あれば「七殺格」
天干に「壬」も「甲」も無ければ、蔵干正気を採って「財帛格」

出生日「戊」の場合、出生月「子」なら、無条件に「正財格」
出生日「戊」の場合、出生月「丑」なら、天干に「辛」あれば「傷官格」、「癸」は「正財格」
天干に「辛」も「癸」も無く、「特殊格局」に該当しなければ「正財格」
「木」干支が無く、他の条件も一致するなら「従旺格」、或いは「稼穡格」、「化土格」

*出生日「己」の場合、出生月「寅」なら、天干に「甲」あれば「正官格」、「丙」あれば「印綬格」
天干に「甲」も「丙」も無ければ、蔵干正気を採って「正官格」
出生日「己」の場合、出生月「卯」なら、無条件に「七殺格」
出生日「己」の場合、出生月「辰」なら、天干に「癸」あれば「財帛格」、「乙」あれば「七殺格」
天干に「癸」も「乙」も無く、「特殊格局」に該当しなければ「七殺格」
「木」干支が無く、他の条件も一致するなら「従旺格」、或いは「稼穡格」、「化土格」
出生日「己」の場合、出生月「巳」なら、天干に「丙」あれば「印綬格」、「庚」あれば「傷官格」
天干に「丙」も「庚」も無ければ、蔵干正気を採って「印綬格」
出生日「己」の場合、出生月「午」なら、無条件に「梟神格」
出生日「己」の場合、出生月「未」なら、天干に「乙」あれば「七殺格」、「丁」あれば「梟神格」
天干に「乙」も「丁」も無く、「特殊格局」に該当しなければ「建禄格」
「木」干支が無く、他の条件も一致するなら「従旺格」、或いは「稼穡格」、「化土格」

出生日「己」の場合、出生月「申」なら、天干に「庚」あれば「傷官格」、「壬」あれば「正財格」天干に「庚」も「壬」も無ければ、蔵干正気を採って「傷官格」
出生日「己」の場合、出生月「酉」なら、無条件に「七殺格」
出生日「己」の場合、出生月「戌」なら、天干に「丁」あれば「梟神格」、「辛」は「食神格」天干に「丁」も「辛」も無く、「特殊格局」に該当しなければ「食神格」「木」干支が無く、他の条件も一致するなら「従旺格」、或いは「稼穡格」、「化土格」
出生日「己」の場合、出生月「亥」なら、天干に「壬」あれば「正財格」、「甲」あれば「正官格」天干に「壬」も「甲」も無ければ、蔵干正気を採って「正財格」
出生日「己」の場合、出生月「子」なら、無条件に「財帛格」
出生日「己」の場合、出生月「丑」なら、天干に「辛」あれば「食神格」、「癸」は「財帛格」天干に「辛」も「癸」も無く、「特殊格局」に該当しなければ「建禄格」「木」干支が無く、他の条件も一致するなら「従旺格」、或いは「稼穡格」、「化土格」
＊出生日「庚」の場合、出生月「寅」なら、天干に「甲」あれば「財帛格」、「丙」あれば「七殺格」天干に「甲」も「丙」も無ければ、蔵干正気を採って「財帛格」
出生日「庚」の場合、出生月「卯」なら、無条件に「正財格」
出生日「庚」の場合、出生月「辰」なら、天干に「戊」あれば「梟神格」、「癸」は「傷官格」、「乙」は「正財格」

天干に「戊」も「癸」も「乙」も無ければ、蔵干正気を採って「梟神格」
出生日「庚」の場合、出生月「巳」なら、無条件に「七殺格」
出生日「庚」の場合、出生月「午」なら、無条件に「正官格」
出生日「庚」の場合、出生月「未」なら、天干に「己」あれば「印綬格」、「乙」は「正財格」、「丁」は「正官格」
天干に「己」も「乙」も「丁」も無ければ、蔵干正気を採って「印綬格」
出生日「庚」の場合、出生月「申」なら、天干に「壬」あれば「食神格」
天干に「壬」が無く、「特殊格局」に該当しなければ「建禄格」
「火」干支が無く、他の条件も一致するなら「従旺格」、或いは「従革格」、「化金格」
出生日「庚」の場合、出生月「酉」なら、無条件に「羊刃格」
「火」干支が無く、他の条件も一致するなら「従旺格」、或いは「従革格」、「化金格」
出生日「庚」の場合、出生月「戌」なら、天干に「戊」あれば「梟神格」、「丁」は「正官格」
天干に「戊」も「丁」も無ければ、蔵干正気を採って「梟神格」
出生日「庚」の場合、出生月「亥」なら、天干に「壬」あれば「食神格」、「甲」あれば「財帛格」
天干に「壬」も「甲」も無ければ、蔵干正気を採って「食神格」
出生日「庚」の場合、出生月「子」なら、無条件に「傷官格」
出生日「庚」の場合、出生月「丑」なら、天干に「己」あれば「印綬格」、「癸」は「傷官格」
天干に「己」も「癸」も無ければ、蔵干正気を採って「印綬格」

＊出生日「辛」の場合、出生月「寅」なら、天干に「甲」あれば「正財格」、「丙」あれば「正官格」
天干に「甲」も「丙」も無ければ、蔵干正気を採って「正財格」
出生日「辛」の場合、出生月「卯」なら、無条件に「財帛格」
出生日「辛」の場合、出生月「辰」なら、天干に「戊」あれば「印綬格」、「癸」は「食神格」、「乙」は「正財格」
天干に「戊」も「癸」も「乙」も無ければ、蔵干正気を採って「印綬格」
出生日「辛」の場合、出生月「巳」なら、無条件に「正官格」
出生日「辛」の場合、出生月「午」なら、無条件に「七殺格」
出生日「辛」の場合、出生月「未」なら、天干に「己」あれば「梟神格」、「乙」は「財帛格」、「丁」は「七殺格」
天干に「己」も「乙」も「丁」も無ければ、蔵干正気を採って「梟神格」
出生日「辛」の場合、出生月「申」なら、天干に「壬」あれば「傷官格」
天干に「壬」が無く、「特殊格局」に該当しなければ「傷官格」
「火」干支が無く、他の条件も一致するなら「従旺格」、或いは「従革格」、「化金格」
出生日「辛」の場合、出生月「酉」なら、「特殊格局」でなければ「建禄格」
「火」干支が無く、他の条件も一致するなら「従旺格」、或いは「従革格」、「化金格」
出生日「辛」の場合、出生月「戌」なら、天干に「戊」あれば「印綬格」、「丁」あれば「七殺格」
天干に「戊」も「丁」も無ければ、蔵干正気を採って「印綬格」
出生日「辛」の場合、出生月「亥」なら、天干に「壬」あれば「傷官格」、「甲」あれば「正財格」

出生日「辛」の場合、出生月「子」なら、無条件に「食神格」
天干に「壬」も「甲」も無ければ、蔵干正気を採って「傷官格」
出生日「辛」の場合、出生月「丑」なら、天干に「己」あれば「梟神格」、「癸」は「食神格」
天干に「己」も「癸」も無ければ、蔵干正気を採って「梟神格」

＊出生日「壬」の場合、出生月「寅」なら、天干に「甲」あれば「食神格」、「丙」あれば「財帛格」
天干に「甲」も「丙」も無ければ、蔵干正気を採って「食神格」
出生日「壬」の場合、出生月「卯」なら、無条件に「傷官格」
出生日「壬」の場合、出生月「辰」なら、天干に「戊」あれば「七殺格」、「乙」は「傷官格」
天干に「戊」も「乙」も無ければ、蔵干正気を採って「七殺格」
出生日「壬」の場合、出生月「巳」なら、天干に「丙」あれば「財帛格」、「庚」あれば「梟神格」
天干に「丙」も「庚」も無ければ、蔵干正気を採って「財帛格」
出生日「壬」の場合、出生月「午」なら、無条件に「正財格」
出生日「壬」の場合、出生月「未」なら、天干に「己」あれば「正官格」、「乙」は「傷官格」、「丁」は「正財格」
天干に「己」も「乙」も「丁」も無ければ、蔵干正気を採って「正官格」
出生日「壬」の場合、出生月「申」なら、無条件に「梟神格」
出生日「壬」の場合、出生月「酉」なら、無条件に「印綬格」

出生日「壬」の場合、出生月「戌」なら、天干に「戊」あれば「七殺格」、「丁」は「正財格」、「辛」は「印綬格」
　天干に「戊」も「丁」も「辛」も無ければ、蔵干正気を採って「七殺格」
出生日「壬」の場合、出生月「亥」なら、天干に「甲」あれば「食神格」
　天干に「甲」が無く、「特殊格局」に該当しなければ「建禄格」
　「土」干支が無く、他の条件も一致するなら「従旺格」、或いは「潤下格」、「化水格」
出生日「壬」の場合、出生月「子」なら、「特殊格局」に該当しなければ「羊刃格」
　「土」干支が無く、他の条件も一致するなら「従旺格」、或いは「潤下格」、「化水格」
出生日「壬」の場合、出生月「丑」なら、天干に「己」あれば「正官格」、「辛」は「印綬格」、「癸」は「傷官格」
　天干に「己」も「辛」も「癸」も無ければ、蔵干正気を採って「正官格」

＊出生日「癸」の場合、出生月「寅」なら、「甲」があれば「傷官格」、「丙」があれば「正財格」
　天干に「甲」も「丙」も無ければ、蔵干正気を採って「傷官格」
出生日「癸」の場合、出生月「卯」なら、無条件に「食神格」
出生日「癸」の場合、出生月「辰」なら、天干に「戊」あれば「正官格」、「乙」は「食神格」
　天干に「戊」も「乙」も無ければ、蔵干正気を採って「正官格」
出生日「癸」の場合、出生月「巳」なら、天干に「丙」あれば「正財格」、「庚」あれば「印綬格」
　天干に「丙」も「庚」も無ければ、蔵干正気を採って「正財格」

出生日「癸」の場合、出生月「午」なら、無条件に「財帛格」
出生日「癸」の場合、出生月「未」なら、天干に「己」あれば「七殺格」、「乙」は「食神格」、「丁」は「財帛格」
天干に「己」も「乙」も「丁」も無ければ、蔵干正気を採って「七殺格」
出生日「癸」の場合、出生月「申」なら、無条件に「印綬格」
出生日「癸」の場合、出生月「酉」なら、無条件に「梟神格」
出生日「癸」の場合、出生月「戌」なら、天干に「戊」あれば「正官格」、「丁」は「財帛格」、「辛」は「梟神格」
天干に「戊」も「丁」も「辛」も無ければ、蔵干正気を採って「正官格」
出生日「癸」の場合、出生月「亥」なら、「特殊格局」に該当しなければ「傷官格」
「土」干支が無く、他の条件も一致するなら「従旺格」、或いは「潤下格」、「化水格」
出生日「癸」の場合、出生月「子」なら、「特殊格局」に該当しなければ「建禄格」
「土」干支が無く、他の条件も一致するなら「従旺格」、或いは「潤下格」、「化水格」
出生日「癸」の場合、出生月「丑」なら、天干に「己」あれば「七殺格」、「辛」は「梟神格」
天干に「己」も「辛」も無ければ、蔵干正気を採って「七殺格」

●「特殊格局」の〝生き方〟と〝幸運の掴み方〟

「特殊格局」と「一般格局」の違いについては、これまでの説明で一応理解されたと思いますが、基本的に「日主」（出生日十干）五行が〝極端に強くなる〟か、〝極端に弱くなる〟命式以外は「一般格局」ということです。

そして「子平術」としての明代以降の「四柱推命」では、「特殊格局」以外の命式では〝五行バランスを調整する〟上で必要な〝命式分類法〟として「格局」が選定され、それぞれの「格局」から〝幸運を探し出す鍵〟として「用神」というものが設定されたのです。

ところが、〝五行バランスを調整できない〟偏り大きい命式として選定された「特殊格局」の方は、〝その偏りに任せて生きる〟ことが、結果的に〝幸運を掴む生き方になる〟と示唆されるようになったのです。五行はそれぞれ「色」が与えられていますが、通常その「中間色」に調整していく五行の色を、あまりにも一色の色だけで構成されている場合「中間色」は棄て、その〝「一色」に縋《すが》って生きて行くべし〟という示唆なのです。

したがって「特殊格局」の人達は、当然一つの五行だけに傾いた人生となります。「日主」五行が〝極端に強くなる〟「一行得気格」と「化気格」と「従旺格」は、細かく分ければ違うのですが、一つの五行だけに傾いた人生としては同様で、次のような〝生き方〟と〝幸運の掴み方〟が先天的に与えられています。

★「一行得気格」「化気格」「従旺格」の人達の〝生き方〟と〝幸運の掴み方〟

＊「曲直格」、「化木格」、日主「甲」「乙」で「従旺格」の〝生き方〟

素直で同情心に富み、理想が高く、信念が強く、知性と精神性を追い求める生き方となります。精神性の強い宗教とか、思想・主義の研究とか、歴史遺産の保護、インストラクター、慈悲深いので救済医療も向いています。知識欲に支配されるのはＯＫですが、金銭的な欲望や野望を追い求めてはいけません。臆病で虚栄心の

曲　直　格 化　木　格 「甲」「乙」日の従旺格	理想高く目標を掲げながら知性と精神性を追い求める生き方	→ 幸運&成功
炎　上　格 化　火　格 「丙」「丁」日の従旺格	燃えるような情熱を秘めて美や芸術を追い求める生き方	→ 幸運&成功
稼　穡　格 化　土　格 「戊」「己」日の従旺格	保守的な伝統を継承して先祖からの信仰を守る生き方	→ 幸運&成功
従　革　格 化　金　格 「庚」「辛」日の従旺格	競争社会の第一線に立って改革を求め利を追及する生き方	→ 幸運&成功
潤　下　格 化　水　格 「壬」「癸」日の従旺格	時代の流れや変化に合わせながら流行をキャッチして進む生き方	→ 幸運&成功

【図表45】「特殊格局」の幸運と成功を摑む秘訣

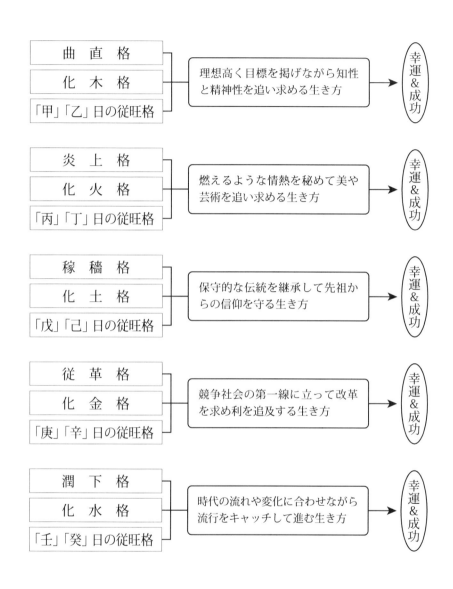

強い弱点があります。

＊「炎上格」、「化火格」、日主「丙」「丁」で「従旺格」の〝生き方〟
燃えるような情熱を内に秘め、熱く、激しく、美しいものとか、芸術的なものを追い求める生き方となります。派手で華やかな世界で実力を発揮でき、ファッション業界、芸能界、美術の世界、マジシャンにも向いています。名誉を追い求めるのはＯＫですが、家族的な幸福、家庭的なやすらぎを追い求めてはいけません。性急で怒りやすい弱点があります。

＊「稼穡格」、「化土格」、日主「戊」「己」で「従旺格」の〝生き方〟
真面目で常に冷静であり、保守的ですが誠実で、先祖を敬い、信仰心が強く、約束を守る生き方となります。伝統的な家業の継承や、土地・家屋の不動産業に向き、農園や牧場、地下資源開発、陶器販売も向いています。好き嫌いで仕事をするのではなく生産性の高い事業を追求すべきです。頑固で融通性乏しい弱点があります。

＊「従革格」、「化金格」、日主「庚」「辛」で「従旺格」の〝生き方〟
常に現状に対して不満を持ち、何事でも改良と改革とを求め、次々新しいものを追及する生き方となります。ビジネスの競争社会に向き、第一線の営業活動や、金融業や証券業、金属加工業、時計の販売も向いています。経済的成功を求めるのはＯＫですが、世間的名誉を求めてはいけません。気が短く交渉下手な弱点があります。

＊「潤下格」、「化水格」、日主「壬」「癸」で「従旺格」の〝生き方〟

大らかで機転が利き、相手に合わせるのが上手《うま》く、移動・変化は気にならず流行に敏感な生き方となります。時代や地域に合わせた事業や商売に向き、各種情報産業や、旅館・ホテル業、運送業、水商売も向いています。子孫繁栄を求めるのはＯＫですが、経済的な繁栄を求めてはいけません。放浪癖や気の変わり易さがあります。

ここで「一行得気格」と「化気格」と「従旺格」及び「従強格」の微妙な違いについて、改めて記しておきます。「一行得気格」は条件が厳しく、〝支の三合〟、或いは〝支の方合〟が揃わないと、基本的には成立しません。同じような形ながら「従旺格」の場合は、〝四支有根〟であれば〝三合〟や〝方合〟がなくても成立します。したがって、比率としては「従旺格」の方が成立しやすいのです。「化気格」の場合は、〝化した後の干支配合〟としては「従旺格」と同一ですが、元々の干支配合の影響力も百％消えてしまうわけではなく、謂わば〝両方兼ね合わせて観る〟のが、実占的には〝正しい観方〟であるよう私には感じられます。また、或る時期を境として〝生まれ変わったような人生を歩む〟ことも、「化気格」の人達の特徴です。

このように「格局」の選定は、それ自体は〝命式の分類〟に過ぎないのですが、それに伴う形でさまざまな先天的性質や運命としての要素を個々の「格局」にもたらすのです。

「従旺格」と「従強格」の微妙な違いについても、ここで述べておくことにしましょう。

「従旺格」の基本は、「通変」で云えば「比肩」「劫財」が〝生まれ月日〟の月令で「旺令」となる命式です。また「日主」以外の天干に「比肩」又は「劫財」が透出し、「正官」や「七殺」を観ないのが本来の姿です。

それに対して「従強格」の場合は、「通変」で云えば「印綬」「梟神」が〝生まれ月日〟の月令で「旺令」となる命式です。また天干に「印綬」又は「梟神」が透出し、「正財」や「財帛」を観ないのが本来の姿です。

「従強格」が持つ先天的な性質は、両親や祖父母から精神的にも物質的にも過保護で我儘に育つため、優秀な才能や素質を持っていながら、中々独り立ちできないケースも多いものです。世の中には理解されにくい芸術家や科学者、アーティスト、特異な研究者、伝統工芸などの分野で一躍脚光を浴びる人物もいます。ただ、干支配合によっては、いつまでも〝親の脛《すね》かじり〟的な生活のまま生涯を送るケースもあります。

★「棄命従格」の人達の〝生き方〟と〝幸運の掴み方〟

＊「棄命従児格」の〝生き方〟と〝幸運の掴み方〟
「我」である日干が極端に弱いので、自分の個性や主張を強く表すことは出来ません。「子供・孫」や、「部下・後輩」や、「ペット」、或いは自らの「作品」の為、〝自らの命を捧げて生きる〟のが、ふさわしい生き方となります。

〝自らの幸福〟を主体として生きようとすると、社会生活上の困難や問題や苦悩に巻き込まれやすくなります。自分の故郷や両親とは疎遠になりがちで、良好な関係を築こうとすると、経済的な損失をこうむりがちです。「子供・孫」の為とか、「作品」の為という意識で生きる限り、生活は保証され、献身的で幸運な人生が歩めます。

＊「棄命従財格」の〝生き方〟と〝幸運の掴み方〟

「我」である日干が極端に弱いので、自分の個性や主張を強く表すことは出来ません。「財産」の獲得や、「商売」の成功や、男性は「女性・妻」の尻に敷かれ、〝自らの命を捧げて生きる〟のが、ふさわしい生き方となります。

〝自らの幸福〟を主体として生きようとすると、社会生活上の困難や問題や苦悩に巻き込まれやすくなります。自分の兄弟や親戚とは疎遠になりがちで、良好な関係を築こうとすると、経済的な迷惑をこうむりがちです。

「お金」や「商売」の為、「妻」の為と割り切って生きる限り、成功は保証され、献身的で幸運な人生が歩めます。

＊「棄命従殺格」の〝生き方〟と〝幸運の掴み方〟

「我」である日干が極端に弱いので、自分の個性や主張を強く表すことは出来ません。「国家・防衛」や、「組織の使命」や、女性は「男性・夫」に尽くす形で、〝自らの命を捧げて生きる〟のが、ふさわしい生き方となります。

〝自らの幸福〟を主体として生きようとすると、社会生活上の困難や問題や苦悩に巻き込まれやすくなります。常に生命の危険が伴っている形で、家庭生活を尊重しようとすると、犯罪や事件に巻き込まれがちとなります。

「国」や「世界」の為、「企業戦士」という意識で生きる限り、生活は保証され、献身的で幸運な人生が歩めます。

＊「棄命従勢格」の〝生き方〟と〝幸運の掴み方〟

「我」である日干が極端に弱いので、自分の個性や主張を強く表すことは出来ません。「子供」や、「異性」や、「商

	時	日	月	年	月令
通変	食神		財帛	財帛	
天干	庚	戊	壬	壬	水
地支	申	辰	子	申	
蔵干	庚・壬	戊・癸・乙	癸	庚・壬	

月令「水」で地支に「水」三合があり、「財」が透出し日干が極端に弱いので、「棄命従財格」となります。「商売」や「財産」や「妻」のために生きることで〝幸運な人生〟となります。
（注）「従財格」は「比・劫」があると成立しません。

	時	日	月	年	月令
通変	財帛		七殺	傷官	
天干	丙	壬	戊	乙	木
地支	午	辰	寅	卯	
蔵干	丁	戊・癸・乙	甲・丙	乙	

月令「木」で地支に「木」方合があり「傷官」が透出し日干が極端に弱いので、「棄命従児格」となります。「子供」や「作品」や「ペット」のために生きると〝幸運な人生〟となります。
（注）「従児格」は「印・梟」があると成立しません。

	時	日	月	年	月令
通変	財帛		印綬	七殺	
天干	辛	丁	甲	癸	水
地支	亥	亥	子	丑	
蔵干	壬・甲	壬・甲	癸	己・辛・癸	

月令「水」で地支に「水」の方合があり、「殺」が透出し日干が極端に弱いので「棄命従殺格」となります。「国家」や「企業」や「夫」のために生きることで〝幸運な人生〟となります。
（注）「従殺格」は「食・傷」があると成立しません。

	時	日	月	年	月令
通変	傷官		食神	七殺	
天干	丙	乙	丁	辛	金
地支	子	酉	酉	酉	
蔵干	癸	辛	辛	辛	

月令「金」ですが「子」があるので〝金一気〟ではありません。したがって「棄命従殺格」とはならず「棄命従勢格」となり、周囲に振り廻されやすい人生ですが〝献身的生涯〟となります。
（注）「食・傷」もあり不成立ですが棄命の「格」。

【図表46】「棄命」となる格局実例とその〝生き方〟

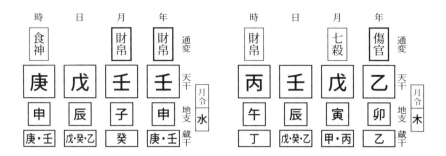

売」や、「組織」の為など、その時々で変わるものに〝命を捧げて生きる〟のが、ふさわしい生き方となります。〝自らの幸福〟を主体として生きようとすると、社会生活上の困難や問題や苦悩に巻き込まれやすくなります。故郷や両親や兄弟とは疎遠になって、良好な関係を築こうとすると、安らぎを失い、心身共に傷つきがちです。常に「相手」の為とか、「世」の為という意識で生きる限り、生活は保証され、献身的で幸運な人生が歩めます。

●「一般格局」それぞれの〝生き方〟と「優・劣」

本書では「日主」五行が〝バランス調整できる〟命式構造は「一般格局」として扱うので、当然「建禄格」や「羊刃格」も、そのような扱いとなります。〝命式分類〟としての「格局」選定では、どのような四柱八字からでも「格局」選定は可能ですが、命式構造の違いによって結果的に、「格局」には「優」「劣」の違いが出て来るものです。

この違いについて、中国の原書では「成格」と「破格」と表現したり、「合格」と「忌格」と表現したりします。本書では、同じ「格局」の中でも、優れた四柱八字構成の命式は「成格」、劣った四柱八字構成の命式は「破格」で統一します。ただ「破格」だから〝人生に敗れる〟のではなく、運気的に命式を助ける時期が来ないと〝成功を掴みにくい四柱八字〟なのだと理解してください。また、説明の便宜上、五行が同一な「通変」は一緒にして「比・劫」「食・傷」「財・帛」「官・殺」「印・梟」と表現することがあります。この場合、通常は〝そのどちらか一方の通変〟を意味しています。両星とも必要の場合は、続けて〝双方〟という表現を加えます。

★「一般格局」の具体的な判断は次のように行います。

【建禄格】――月支蔵干の通変「比肩」（神殺の「建禄」）を採用――

■「成格」（優れている「建禄格」）の条件
＊天干に「財・帛」と「正官」が透出していて、支冲や支刑がない命式。
＊天干に「劫財」が無く、「食・傷」があって、「財・帛」も見られる命式。
＊天干に複数の有根を持った「正官」が透出し、支冲や支刑がない命式。
＊天干に「食神」も、「財・帛」も、「正官」もそろって見られる命式。
■「破格」（劣っている「建禄格」）の条件
＊天干に「劫財」が透出し、有根の「財・帛」も透出している命式。
＊天干に「梟神」が透出し、有根の「食神」も透出している命式。
＊月柱に複数の有根を持った「七殺」が透出している命式。
＊月柱に「財・帛」が透出しているが、「天冲殺」や支冲や支刑となっている命式。
■潜在的な性質と才能
＊勝ち気で負けず嫌いな性質で、プライドが高く、何に対しても自らの主義・主張が強いのが特徴です。
＊独立独歩で人生を開拓していくタイプで、若くして独立するか、フリーの立場で活躍しようとします。
＊独自の才能や個性が受け入れられる分野なら成功し、あまり一般的な職務では能力を発揮できません。
■〝幸運の掴み方〟と注意すべき点

＊命式に「食・傷」や「財・帛」があれば、「創業者」タイプとなり、活動的で経済的に恵まれた人生となります。
＊命式に有根の「正官」があって「傷官」が無ければ、社会的な地位や名誉に恵まれた人生となります。
＊命式に「比肩」「劫財」が共にあれば、孤独な人生となり、特定の信仰や思想に縋って生きる人生となります。
＊俗にいう「我」の強い生まれなので、周囲と衝突せず、協調性を心掛けることが成功していく秘訣です。

【羊刃格】――月支蔵干の通変「劫財」（神殺の「羊刃」）を採用――

■「成格」（優れている「羊刃格」）の条件
＊天干に「七殺」が透出していて、月柱以外にも「羊刃」を表出する命式。
＊天干に複数の「正官」があって、「財・帛」も見られる命式。
＊天干に複数の有根を持った「七殺」が透出し、支冲や支刑がない命式。
＊天干に「食神」があり、「七殺」も透出している命式。

■「破格」（劣っている「羊刃格」）の条件
＊天干に複数の「印綬」が透出し、支冲や支刑になっている命式。
＊天干に「梟神」と「劫財」が透出し、「食神」も透出している命式。
＊月柱に複数の有根を持った「正財」が透出している命式。
＊月柱に「劫財」が透出し、「天冲殺」や支冲を伴っている命式。

■潜在的な性質と才能
＊自意識が強くプライドの高い性質で、華やかな生き方に憧れ、刺激を求める気持ちが強いのが特徴です。
＊あまり家庭的とは言えないタイプで、理想を追い求めるところがあり、フリーの立場で活躍しようとします。
＊一発勝負的な危うさを秘めた新しい分野であれば成功し、あまり地道な職務では能力を発揮できません。
■〝幸運の掴み方〟と注意すべき点
＊命式に「食・傷」や「財帛」があれば、フリーで働くのに向き、活動的で金銭面では波の多い人生となります。
＊命式に有根の「七殺」があって「食神」もあれば、部下運に恵まれ、大勢の人達をリードする人生となります。
＊命式に「比肩」「劫財」が共にあれば、家庭運に恵まれず、自ら孤独な環境を求めていく人生となります。
＊人と衝突しやすく、金遣いが荒い生まれなので、派手で自意識過剰な面を抑えることが成功する秘訣です。

【食神格】――月支蔵干の中で通変「食神」を採用――

■「成格」（優れている「食神格」）の条件
＊日干が強く、天干に「食神」と「財・帛」が透出している命式。
＊日干が強く、天干に「食神」と「七殺」があって、「財・帛」を見ない命式。
＊日干が弱く、天干に複数の有根を持った「印綬」が透出している命式。
＊日干が強く、天干に「財・帛」があって、「梟神」を見ない命式。

■「破格」（劣っている「食神格」）の条件

＊日干が弱く、「財・帛」が透出し、「七殺」も透出している命式。

＊日干が弱く、天干に「食神」が透出し、「財・帛」もあって、「印・梟神」を見ない命式。

＊天干に複数の有根を持った「印・梟」が透出している命式。

＊月柱に「食神」が透出しているが、「天冲殺」や支冲や支刑となっている命式。

■潜在的な性質と才能

＊楽天的で大らかな性質で、多少ルーズな面があり、楽しい生活を優先し、こせこせしないのが特徴です。

＊サービス精神が旺盛なタイプで、グルメ志向の傾向を持ち、自らが産み育てる仕事で活躍しようとします。

＊生活に必要な衣・食・住に関わる分野なら成功し、趣味的に楽しめる形でなければ能力を発揮できません。

■〝幸運の掴み方〟と注意すべき点

＊日干が強くて、「食・傷」や「財・帛」あれば、忙しいタイプとなり、創造的で経済的に恵まれた人生となります。

＊命式に有根の「梟神」が無ければ、生活面で特別苦労をすることはなく、比較的恵まれた人生となります。

＊日干が強くて、天干に「食神」と「七殺」が透出していれば、活動的で多くの人達に慕われる人生となります。

＊ルーズなところのある生まれなので、健康的な食生活を心掛け、体調管理が出来れば長寿を全うします。

【傷官格】――月支蔵干の中で通変「傷官」を採用――

■「成格」（優れている「傷官格」）の条件

＊日干が強く、天干に「傷官」と「財・帛」が透出している命式。

＊日干が弱く、天干に有根の「七殺」があって、「傷官」も透出している命式。

＊日干が弱く、天干に「傷官」が透出し、さらに「印・梟」透出している命式。

＊日干が強く、天干に「財・帛」があって、「正官」を見ない命式。

■「破格」（劣っている「食神格」）の条件

＊日干が弱く、天干に「傷官」が透出し、「正官」があって「印・梟」を見ない命式。

＊日干が弱く、天干に「傷官」が透出し、「財・帛」を複数見る命式。

＊天干に複数の有根を持った「印・梟」が透出している命式。

＊月柱に「傷官」が透出しているが、「天冲殺」や支冲や支刑となっている命式。

■潜在的な性質と才能

＊感覚的に鋭い性質で、情緒豊かで批評眼があり、正義感が人一倍強く、見て見ぬ振りを出来ない性質です。

＊周囲の状況に敏感なタイプで、臨機応変に立ちまわり、組織以外の趣味的な分野で活躍しようとします。

＊理想を追い求めるクリエイティブな分野なら成功し、センスを生かせない組織では能力を発揮できません。

■〝幸運の掴み方〟と注意すべき点

＊日干が強くて、「食・傷」「財・帛」あれば、旺盛な活動力とサービス精神を持ち、才能発揮の人生となります。

＊命式に有根の「正官」が無ければ、仕事で特別苦労をすることはなく、社会的に恵まれた人生となります。

＊日干が強くて、天干に「傷官」が透出していれば、批評家的な論理が鋭すぎ、敵を持つ人生となります。
＊人一倍感覚の鋭い生まれなので、神経質で潔癖な面を抑制できれば、独創的に活躍する人生となります。

【財帛格】――月支蔵干の中で通変「財帛」を採用――

■「成格」（優れている「財帛格」）の条件
＊日干が強く、天干に「財帛」が透出し、「官・殺」も透出している命式。
＊日干が強く、月柱に「財帛」が透出し、天干に「食・傷」も透出している命式。
＊日干が弱く、天干に「印・梟」や「比・劫」が透出している命式。
＊日干が強く、天干に「財・帛」が透出し、強い「印・梟」を抑える命式。

■「破格」（劣っている「財帛格」）の条件
＊日干が弱く、有根の「七殺」が透出し、「財・帛」も透出している命式。
＊日干が強く、天干に「比・劫」が重なり、「財帛」が弱っている命式。
＊日干が弱く、天干に有根の「財・帛」が複数透出している命式。
＊月柱に「財帛」が透出しているが、「天冲殺」や支冲や支刑となっている命式。

■潜在的な性質と才能
＊華やかで忙しい環境を好み、社交性があり、さまざまな情報に通じ、アクティヴに生活するのが特徴です。

＊周りの人達と一緒に行動するタイプで、公私をハッキリと分け、将来性豊かな分野で活躍しようとします。
＊生きたお金と情報が行き交う分野なら成功し、対人関係を上手く構築できなければ能力を発揮できません。
■〝幸運の掴み方〟と注意すべき点
＊日干が強くて、「食・傷」や「財・帛」あれば、大金が動く形で、仕事上で大金を動かすような人生となります。
＊天干に「食神」と「財帛」が出ていれば、人にも仕事にも投資をするタイプで、貯蓄出来ない人生となります。
＊日干が弱くて、「財帛」が複数透出していれば、収入は多くても、それを自分では使えない人生となります。
＊社交性があり、情緒性豊かな生まれなので、異性が出現しやすく、一度の結婚で収まらない人生となります。

【正財格】――月支蔵干の中で通変「正財」を採用――

■「成格」（優れている「正財格」）の条件
＊日干が強く、天干に「正財」が透出し、「印綬」や「比肩」も透出している命式。
＊日干が強く、天干に「財・帛」が透出し、「正官」も透出している命式。
＊日干が弱く、天干に複数の有根を持った「印綬」が透出している命式。
＊日干が強く、天干に「食・傷」あって、「正財」を強めている命式。
■「破格」（劣っている「正財格」）の条件
＊日干が強く、「正財」透出しても、有根の「劫財」も透出している命式。

＊日干が弱く、天干に「七殺」が透出し、「財・帛」もあって、「七殺」を強めている命式。
＊天干に複数の有根を持った「比肩」や「劫財」が透出している命式。
＊月柱に「正財」が透出しているが、「天冲殺」や支冲や支刑となっている命式。

■潜在的な性質と才能

＊真面目で誠実な性質で、全てに堅実な考え方をし、何より家庭生活を優先し、浮気をしないのが特徴です。
＊経済観念が発達しているタイプで、日常でも節約志向を持ち、分相応な立場や職務で生活しようとします。
＊販売や営業や金融などの分野なら成功し、不動産も向きますが、不安定な職場では能力を発揮できません。

■〝幸運の掴み方〟と注意すべき点

＊日干が強くて、「正財」も強ければ、労働意欲が強く、堅実に貯蓄し、経済的に恵まれた後半生となります。
＊命式に「劫財」と「正財」が並べば、金銭面で苦労をすることが多く、予期せぬ出費が多い人生となります。
＊お墓参りを欠かさなければ、「先祖」の余徳が与えられ、遺産相続をする運命を持った人生となります。
＊日干が弱い男性は、妻に頭の上がらない夫となって、職場での力量が家庭内では発揮できないものです。

【七殺格】――月支蔵干の中で通変「七殺」を採用――

■「成格」（優れている「七殺格」）の条件

＊日干が強く、天干にも「比肩」が透出している命式。

＊日干が強く、天干に「食神」と「七殺」が並んでいる命式。
＊日干が弱く、天干に複数の有根を持った「印綬」が透出している命式。
＊日干が強く、天干に「七殺」と「印綬」が透出し、「正官」を見ない命式。

■「破格」（劣っている「七殺格」）の条件
＊日干が弱く、「七殺」が透出し、「食神」がない命式。
＊日干が弱く、天干に「七殺」が透出し、「財・帛」も透出している命式。
＊天干に「七殺」と「正官」が並んで透出している命式。
＊月柱が「天冲殺」や支冲や支刑となっている命式。

■潜在的な性質と才能
＊義理人情に厚く闘争心の強い性質で、衝動的に行動しやすい面があり、気難しい面があるのが特徴です。
＊一匹オオカミ的なタイプと、組織に忠節を誓うタイプがいますが、身体を張って仕事をしようとします。
＊睨《にら》みを利《き》かす管理職的分野なら成功し、意気に感じて仕事を行う形でなければ能力を発揮できません。

■〝幸運の掴み方〟と注意すべき点
＊日干が強くて「食・傷」「財・帛」もあれば、部下後輩の面倒見が良く、八面六臂に活躍する人生となります。
＊命式に「印綬」もあれば、大きな組織や政治の世界でも活躍が可能で、金運以外は恵まれた人生となります。
＊月柱に神殺の「天冲殺」「支冲」「支刑」があれば、義侠心からトラブルに巻き込まれやすい人生となります。
＊大きな組織ほど成功できる素質を持ち、衝動的な事件さえ避ければ、多くの人から慕われる人生となります。

【正官格】——月支蔵干の中で通変「正官」を採用——

■「成格」(優れている「正官格」)の条件
＊日干が強く、天干に「正官」が透出し、さらに「財・帛」が透出している命式。
＊日干が弱く、天干に「正官」が透出し、さらに「印・梟」が透出している命式。
＊日干が弱く、天干に複数の有根を持った「印綬」が透出している命式。
＊日干が弱く、天干に「財・帛」が透出し、有根の「印綬」が透出する命式。

■「破格」(劣っている「正官格」)の条件
＊日干が強く、「傷官」が透出し、「印綬」を見ない命式。
＊日干が弱く、天干に「正官」と「七殺」が並んで透出し、「印・梟」を見ない命式。
＊日干が強く、「印・梟」が透出し、「傷官」も透出している命式。
＊月柱が「天冲殺」や支冲や支刑となっている命式。

■潜在的な性質と才能
＊几帳面で面子《メンツ》を重んじる性質で、神経質な面があり、謙虚なところがあり、責任感が強いのが特徴です。
＊組織の中で力を発揮していくタイプで、引き立てられる傾向を持ち、緊張感のある仕事で活躍しようとします。
＊伝統と格式を重んじる分野なら成功し、徐々に実力を発揮しますが、臨機応変な能力は持ち合わせていません。

■〝幸運の掴み方〟と注意すべき点

＊日干が強くて、「財・帛」あれば、収入の良い仕事を得られ、経済的にも役職面でも恵まれた人生となります。
＊日干が強くて、年干や月干に「正官」が透出すれば、出世コースを歩み、仕事上で成功する人生となります。
＊透出している「正官」が、干合「合去」すれば、一時的に職業や名誉を失って、低迷する時期があります。
＊目上から引立てられる生まれなので、目上との交流を活発にし、良好な関係が作れれば名誉が継続します。

【梟神格】——月支蔵干の中で通変「梟神」を採用——

■「成格」（優れている「梟神格」）の条件
＊日干が弱く、天干に「梟神」が透出し、さらに「正官」が透出している命式。
＊日干が強く、天干に「梟神」と「七殺」があって、「財・帛」を見ない命式。
＊日干が強く、天干に「梟神」が透出し、さらに「七殺」も出ている命式。
＊日干が強く、天干に「財帛」があって、透出している「梟神」を抑える命式。

■「破格」（劣っている「梟神格」）の条件
＊日干が弱く、「梟神」が透出し、有根の「財帛」も透出している命式。
＊日干が強く、天干に「梟神」が透出し、「食神」もあって、「劫財」もある命式。
＊日干弱く、天干に有根の「七殺」あって、「梟神」が透出している命式。
＊月柱が「天冲殺」や支冲や支刑となっている命式。

■潜在的な性質と才能
＊探求心が強い性質で、珍しいことや特殊なことに精力を傾け、日常や現実を忘れがちな傾向があります。
＊趣味的な世界で能力を発揮するタイプで、経済観念の乏しい傾向を持ち、損得抜きに活躍しようとします。
＊芸術・技能や人気稼業の分野なら成功し、趣味・嗜好に沿った生き方を貫けないと能力を発揮できません。

■〝幸運の掴み方〟と注意すべき点
＊日干が強くて「梟神」も強ければ、経済力乏しいタイプとなり、人気や名誉を得ても貧乏な人生となります。
＊親子関係に問題が生じやすい傾向を持っているので、家族を大切にし、約束を破らないことが大切です。
＊月柱に「梟神」が透出していれば、世間的常識に疎くなるので、身近な常識人を遠ざけてはいけません。
＊精神面を重視する生まれなので、精神的支柱となるものがあれば、幸福な日々を過ごすことが可能です。

【印綬格】――月支蔵干の中で通変「印綬」を採用――

■「成格」（優れている「印綬格」）の条件
＊日干が強く、天干に「印綬」が透出し、さらに「七殺」が透出している命式。
＊日干が強く、天干に「印綬」が透出し、「正官」があって、「七殺」を見ない命式。
＊日干が強く、年干か、月干に「印綬」が透出し、時干に「食・傷」を見る命式。
＊日干が強く、天干に「印綬」が透出し、有根の「正財」もある命式。

■「破格」（劣っている「食神格」）の条件

＊日干が弱く、「財・帛」が複数透出し、「印綬」も透出している命式。

＊日干が弱く、天干に「七殺」が透出し、「正官」もあって、「比肩」を見ない命式。

＊天干に複数の「比・劫」と「梟神」が透出している命式。

＊月柱に「印綬」が透出しているが、「天冲殺」や支冲や支刑となっている命式。

■潜在的な性質と才能

＊思い込みや依頼心の強い性質で、天真爛漫な面があり、現実を無視しやすく、手を焼かせるのが特徴です。

＊理想を追い求めるタイプで、完全主義的な傾向を持ち、お膳立てをしてもらう仕事で活躍しようとします。

＊周囲の環境に恵まれる分野なら成功し、誰かが常に傍についている形でなければ能力を発揮できません。

■〝幸運の掴み方〟と注意すべき点

＊日干が強くて「印綬」が透出すれば、甘えん坊的なタイプとなり、或る程度は我儘が通る人生となります。

＊命式に「印綬」が複数あると、精神的に迷いや悩みの多い人生となり、頼れる相手が必要な人生となります。

＊日干が強くて、天干に「正財」があって「印綬」も透出していれば、収入と名誉に恵まれた人生となります。

＊母親との関係が深い生まれなので、良好な親子関係が続けば、大切にされて育ち、成人後も幸運な人生です。

第8章　「用神」と呼ばれるものの正体

推命学を正しく理解する上では、〝順序良く学んでいく〟ということが何よりも大切です。そういう意味で、命式の四柱八字を「格局」として分類し、その「格局」としての干支配合を踏まえた上で「用神」を定めるのが、明代に「子平術」として完成された四柱推命なのです。命式を個々の「家」とすれば、「格局」は〝扉に施された錠〟であり、「用神」は〝開くための鍵〟のです。

●古典原書からあった順序的な間違い

推命学の場合、明代に完成した「子平術」としての〝陰陽・五行の命理学〟は、その後五百年、歩みを止めてしまったかのように今日まで来ています。そこで、どうしても古典原書というものを「聖典」として尊重せざるを得ない状況が続いているのだと思われます。

近年発行された推命学書でも、古典原書を踏襲したかに思える〝目次配列〟が少なくありません。これまでにも述べてきたように、古典の推命学書はその一部を除き、一人の推命家が自分の研究を〝順序良く記述した書物〟ではありません。その当時における様々な学説を、百科事典的に寄せ集めて編集している〝監修書〟や〝評註書〟がほとんどで、一貫した視点で貫かれていません。

したがって、古典原書自体が基礎知識を持たずに読むと、矛盾した難解な書物となって、確実には把握しきれない内容となってしまうのです。極端なことを言うと、古典原書を読むときには、順番通りに読み進んではいけないのです。

ところが、一部の推命家は「子平術」をどう誤解しているのか、古典のような記述の仕方が〝正しいもの〟、或いは〝理解に不可欠なもの〟とでも勘違いしているようです。したがって、現代の書物であるのに「用神」に対しての記述を先に載せ、「格局」に対しての記述を後に載せたりしているのです。或いは「十干」相互の〝特異な関係〟についての記述を最初に記し、その後で〝オーソドックスな十干・五行の理論〟を記したりするのです。

これでは、どんなに優秀な頭脳の持ち主でも「子平術」としての推命学を正しく理解できません。

或る程度、推命学の基礎知識を持っている者が読めば、それなりに理解できるのですが、順序として「逆」

なので、推命学の初心者が理解できるはずがないのです。

あくまでも「子平術」としての四柱推命は、その順序として、先ず「陰陽・五行思想」を理解し、続いて「十干・十二支」と「地支蔵干」について理解し、「出生日干」と「月令」の関係を理解し、その後で「格局」の選別法を理解し、最後に「用神」の本質を理解する、という順序で推命の仕方を身につけていく、というのが王道です。

最初の方の順序は多少違っても問題ありませんが、「格局」→「用神」の順序だけは崩せないものなのです。

では、何故、古典原書は、この順序を守っていないものがあるのでしょう。

実は、多数存在した「子平術」の流派（門派）の中には、「格局」→「用神」の順序を守らなくても良い流派（門派）の判断法が存在していたからです。個々の運命の「鍵」を握る〝用神〟の採択法〟として知られる「調候用神」と呼ばれる〝採択法〟が、「格局」を必要としない用神法だったからです。

そして、その〝「用神」の採択法〟が、「格局」よりも「出生日干」の方を重視するため、個々の出生日干の特徴を記したすぐ後で、「用神」について記しても違和感がなかったのです。つまり、たまたま「用神」の中に、特殊な〝採択法〟が含まれていたため、それ以外の「用神」も含めて、「格局」より先に記述する方式が一部原書では用いられたということです。

このような配慮の無さは、「格局」における「内格」（一般格局）と「外格」（特殊格局）の順序のところでも出て来ます。「格局」選定の順序としては「内格」よりも「外格」が先でなければならないのです。まず「外格」としての条件に当てはまるかどうかを見て、「外格」の場合は優先的に選定し、それに当てはまらなければ「内格」として捉えるというのが、「格局」の捉え方としては基本なのです。

ところが、この順序も、きちんと守られている推命学書はほとんどありません。古典原書だけでなく、現代の推命学書でも同様です。おそらく、これも古典原書を踏襲しているからであろうと思われます。もしも、「内格」（一般格局）を優先する形で選定していけば、どの四柱八字でもその中のどれかに当てはまり、「外格」（特殊格局）が存在しない四柱推命となってしまうのです。

今日まで〝推命学は難しい〟という評価が浸透しているのは、一つにはこういう基準となる〝観方〟〝考え方〟〝順序〟が明確に示されていないからです。

現代人にとって難しい用語が沢山出てくる四柱推命は、きちんと整理して学ばないと、何年勉強しても〝理解できない占術〟になってしまいがちです。

「用神」を初めとして、推命学用語には「神」という言葉が加わる用語が多いものです。「通変十星」のことを「六神」と記している推命学書もあります。「十星」なのに「六神」とは誤解を招きやすいのですが、これは「正官」「七殺」「食神」「傷官」「印綬・梟神」「正財・財帛」という形で、「印・梟」の二星と、「財・帛」の二星は、〝同じ神〟の扱いとして、一纏《ひとまと》めとして論じるからです。また「比肩」や「劫財」は、加えられていません。それゆえ本書では「六神」としてではなく「通変十星」という形で統一してあります。

ただ、この「通変」の中に、既に「食神」とか「梟神」という「神」の附く名称も含まれています。また、「神殺」という用語もしばしば用いられます。通常は「神」が〝吉作用の虚星たち〟で、これと対になる「殺」が

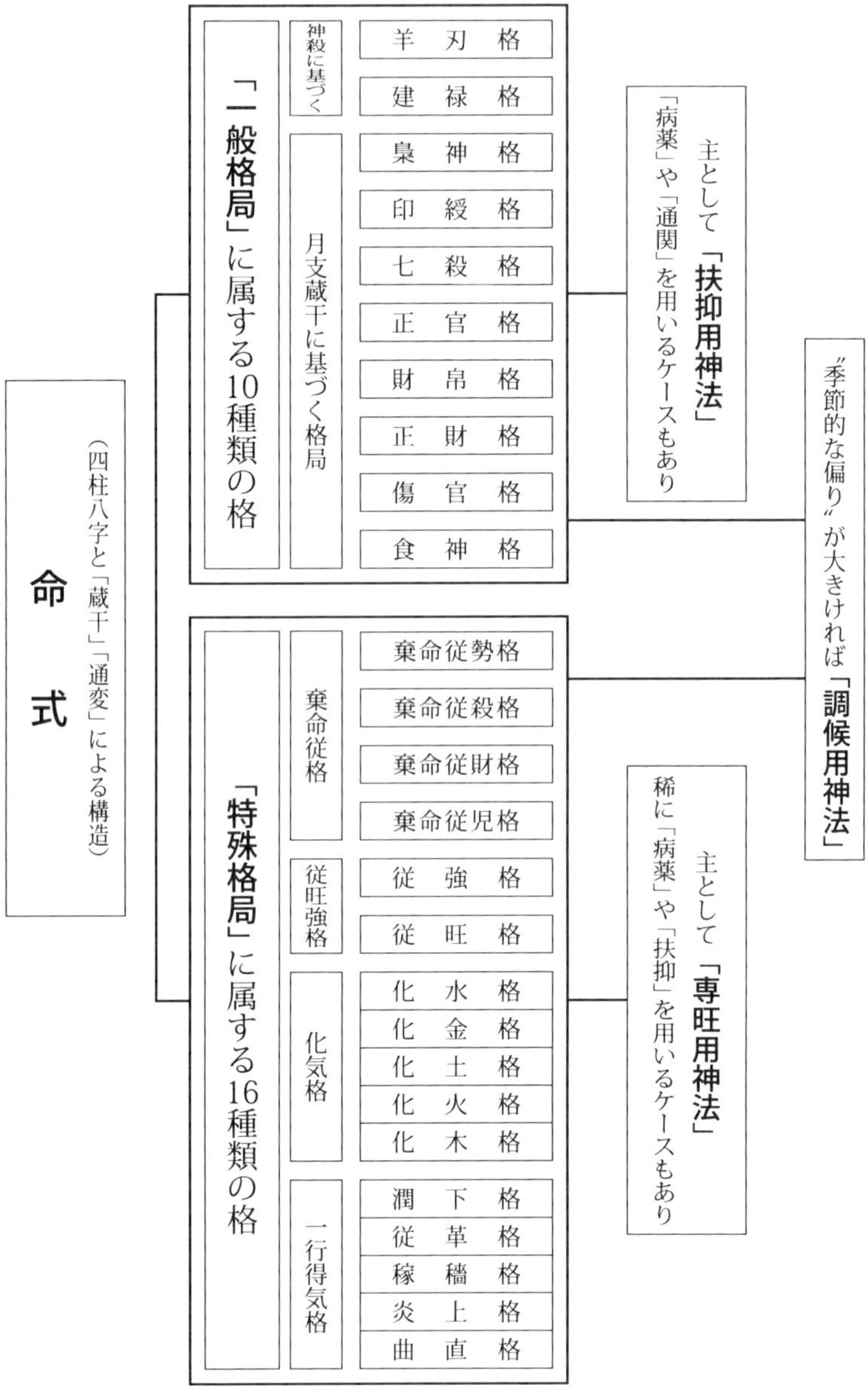

【図表47】格局と用神の関係

〝凶作用の虚星たち〟で、合わせて「神殺」と呼ぶのです。先に「格局」で出て来た「羊刃」という名称も「神殺」の一種です。

このように唐代から明代にかけての命理学の創始者たちは、好んで「神」や「殺」というオーバーな表現で〝虚星〟を表わしたようです。そういう表現の一つが「用神」です。個々の四柱八字の〝命式分類〟として「格局」というものを選定した後、その四柱八字における「出生日干」と「格局干」の双方にとって、もっとも〝有用な十干〟は何なのか、もっとも〝活用すべき十干〟は何なのか、それを表す用語が「用神」なのです。

蔵干も含めた四柱八字で、少しでも〝幸運な人生〟を歩むために〝用いるべき十干〟、それが「用神」なのです。推命学書の中には、「用神」について「十干」ではなく「五行」と記してある記述も見受けますが、そうではなく〝「蔵干」も含めた上での「十干」〟と見做《みな》すべきです。ただ「通変」として記す時には、同一五行による二つの通変を一緒にして「食・傷」とか「官・殺」というふうに記すのが一般的です。

基本的に「命式」の中から見出すべきものですが、稀には四柱八字中に「用神」を見出し難いケースもあります。つまり、四柱八字中に〝用いるべき十干〟が見当たらないケースです。そのようなときにも、一応「用神」は採択しますが、適切な「用神」として役割は果たせないのが実情です。このような場合、「行運」と呼ばれる人生上の運気「干支」に、よりふさわしい「用神」が潜んでいることもあります。けれども、人生の大要は「命式」の四柱八字が握っている、というのが推命学の根本的な捉え方です。

命式の中で「用神」が採択されると、それに沿ってほぼ自動的に定まるのが「喜神《きじん》」と「忌神《きじん》」です。推命学書の中には、「用神」と「喜神」を〝同じもの〟として扱っている本もありますが、意味合いとして大きく異なるので、一緒に扱ってはならない〝神々〟です。

「喜神」というのは文字通り「喜びの神」であり、「忌神」というのは文字通り「忌まわしの神」です。この両方に当てはまらない神は「閑神《かんじん》」と呼ばれます。通常は、その「命式」にとっての「喜びの神＝五行」が「喜神」で、「忌まわしの神＝五行」が「忌神」となります。そして同じ「格局」でも、四柱八字の構成によって吉・凶が分かれる五行や、吉・凶を定めにくい五行を「閑神」と呼びます。ただ通常は「用神」以外の五行は「喜神」か「忌神」どちらかに分けます。

●「用神」を採択するための五種類の方法

俗に〝正統〟とされる「子平術」の推命学では、命式から「用神」を採択する方法として〝五種類の方法〟がある、とされてきました。これはあくまで〝一つの「用神」十干〟を採択するための〝五つの方法〟ということです。
①扶抑用神法《ふよくようじんほう》……弱すぎれば「扶ける」、強すぎれば「抑える」ため〝用いられる神〟としての採択法です。
②病薬用神法《びょうやくようじんほう》……「格局」の〝疵《きず》〟となる干支「病」を取り除くため〝用いられる神〟としての採択法です。
③通関用神法《つうかんようじんほう》……命式で相剋・対立する二つの五行を流通させる為〝用いられる神〟としての採択法です。
④専旺用神法《せんおうようじんほう》……「特殊格局」で、四柱八字が一行に偏っている時〝用いられる神〟としての採択法です。
⑤調候用神法《ちょうこうようじんほう》……「格局」とは無関係に日干と〝寒暖・燥湿〟の調整に〝用いられる神〟としての採択法です。
これが明代～現代まで、命式の中から適切な「用神」を採択するために、用いられてきた用神法です。

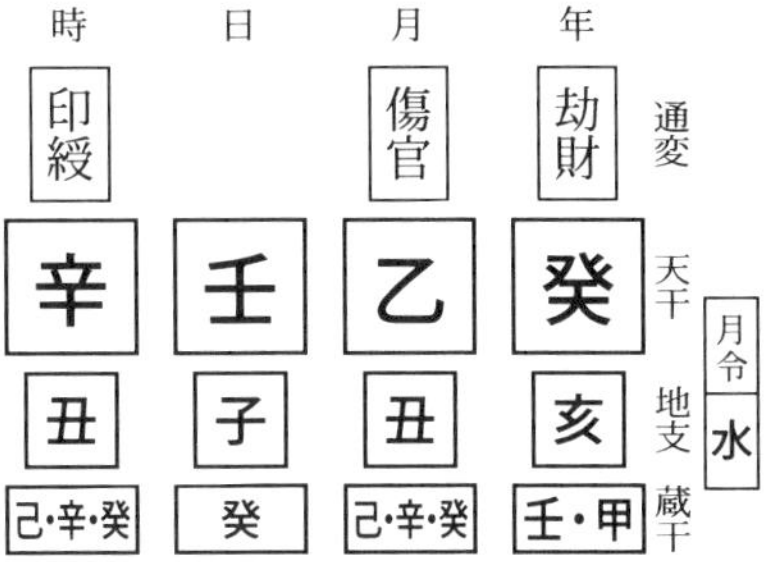

月令「水」で地支に「水」方合があり、日干「壬」で「特殊格局」の「潤下格」。用神は専旺用神法を採択して日干の「壬」がそのまま用神となり、喜神は「金・木」となり、忌神「土・火」。

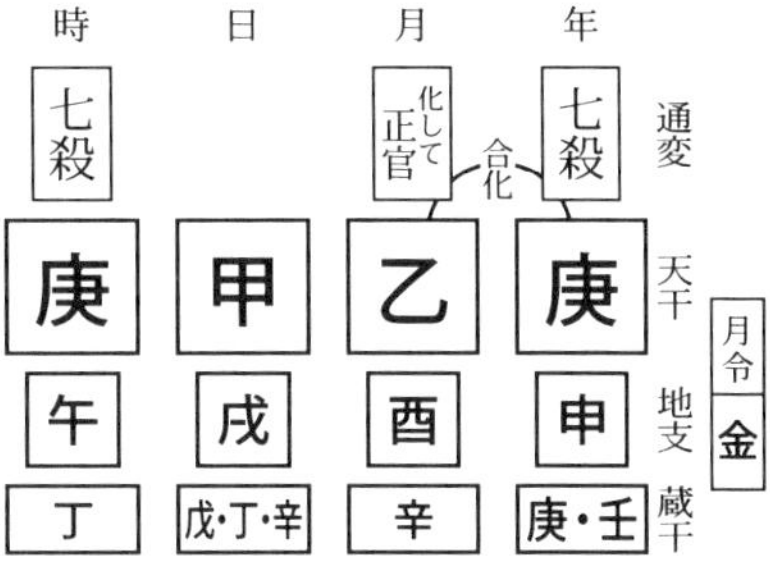

月令「金」で地支に「金」方合があり、天干に「庚」が透出し日干が無根。さらに「乙」も合化して実質「辛」で「特殊格局」の「棄命従殺格」となり、用神は「庚」、喜神は「土」となり、忌神「火・木」。

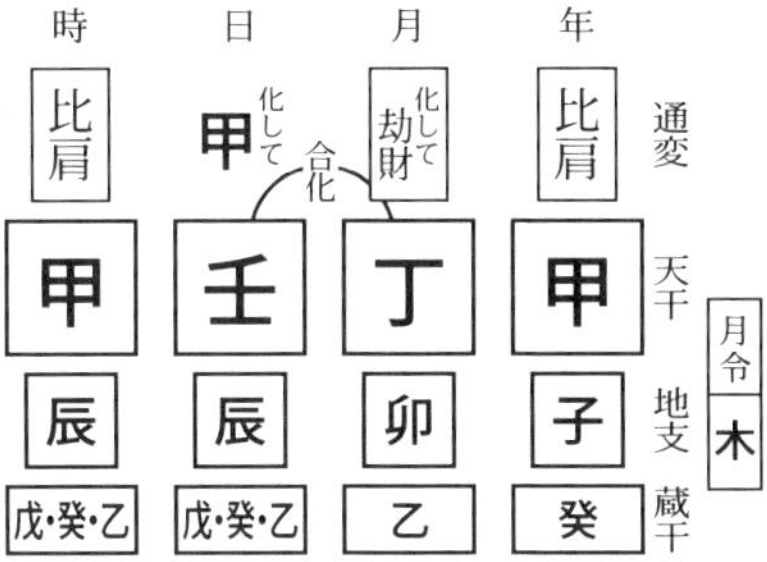

月令「木」で地支は「卯・辰・辰」の木と「子・辰・辰」の水の二行あり。但し日干と月干が干合して実質「甲」と「乙」と化し、化気格の「化木格」となり、用神は「甲」、喜神「水・火」で忌神「金・土」。

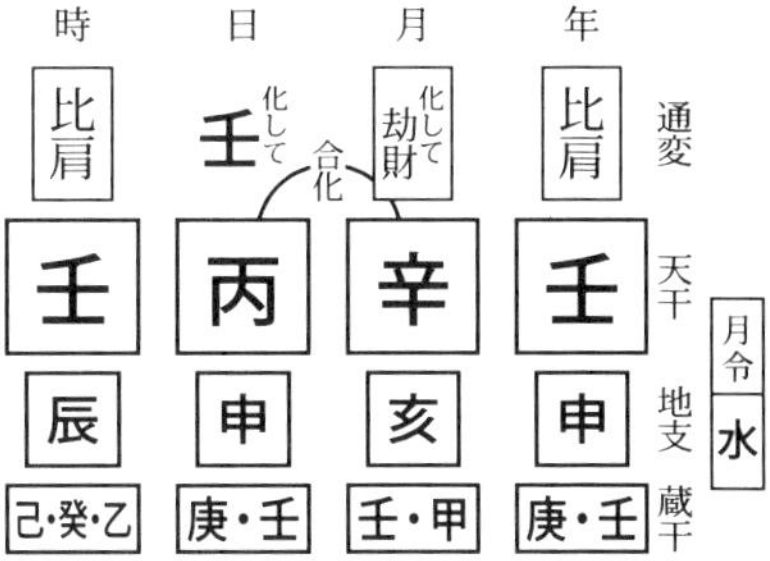

月令「水」で地支四支とも「水」を含み、日干と月干が干合水化して実質「壬」と「癸」に化し、化気格中の「化水格」となり、用神は専旺用神法を採択して、用神は「壬」、喜神「金・木」で忌神「土・火」。

【図表48A】「特殊格局」と専旺用神の採択法

	時	日	月	年
通変	傷官		七殺	梟神
天干	癸	庚	丙	戊
地支	未	申	辰	戌
蔵干	己・乙・丁	庚・壬	戊・癸・乙	戊・丁・辛
月令	木			

日干「庚」で月支が「辰」なので、蔵干「戊」と「癸」が透出していますが、正気「戊」を採って格局は「梟神格」。用神は格局干を抑える扶抑用神法によって月支蔵干中にある「乙」となります。

	時	日	月	年
通変	傷官		七殺	財帛
天干	己	丙	壬	庚
地支	亥	午	午	辰
蔵干	壬・甲	丁	丁	戊・癸・乙
月令	火			

日干「丙」で月支が「午」の神殺を採って格局は「羊刃格」。用神は日干を抑える扶抑用神法によって「七殺」となる「壬」となります。

	時	日	月	年
通変	梟神		梟神	梟神
天干	乙	丁	乙	乙
地支	巳	丑	酉	巳
蔵干	丙・庚	己・辛・癸	辛	丙・庚
月令	金			

日干「丁」で月支が「酉」なので、格局は「財帛格」。地支すべて「金」を含み、天干すべてが「梟神」で統一された珍しい命式構造。用神は「金」と「木」の通関用神となる蔵干「癸」。

	時	日	月	年
通変	傷官		正財	劫財
天干	辛	戊	癸	己
地支	酉	午	酉	卯
蔵干	辛	丁	辛	乙
月令	金			

日干「戊」で月支が「酉」なので、蔵干「辛」が時干に透出している「傷官格」。用神は格局干を抑える扶抑用神法によって「癸」となります。

【図表48B】「一般格局」と扶抑や通関の用神採択法

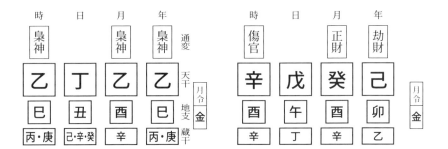

ただ、この中で⑤の「調候用神法」は、「格局」そのものとは無関係に、「日干」と「月支」の関係を主体として「用神」を採択していく方法で、本来の「子平術」としての手順を踏んでいません。明代の無名な推命家が遺した手稿に基づいて編纂された〝用神法〟です。

繰り返しになりますが、「用神」とは先天運としての四柱八字（蔵干を含む）から、少しでも〝幸運な人生〟を歩むために〝用いるべき十干〟ですから、命式全体の構成を無視して「寒暖」「燥湿」だけで採択して良いのか、疑問が生じてくるのは当然のことです。したがって、〝季節的偏りが大きい命式〟であれば、十分「用神」としての役割を果たせると思うのですが、さして季節的偏りが大きくない命式にまで、この〝用神法〟をむやみに使用すべきではありません。

もっとも、〝季節的偏りが少ない命式〟でも、四柱八字の構成上、「扶抑用神法」では適切な「用神」が見出せない時、命式中に「調候用神」が存在するなら、そういう時に用いるのは適切な採択法と言えるでしょう。

次に④の「専旺用神法」ですが、基本的には「格局」が「特殊格局」となっている四柱八字の場合のみ有効な〝採択法〟です。要するに、極端に偏りの大きい五行に〝従わざるを得ない命式構成〟の時に用いる〝専用の用神〟なのです。当然「一行得気格」や「化気格」や「従旺格」の時には、日干五行がそのまま「用神」となります。また「棄命従格」の場合は〝「格局」の従神〟がそのまま「用神」となります。

実は①の「扶抑用神法」から③の「通関用神法」までは、本書では一纏めにして「扶抑法」として論じます。「病薬用神法」も「通関用神法」も、最終的には〝扶抑の原理〟に集約できるからです。それに「一般格局」の中で、この〝三つの採択法〟を用意してしまうと、どれを採用すべきか混乱する恐れがあるからです。

「格局」の選定にしてもそうですが、極力シンプルに出来るところはすべきで、「病薬法」も「通関法」もそれなりの理由付けはあるのですが、最終的には「扶抑法」の一種と言えるからです。

そこで「一般格局」で採用する「扶抑用神法」ですが、事実上、「日干」に対しての〝扶・抑〟と、「格局干」に対しての〝扶・抑〟に分けられるものです。つまり「一般格局」の場合、「格局」の構成上、「用神」の採り方は〝四つのタイプ〟に分けられるのです。

★「一般格局」における「用神」の採択法

＊「日干」が極端に強ければ、その日干を「抑える」十干を「用神」として採択します。

＊「日干」が極端に弱ければ、その日干を「扶ける」十干を「用神」として採択します。

＊「格局干」が極端に強ければ、その格局干を「抑える」十干を「用神」として採択します。

＊「格局干」が極端に弱ければ、その格局干を「扶ける」十干を「用神」として採択します。

★「一般格局」における「格局」別の「用神」の採択

【建禄格】——月支「建禄」が「格局干」——

＊「建禄格」の場合は、「日干」は必ず強く、「日干」を抑える十干が用神となります。

＊「食・傷」が透出していれば、第一に「食・傷」を用神とします。

＊「官・殺」が透出していれば、第二に「官・殺」を用神とします。
＊「財・帛」が透出していれば、第三に「財・帛」を用神とします。
＊天干に「食・傷」も、「官・殺」も、「財・帛」も無ければ、地支蔵干の「食→官→財」の順で用神を採ります。

【羊刃格】――月支「羊刃」が「格局干」――
＊「羊刃格」の場合は、「日干」は必ず強く、「日干」を抑える十干が用神となります。
＊「官・殺」が透出していれば、第一に「官・殺」を用神とします。
＊「食・傷」が透出していれば、第二に「食・傷」を用神とします。
＊「財・帛」が透出していれば、第三に「財・帛」を用神とします。
＊天干に「官・殺」も、「食・傷」も、「財・帛」も無ければ、地支蔵干の「官→食→財」の順で用神を採ります。

【食神格】――月支の「食神」蔵干が「格局干」――
＊「日干」が強い場合、「食神」も強すぎれば、最良の用神は「財・帛」で、次が「七殺」です。
＊「日干」が強い場合、「食神」が弱ければ、最良の用神は「食神」で、次が「比肩」です。
＊「日干」が弱い場合、「食神」が強すぎれば、最良の用神は「印綬」で、次が「財・帛」です。
＊「日干」が弱い場合、「食神」も弱ければ、最良の用神は「比・劫」で、次が「食神」です。

【傷官格】――月支の「傷官」蔵干が「格局干」――

＊「日干」が強い場合、「傷官」も強すぎれば、最良の用神は「財・帛」で、次が「印綬」です。

＊「日干」が強い場合、「傷官」が弱ければ、最良の用神は「傷官」で、次が「比・劫」です。

＊「日干」が弱い場合、「傷官」が強すぎれば、最良の用神は「印・梟」で、次が「財・帛」です。

＊「日干」が弱い場合、「傷官」も弱ければ、最良の用神は「比・劫」で、次が「傷官」です。

【財帛格】――月支の「財帛」蔵干が「格局干」――

＊「日干」が強い場合、「財帛」も強すぎれば、最良の用神は「官・殺」で、次が「食・傷」です。

＊「日干」が強い場合、「財帛」が弱ければ、最良の用神は「食・傷」で、次が「財・帛」です。

＊「日干」が弱い場合、「財帛」が強すぎれば、最良の用神は「比・劫」で、次が「印・梟」です。

＊「日干」が弱い場合、「財帛」も弱ければ、最良の用神は「印綬」で、次が「食・傷」です。

【正財格】――月支の「正財」蔵干が「格局干」――

＊「日干」が強い場合、「正財」も強すぎれば、最良の用神は「官・殺」で、次が「食・傷」です。

＊「日干」が強い場合、「正財」が弱ければ、最良の用神は「食・傷」で、次が「財・帛」です。

＊「日干」が弱い場合、「正財」が強すぎれば、最良の用神は「比肩」で、次が「印・梟」です。

＊「日干」が弱い場合、「正財」も弱ければ、最良の用神は「印・梟」で、次が「食・傷」です。

【七殺格】——月支の「七殺」蔵干が「格局干」——

＊「日干」が強い場合、「七殺」も強すぎれば、最良の用神は「食神」で、次が「印・梟」です。
＊「日干」が強い場合、「七殺」が弱ければ、最良の用神は「財・帛」で、次が「七殺」です。
＊「日干」が弱い場合、「七殺」が強すぎれば、最良の用神は「印・梟」で、次が「比・劫」です。
＊「日干」が弱い場合、「七殺」も弱ければ、最良の用神は「比・劫」で、次が「財・帛」です。

【正官格】——月支の「正官」蔵干が「格局干」——

＊「日干」が強い場合、「正官」も強すぎれば、最良の用神は「印綬」で、次が「食神」です。
＊「日干」が強い場合、「正官」が弱ければ、最良の用神は「財・帛」で、次が「正官」です。
＊「日干」が弱い場合、「正官」が強すぎれば、最良の用神は「印・梟」で、次が「比・劫」です。
＊「日干」が弱い場合、「正官」も弱ければ、最良の用神は「比肩」で、次は「財・帛」です。

【梟神格】——月支の「梟神」蔵干が「格局干」——

＊「日干」が強い場合、「梟神」も強すぎれば、最良の用神は「財・帛」で、次は「官・殺」です。
＊「日干」が強い場合、「梟神」が弱ければ、最良の用神は「官・殺」で、次は「傷官」です。
＊「日干」が弱い場合、「梟神」が強すぎれば、最良の用神は「財帛」で、次は「比肩」です。
＊「日干」が弱い場合、「梟神」も弱ければ、最良の用神は「印・梟」で、次は「比・劫」です。

【印綬格】――月支の「印綬」蔵干が「格局干」――

＊「日干」が強い場合、「印綬」も強すぎれば、最良の用神は「財・帛」で、次は「官・殺」です。
＊「日干」が強い場合、「印綬」が弱ければ、最良の用神は「官・殺」で、次は「食神」です。
＊「日干」が弱い場合、「印綬」が強すぎれば、最良の用神は「正財」で、次は「比肩」です。
＊「日干」が弱い場合、「印綬」も弱ければ、最良の用神は「印・梟」で、次は「比・劫」です。

●「特殊格局」と「専旺用神法」への疑問

改めて整理しておけば、「特殊格局」というのは、古典原書で云う「外格」のことで、四柱八字（蔵干を含む）が一つの五行に傾き過ぎている命式のことです。そして明代以降の「子平術」では、「干支暦」に基づく四柱八字の〝陰陽・五行干支の配合状態〟から、個々の「先天運」を読み取ろうとしていたのです。

最初は〝特徴ある四柱八字の組合せ〟だけを「格局」とし、先天的な吉・凶を論じていたのですが、徐子平が〝年干支主体〟だった観方を「日干＝我」に切り替え、徐々に一般の四柱八字でも〝運命を読み取れる方法〟へ進化していきました。その過程で、〝五行の均衡を保つ方向へと舵を切る〟必需品の十干として命式干支の中から「用神」を採択するため、各種の用神法が生まれて来たのです。

けれども、そういう「子平術」としての根本的考え方では解決できなかったのが、〝一つの五行に傾きすぎている命式〟です。四柱八字の中で均衡を保とうにも保てない命式、それが「特殊格局」に含まれる命式群です。

そこで、それらに対しては〝特別なルール〟を設けて、四柱八字の〝バランス調整が出来ない命式〟として集約し、極端な傾きに〝従うこと〟が、大自然の営みとしてふさわしいと定めたのです。

実際、数多くの実占命式を調査してみると、〝極端な傾きを持っている命式〟の持ち主の多くが、決して〝社会に適応できない人達〟ではなく、むしろ特異な能力や個性を発揮して、社会的にも大いに成功し、幸福な人生を歩んでいる人達であることに気付くのです。

ただ古典的な推命学原書で書かれてあるほど、実占上の「特殊格局」は〝きれいに統一されている命式〟ばかりではありません。むしろ、若干、欠点のある命式、推命学で云う「疵《きず》」のある四柱八字の方が、成功しているケースも多いものです。

したがって推命学原書から云えば、多少、不完全でも「特殊格局」として観る方が、実例的には符合しているケースが多いように私には思われます。同じことは「用神」の採り方にも言えて、通常は「特殊格局」の「用神」と云えば「専旺用神」ですが、必ずしもそれに決めつけない方が適合しているケースもあります。

★ここで、それぞれの「格局」に対しての「用神」を具体的に記していきましょう。

【曲直格】と、【化木格】と、「木」の【従旺格】——日干「甲」「乙」で極端に強く、「木」に傾く命式——

＊「専旺用神法」による採択では、日干の「甲」か「乙」が、そのまま用神となります。

＊天干に「丙」「丁」が透出している場合、それを「用神」に観立てた方が良い四柱八字もあります。

【炎上格】と、【化火格】と、「火」の【従旺格】——日干「丙」「丁」で極端に強く、「火」に傾く命式——

＊「専旺用神法」による採択では、日干の「丙」か、「丁」が、そのまま用神となります。

＊天干に「戊」「己」が透出している場合、それを「用神」に観立てた方が良い四柱八字もあります。

【稼穡格】と、【化土格】と、「土」の【従旺格】——日干「戊」「己」で極端に強く、「土」に傾く命式——

＊「専旺用神法」による採択では、日干の「戊」か、「己」が、そのまま用神となります。

＊天干に「庚」「辛」が透出している場合、それを「用神」に観立てた方が良い四柱八字もあります。

【従革格】と、【化金格】と、「金」の【従旺格】——日干「庚」「辛」で極端に強く、「金」に傾く命式——

＊「専旺用神法」による採択では、日干の「庚」か、「辛」が、そのまま用神となります。

＊天干に「壬」「癸」が透出している場合、それを「用神」に観立てた方が良い四柱八字もあります。

【潤下格】と、【化水格】と、「水」の【従旺格】——日干「壬」「癸」で極端に強く、「水」に傾く命式——

＊「専旺用神法」による採択では、日干の「壬」か、「癸」が、そのまま用神となります。

＊天干に「甲」「乙」が透出している場合、それを「用神」に観立てた方が良い四柱八字もあります。

【棄命従児格】——日干が極端に弱く、透出した「食神」、又は「傷官」が極端に強い命式——

＊「専旺用神法」による採択では、「食神」の干か、又は「傷官」の干が、そのまま用神となります。
＊天干に「正財」「財帛」が透出している場合、それを「用神」に観立てた方が良い四柱八字もあります。

【棄命従財格】――日干が極端に弱く、透出した「正財」、又は「財帛」が極端に強い命式――
＊「専旺用神法」による採択では、「正財」の干か、又は「財帛」の干が、そのまま用神となります。
＊天干に「正官」「食神」が透出している場合、それを「用神」に観立てた方が良い四柱八字もあります。

【棄命従殺格】――日干が極端に弱く、透出した「正官」、又は「七殺」が極端に強い命式――
＊「専旺用神法」による採択では、「正官」の干か、又は「七殺」の干が、そのまま用神となります。
＊天干に「正財」「財帛」が透出している場合、それを「用神」に観立てた方が良い四柱八字もあります。

【棄命従勢格】――日干が極端に弱く、透出した「食・傷」、「財・帛」、「官・殺」が同じくらいに強い命式――
＊「専旺用神法」による採択では、「月支蔵干」の通変が、そのまま用神となります。
＊同じくらいなら「財・帛」が透出している場合、それを「用神」に観立てた方が良い四柱八字もあります。

●「調候用神」と、その実占的な用い方

基本的には、本書のスタンスとして、五行バランスから逸脱している「調候用神」は、正式な〝用神法〟と

しては認めがたいものがあります。ただ、実占における命式の干支配合は実にさまざまで「特殊格局」に選定される四柱八字でも、「一般格局」に選定される四柱八字でも、一応の「格局」分類は出来ても、スムーズに「用神」を採択しにくい命式構成は少なくありません。

そういう時に、ぜひ参考にしていただきたいのが、この「調候用神」なのです。一般的に云えば、すんなり「用神」を採択できない命式構成は、それだけ〝微妙な四柱八字の構成〟を持っているはずで、あまり〝幸運な人生〟とは言えないのが実情です。そのような点から云えば、〝幸運を掴むための鍵〟として用意されている「用神」を〝もう一つの角度から探ってみる〟のも、決して無意味な選択とは言えません。

もちろん、本来の「調候用神」は、〝「十干」と季節の関係〟から導かれるもので、特に四柱八字における「寒・暖」と「燥・湿」の関係性から「用神」を求めるものです。

ただ元々が明代の推命家の手稿であった「調候用神」は、多数の実例が導き出した部分もあり、理論よりも「実占」に主眼が置かれていた観方であるとも言えます。一般的には「日干」と「月支」の関係から採択することも多いのですが、ここではなるべく実用的であることを主眼として、それぞれの「十干」と「四季」との関係から述べていきます。十干ごと記してある「調候用神」が、命式に備わっていることは、それだけで〝一つの幸運の扉を開く鍵〟が、四柱八字（蔵干を含む）の中に存在していることを表し、「扶抑用神」とも一致している場合は特に「幸運な人生」が暗示された命式であると言えます。

★出生日「十干」別の「調候用神」は、次のように捉えることが出来ます（波木星龍式）。

日干【甲】――調候用神――

＊「春」生まれ――寅・卯・辰の月支――調候用神は「丙」が最良です。三月なら「庚」も良いものです。
＊「夏」生まれ――巳・午・未の月支――調候用神は「癸」が最良です。他には「庚」も良いものです。
＊「秋」生まれ――申・酉・戌の月支――調候用神は「庚」が最良です。九月なら「丙」も良いものです。
＊「冬」生まれ――亥・子・丑の月支――調候用神は「丁」が最良です。他には「丙」も良いものです。

日干【乙】――調候用神――

＊「春」生まれ――寅・卯・辰の月支――調候用神は「丙」が最良です。三月なら「癸」も良いものです。
＊「夏」生まれ――巳・午・未の月支――調候用神は「癸」が最良です。他には「丙」も良いものです。
＊「秋」生まれ――申・酉・戌の月支――調候用神は「癸」が最良です。他には「壬」も良いものです。
＊「冬」生まれ――亥・子・丑の月支――調候用神は「丙」が最良です。他にはありません。

日干【丙】――調候用神――

＊「春」生まれ――寅・卯・辰の月支――調候用神は「壬」が最良です。二月なら「庚」も良いものです。
＊「夏」生まれ――巳・午・未の月支――調候用神は「壬」が最良です。他には「庚」も良いものです。
＊「秋」生まれ――申・酉・戌の月支――調候用神は「壬」が最良です。九月なら「癸」も良いものです。
＊「冬」生まれ――亥・子・丑の月支――調候用神は「壬」が最良です。他には「戊」も良いものです。

日干【丁】――調候用神――

＊「春」生まれ――寅・卯・辰の月支――調候用神は「甲」が最良です。他には「庚」も良いものです。

＊「夏」生まれ――巳・午・未の月支――調候用神は「甲」が最良です。六月なら「壬」も良いものです。
＊「秋」生まれ――申・酉・戌の月支――調候用神は「甲」が最良です。他には「庚」も良いものです。
＊「冬」生まれ――亥・子・丑の月支――調候用神は「甲」が最良です。他には「庚」も良いものです。

日干【戊】――調候用神――

＊「春」生まれ――寅・卯・辰の月支――調候用神は「丙」が最良です。他には「甲」も良いものです。
＊「夏」生まれ――巳・午・未の月支――調候用神は「癸」が最良です。六月なら「壬」も良いものです。
＊「秋」生まれ――申・酉・戌の月支――調候用神は「丙」が最良です。他には「癸」も良いものです。
＊「冬」生まれ――亥・子・丑の月支――調候用神は「丙」が最良です。他には「甲」も良いものです。

日干【己】――調候用神――

＊「春」生まれ――寅・卯・辰の月支――調候用神は「丙」が最良です。三月なら「甲」も良いものです。
＊「夏」生まれ――巳・午・未の月支――調候用神は「癸」が最良です。他には「丙」も良いものです。
＊「秋」生まれ――申・酉・戌の月支――調候用神は「丙」が最良です。他には「癸」も良いものです。
＊「冬」生まれ――亥・子・丑の月支――調候用神は「丙」が最良です。他には「甲」も良いものです。

日干【庚】――調候用神――

＊「春」生まれ――寅・卯・辰の月支――調候用神は「丁」が最良です。他には「甲」も良いものです。
＊「夏」生まれ――巳・午・未の月支――調候用神は「壬」が最良です。六月なら「癸」も良いものです。
＊「秋」生まれ――申・酉・戌の月支――調候用神は「丁」が最良です。十月なら「甲」も良いものです。

＊「冬」生まれ――亥・子・丑の月支――調候用神は「丁」が最良です。一月なら「丙」も良いものです。

日干【辛】――調候用神――

＊「春」生まれ――寅・卯・辰の月支――調候用神は「壬」が最良です。二月なら「乙」も良いものです。
＊「夏」生まれ――巳・午・未の月支――調候用神は「壬」が最良です。他には「癸」も良いものです。
＊「秋」生まれ――申・酉・戌の月支――調候用神は「壬」が最良です。他には「甲」も良いものです。
＊「冬」生まれ――亥・子・丑の月支――調候用神は「丙」が最良です。他には「壬」も良いものです。

日干【壬】――調候用神――

＊「春」生まれ――寅・卯・辰の月支――調候用神は「丙」が最良です。他には「庚」も良いものです。
＊「夏」生まれ――巳・午・未の月支――調候用神は「癸」が最良です。他には「壬」も良いものです。
＊「秋」生まれ――申・酉・戌の月支――調候用神は「甲」が最良です。九月なら「丙」も良いものです。
＊「冬」生まれ――亥・子・丑の月支――調候用神は「丙」が最良です。十一月なら「戊」も良いものです。

日干【癸】――調候用神――

＊「春」生まれ――寅・卯・辰の月支――調候用神は「丙」が最良です。他には「辛」も良いものです。
＊「夏」生まれ――巳・午・未の月支――調候用神は「壬」が最良です。他には「庚」も良いものです。
＊「秋」生まれ――申・酉・戌の月支――調候用神は「辛」が最良です。他には「丁」も良いものです。
＊「冬」生まれ――亥・子・丑の月支――調候用神は「丙」が最良です。十一月なら「庚」も良いものです。

格局	用神	内容	
建禄格・羊刃格	用神〔比・劫〕	独立独歩の精神。父親を乗り越えていく意識。	幸運を招く
	用神〔食・傷〕	エネルギッシュな行動。規則正しい食生活。	
	用神〔財・帛〕	部下・後輩の統率。目標の達成には投資が必要。	
	用神〔官・殺〕	身体を鍛えて強くなる。スケジュール管理の徹底。	
	用神〔印・梟〕	独自の研究や主張。甘え過ぎない環境づくり。	

格局	用神	内容	
食神格・傷官格	用神〔比・劫〕	本能に根ざしたSEX。子供たちとの触れ合い。	幸運を招く
	用神〔食・傷〕	スパやエステに通う。癒しの店でリラックス。	
	用神〔財・帛〕	サービス精神を発揮する。作品を沢山生み出す。	
	用神〔官・殺〕	部下・後輩の育成。生産性を高める技術の習得。	
	用神〔印・梟〕	先祖からのものの継承。祭り事やお墓参り。	

格局	用神	内容	
正財格・財帛格	用神〔比・劫〕	世の中に新たなものを提供。不動産の所有。	幸運を招く
	用神〔食・傷〕	新商品の開発。飲食を伴う形での商談。	
	用神〔財・帛〕	欲しいものを収集。新たな預金口座を持つ。	
	用神〔官・殺〕	組織としての新しい仕組み。交際による人脈。	
	用神〔印・梟〕	社会人としての勉強。趣味世界への愛着。	

格局	用神	内容	
正官格・七殺格	用神〔比・劫〕	集団の中での独自性。自分の使命に気付く。	幸運を招く
	用神〔食・傷〕	楽な方に流されず王道を歩む。暴飲暴食禁物。	
	用神〔財・帛〕	整理整頓を心掛ける。将来を見据えての投資。	
	用神〔官・殺〕	自我を出しすぎない。健康状態のチェックが大切。	
	用神〔印・梟〕	目上との関係が重要。神仏と関わると成功。	

格局	用神	内容	
印綬格・梟神格	用神〔比・劫〕	家系的な信仰を深める。恩師を敬い瞑想する。	幸運を招く
	用神〔食・傷〕	忍耐強く仕事や勉強をする。ダイエットに励む。	
	用神〔財・帛〕	精神的に充実する時間が必要。母親との関係重視。	
	用神〔官・殺〕	似た環境から成功した人を見習う。対人面を重視。	
	用神〔印・梟〕	精神面から仕事を択ぶ。甘えられる親子関係。	

【図表49】格局と用神が教える〝幸運の鍵〟

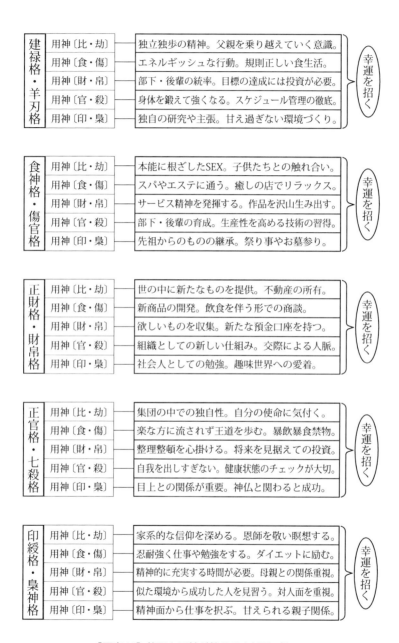

●「用神」から読み取る〝幸運の鍵〟

同じ「用神」であっても、それぞれの「格局」と四柱八字の構成によって、「用神」の果たす役割は微妙に違ってくるものです。「格局」は、誰もが先天的に与えられている〝潜在的パワーの方向性〟を表わすものであり、わかりやすくいうと〝「生き方」を示唆しているもの〟と言えます。

例えば「特殊格局」の場合は、「平凡な生き方」をしてはいけない、と示唆しているのです。偏りある五行で構成された四柱八字は、その偏りに〝追従しなければ幸運は掴めない〟ことを暗示しているのです。事実、「特殊格局」の生まれの人達は、「我」である「日干」が極端に強い場合、自らの個性や特異な才能を武器に、それを世の中に認めさせる形でスケールの大きな人生を歩んでいるケースが多いものです。

このような生まれでも「平凡な小市民」として、世の中に溶け込んで生きて行こうとすると、結局、社会の荒波にもまれて〝あらゆる自我を封鎖され〟、引きこもりのような形で生きて行くしかなくなるのです。

逆に、「我」である「日干」が極端に弱い人達は、自らの生命や生活を犠牲にして「従児＝子供・ペット・児童・作品・飲食物など」とか、「従財＝妻妾・金銭・商売・才能など」とか、「従殺＝国家・組織・企業・武力・法律など」とか、「従勢＝流行・環境・時代・風潮など」とか、「従強＝神仏・心霊・先祖・両親・恩師など」とかに、〝従わざるを得ない人生〟として生まれている、と言えます。それに逆らって〝ゆとりある生活〟や〝自分中心の生活〟をしようともがいても、結局は振り出しに戻るのが常なのです。

このように、それぞれの「生き方」を示唆しているのが「格局」なのです。

それに対して、その「生き方」としての「格局」を、よりスムーズで価値のあるものにするため採択するのが「用神」です。そういう意図のもとに採択された「用神」は、個々の四柱八字が暗示している「生き方」をどうすれば、よりスムーズで価値のあるものにしてくれるのか、その回答を用意しているのです。

★「用神」別の〝幸運の掴み方〟

【比肩】【劫財】が「用神」の命式——幸運の掴み方——

＊「特殊格局」の場合——兄弟や親友や仲間達との関係を良好に保つことが、幸運を掴むうえでもっとも大切です。有言実行で、一度口にしたことを翻《ひるがえ》してはなりません。親や親戚を当てにせず、自分自身の力で少しでも早く独立独歩の生活をしようとすること、信念ともいうべき自分の考えを持つこと、全てに開拓者精神を発揮することです。

＊「食神格・傷官格」の場合——自分がエネルギッシュに率先して動かないと何も生まれて来ません。幸運を掴むためには規則正しい食生活を心掛け、自分が守るべきものを考え、肉体改造をし、親元から独立すべきです。

＊「正財格・財帛格」の場合——常に自分から指示を出して、部下を統率するとか、目標を行き渡らせるとか、情報や品物を自分で集めて来ることが必要です。或る程度の投資は必要で、外見等にもお金を掛けるべきです。

＊「正官格・七殺格」の場合——何よりも肉体的に強くなることで、ジムに通うなど身体を鍛えましょう。座禅や写経など、精神面の向上に良い修行をすべきです。社会的な出来事に敏感になり、スケジュール管理を徹底しましょう。

＊「印綬格・梟神格」の場合――親や目上に対して自分の意見や考えを主張できるようになることが大切です。学んだことだけでなく、独自の発見・研究データを持つことも必要です。甘え過ぎない環境づくりも必要です。

【食神】【傷官】が「用神」の命式――幸運の掴み方――

＊「特殊格局」の場合――子供やペットや部下との関係を良好に保つことが、幸運を掴むうえでもっとも大切です。楽しい環境づくりも大切で、いやいや仕事をしてはなりません。趣味の時間を持ち、周囲との意見交換をし、美味《おい》しいものを食べ、笑いの時間を持つことです。たっぷりの休息、オシャレや癒しの時間、音楽に酔いしれるのも有効です。

＊「建禄格・羊刃格」の場合――常に何かを作り出す努力を試みることが大切です。欲望に正直に向き合うことも大切で、グルメやSEXも大切な栄養源となります。ボランティア行為や子供やペットと触れ合う時間も必要です。

＊「食神格・傷官格」の場合――生活を楽しむことが、そのまま幸運を紡《つむ》ぎ出すことへ繋《つな》がっていく生まれです。癒しの時間を持つのも有効で、エステやスパに通うとか、飲食店に通うとか、おしゃべりで過ごすのもOKです。

＊「正財格・財帛格」の場合――欲しいものを手に入れるため、サービス精神を発揮することが大変有効です。部下・後輩を上手く使いこなすのも幸運を呼ぶ秘訣です。作品をたくさん生み出すことで成功を得られます。

＊「正官格・七殺格」の場合――地位や職務を得るために、組織の問題点を指摘することが大きな評価につながります。部下・後輩の指導や育成も幸運を呼び込みます。職場内の生産性を高める技術の習得も有効です。

＊「印綬格・梟神格」の場合――先祖代々伝わってきたようなことを継承することが大切です。親から教わったことを子に伝えていくのも有効です。祭り事や信仰の継承、お墓参りや日常の供養、祖父母との交流も吉です。

【正財】【財帛】が「用神」の命式――幸運の掴み方――

＊「特殊格局」の場合――男性なら妻や恋人の女性に尽くすことが、幸運を掴むうえでもっとも大切です。商売や事業のため東奔西走することも重要です。交際費はなるべくケチらず使いましょう。身近な人達から信用を得ていくことが大切です。趣味的なものを集め出すこと、各地に仕事の拠点を持つと金運に恵まれ始めます。

＊「建禄格・羊刃格」の場合――行動力を発揮して世の中に新たなサービスを展開していくことが幸運を掴む秘訣です。自分の趣味や宝物を早く見つけることです。土地や家屋や車など所有できるものはすることです。

＊「食神格・傷官格」の場合――自分が作り出した新たな商品とか作品とかを商業ベースに載せることです。子供やペットの成長を楽しむことも有効です。ダイエットは有効です。飲食をしながらの商談や交渉は幸運を呼び込んでくれます。

＊「正財格・財帛格」の場合――自分の欲しいもの、周りに集めたいものを、具体的に定めることが必要です。異性との交際や人脈は極めて有効です。新たな預金口座を持つことも重要です。マイホームの購入が有効です。

＊「正官格・七殺格」の場合――組織として何が大切なのか認識しておくことです。新たな事業・商売で儲けを出すことが出来れば、それに見合った出世・成功が可能です。交際費や仕事上の出費を惜しんではいけません。

＊「印綬格・梟神格」の場合――親離れ子離れできないと幸運はやって来ません。学問としての勉強でなく社

会人としての勉強をもっとすべきです。趣味や芸術的なことに親しむと、眠っていた能力が呼び覚まされます。

【正官】【七殺】が「用神」の命式――幸運の掴み方――

＊「特殊格局」の場合――女性なら夫や恋人の女性に尽くすことが、幸運を掴むうえでもっとも大切です。国家や組織のため最前線に立つことが重要です。組織としての規範は必ず守りましょう。体力の限界まで身体を酷使することが大切です。仕事上では几帳面に対応すること、部下・後輩に慕われると出世に恵まれ始めます。

＊「建禄格・羊刃格」の場合――個性や独自性と組織としての規律ギリギリのところで折り合いをつけることが幸運を掴む秘訣です。自分の使命に早く気付くことです。管理能力を発揮出来れば、チャンスがやって来ます。

＊「食神格・傷官格」の場合――誹謗とか中傷を恐れず、王道を守っていくことが大切です。子供やペットや後輩を味方につけることも有効です。楽な方へと流されないことです。仕事帰りの暴飲暴食は成功を妨げます。

＊「正財格・財帛格」の場合――職場でも家庭でも整理整頓が幸運を招くためには必要です。さまざまな人脈を仕事や出世に結び付ける努力が大切です。将来を見据えての投資や情報収集は管理・切り替えが重要です。

＊「正官格・七殺格」の場合――日頃から自我を出し過ぎないよう心掛けることが大切です。組織として何が重要か、常に意識しながら行動することです。健康状態を常にチェックし、心身ともギリギリ限界まで仕事に奔走しましょう。

＊「印綬格・梟神格」の場合――職場でも家庭でも目上との関係が大切で、良好であれば大きな引立てを得ます。神仏との関わりが社会的成功の要因となります。組織の中で人気を得ると社会的なチャンスが到来します。

【印綬】【梟神】が「用神」の命式――幸運の掴み方――

＊「特殊格局」の場合――恩師や両親の意向に沿う行動をとることが、幸運を掴むうえでもっとも大切です。家系や血縁に関連した仕事や趣味を行うことも重要です。日頃から気品ある行動を心掛けることです。趣味や習い事の時間を持つことも大切です。何よりも精神的に満足できる生活を心掛けると名誉運に恵まれ始めます。

＊「建禄格・羊刃格」の場合――自分が弱った時に両親に支えてもらうことが幸運を掴む秘訣です。家系的な信仰を深めることも重要です。読書や瞑想の時間を持つのも有効です。恩師と云える人物を大切にすべきです。

＊「食神格・傷官格」の場合――遊び暮らしたい気持ちを抑えて勉強することが大切です。子供と仕事どちらか選択しなければならない時は迷わず仕事を択《えら》ぶべきです。グルメよりもダイエットが後々幸運を掴みやすいでしょう。

＊「正財格・財帛格」の場合――お金で仕事を択ぶより自分らしさを発揮できる仕事を択ぶべきです。人との交流乏しくても精神的に充実できる趣味の時間が大切です。父親よりも母親との関係を重視した方が幸運です。

＊「正官格・七殺格」の場合――社会的な名誉や地位の獲得を目標に生活することが重要なことです。似たような環境の中で幸運を勝ち取った人を見習いましょう。目上の人との交流を大切にし良い関係を築くべきです。

＊「印綬格・梟神格」の場合――経済生活よりも精神生活を第一に仕事を択びましょう。親子関係で甘えられる部分は大いに甘えるべきです。家系・先祖につながるような趣味を持つと、引立て運を得られるように変わります。

第9章　「神殺」という名の占星術

古典的な四柱推命では「神殺」と呼ばれる〝特殊な星〟を表出し、実占判断に用いる方法が行われていました。中華圏では、明代以降に冷遇されていた「神殺による観方」が、近年になって復活してきたように感じられます。「神殺」には〝信じられる星〟と〝信じられない星〟があり、「子平的な観方」とは別に、副次的に活用するのなら、的中性を高める効果も期待できるのです。

●「七政四余」占星術と「紫微斗数」占星術からの使者

「神殺《しんさつ》」とは、日本の推命学書では一般に「特殊星」とか「吉凶星」と記されることが多い干・支の〝特別な組み合わせ〟から表出される「虚星集団」のことです。古典原書でも、その数や名称や意味や表出法はまちまちで、統一がとれている「観方」とは言えません。そのすべてを表出すると〝何十星もある〟のですが、その中から比較的作用が顕著な「神殺」だけを本書では取り上げます。

さらに、一般的な推命学書と本書では「神殺」の出し方や意味合いが異なっている部分がありますが、それはさまざまな角度から、それらの神殺を研究した結果としての〝出し方〟や〝意味合い〟ですので、「波木星龍式」の観方・捉え方なのだと理解してください。

また、これまで述べてきた「格局」主体の判断方法とは、根本的に別個な角度からの観方・判断の方法ですので、その点を踏まえたうえで活用していくことが重要です。一部の推命家は、「神殺」による判断方法を〝低級な観方〟だと決めつけていますが、実占上では高級でも低級でも〝的中する〟ことの方が重要です。

したがって、推命家はなるべくさまざまな観方・判断の仕方を憶《おぼ》えている方が有利なのです。

既に述べてきたように「七政四余」というのは〝中国式の西洋占星術〟です。どちらかと云えば密教と結びついて浸透した〝実星による占星術〟です。それから、少し遅れて登場したのが「紫微斗数」で、これは〝中国式の北斗七星占星術〟です。どちらかと云えば道教と結びついて浸透した〝虚星による占星術〟です。

奇妙なことに〝干支術〟である「四柱推命」は、この両占星術と関わりながら発展した経緯があります。

最初の内は、この両占星術の〝軒下を借りる形〟で合わせて用いられ、「星平会海」や「星平参合」と呼ばれて〝「星」ではなく「平」の方の占い〟を担当していたのです。つまり、「七政四余」と一緒になったり、「紫微斗数」と一緒になったりして、独立のチャンスを狙っていたのです。

やがて、徐子平などの功績によって〝干支術〟として確固たる地位を固めた「四柱推命（子平）」は、明代に至って隆盛をみることになります。「七政四余」や「紫微斗数」の占星術から脱皮し、独自路線を歩みだすことで大きく変わったのです。ただ完全なる脱皮とまでは言えず、占星術からの影響を色濃く残す干支術となりました。

その代表的な存在こそ「神殺」だったのです。何故なら、「神殺」すなわち「特殊星」「吉凶星」は両占星術の中で〝育まれた「虚星」〟であり、「四柱推命」も加えた〝三つの占術〟に共通する「星」がいくつもあるからです。

例えば、「四柱推命」で用いる「駅馬《えきば》」という星は、「七政四余」にも登場しますし、「紫微斗数」にも登場します。同じように「羊刃」という星も、「七政四余」にも登場し、「紫微斗数」にも登場します。このような共通星が八～九個ほど存在します。「星」の名称は違っていることもありますが、その表出法と意味する内容はほぼ同一です。

本来、「七政四余」は〝実星占星術〟で、実在していない「虚星」も加えて判断する意図がどこにあるのか、考えてみると不可解なのですが、少なくとも明代の「七政四余」は〝十一の実星〟と〝何十もの虚星〟を組み合わせて判断する方法が一般的だったようです。

また「紫微斗数」にしても、その主役的ともいえる「北斗七星」「南斗七星」の〝十四の主星〟と、意味合いとしてやや希薄な「駅馬」や「羊刃」などの〝雑星〟を組み合わせ判断していたのは奇妙と云えば奇妙です。

つまり、「七政四余」にしても、「紫微斗数」にしても、〝主役ではなかった星たち〟は、それらから独立した「四柱推命（子平術）」においても、〝主役とは言えない〟判断方法として、現代まで生き残り続けたのです。

それらの星の表出方法から考えて、占星術の方が〝先に産み出していた〟と思える「神殺」群は、或る意味で占星術からやって来た〝使者たち〟なのかもしれません。奇妙にも、近代から現代における占星術、つまり「七政四余」でも「紫微斗数」でも、それらの〝虚星集団〟である「神殺」は、判断の片隅に追いやられていて事実上〝失われた星たち〟のような扱いとなっているのが現状です。

けれども、まったく意味を持たない「星」であったなら、三占術で〝共有する星たち〟となり得たでしょうか。厳密に言うと、もっとも古い〝中国式ホラリー占星術〟である「六壬神課《りくじんしんか》」という占術でも、これらの「神殺」が使用されているのです。〝低級な観方〟と蔑んでいる推命家達は、この歴史的な事実を知っているのでしょうか。

●「日干」を基に表出する「神殺」たち

「日干」を基に表出する「神殺」は、大きく二種類に分かれます。

その一つは、「日干」から「日支」だけを見て表出する形の「神殺」で、要するに「日干支」の組み合わせそのものが、「神殺」を意味する〝干支の配合〟となっているのが特徴です。

この「日干支」の組み合わせによる「神殺」の中には、明代以前の推命学において〝「格局」の一種〟として扱われていた組み合わせも存在します。それだけ〝特徴のある組み合わせ〟であり、日干支として運命的な作用が強いと考えられていた〝干支の配合〟なのです。

もう一つは、「日干」から、年支・月支・日支・時支それぞれを見て表出する形の「神殺」で、こちらの方はどの十二支であっても成立します。但し、上記の〝日干支による神殺〟と酷似する組み合わせは省きます。その代表的な「神殺」が「羊刃」です。厳密に言うと、「日干支」の組み合わせによる神殺「日刃」と、「日干」と「地支」の組み合わせによる神殺「羊刃」とでは微妙に違うのですが、混乱するといけないので、本書では「日刃」の方を優先します。

古典原書の『星平会海』や『三命通会』では、「日干」を基に表出するのではなく、「年干」を基に表出する形で各種の「神殺」が語られています。これは「我」を「日干」ではなく、「年干」として扱っていたからです。

★「日干支の組み合わせによる神殺」には次のようなものがあります。

【魁罡】——日干支の組み合わせが「壬辰」「庚辰」「庚戌」「戊戌」——

＊「魁罡《かいごう》」とは、元々は「天罡《てんこう》」「河魁《かかい》」の略で、どちらも突き詰めると「北斗七星」を表わしている表現です。

＊「魁罡」日生まれは、「北斗七星」のように群衆の中で〝目立った存在〟であることを意味し、性格の強さと激しさが際立っています。行動力があり危険を顧みず、正義の為なら人に先んじて行動していくリーダー的資質の持ち主です。

＊「魁罡」日生まれは、正義感の強い人が多いのですが、その結果としてトラブルに巻き込まれやすく、周りの味方をも敵に廻してしまいやすい弱点があります。運勢的な吉・凶がハッキリとし、凶運の時には要注意です。

＊日柱だけでなく、他の柱にも「魁罡」が出ていると、社会的に成功して、権力の座につく可能性があります。
＊「魁罡」日生まれは、開拓者精神が旺盛なので、それを求められる分野では才能を発揮できますが、保守的な組織では孤立する可能性もあり、対人関係でのトラブルを経験しやすい傾向があります。
＊女性で「魁罡」日生まれは、家庭生活に難点があり、親子関係や夫婦関係に深い亀裂が生じやすいようです。
＊年運で「官・殺」「財・帛」の年がやって来ると、予期せぬ災難やトラブルに見舞われやすい傾向があります。

【日刃】――日干支の組み合わせが「丙午」「戊午」「己未」「壬子」――

＊「日刃《にちじん》」とは、「刃が付きまとう日」という意ですが、特に私生活上でのトラブルが多い生まれとなります。
＊「日刃」日生まれに、「己未」日を加えない教科書が多いのですが、実占上、同様の凶作用が窺われます。
＊「日刃」日生まれは、激しい気性の持ち主で、男性よりも女性に〝凶作用〟が働きやすい傾向がみられます。
＊「日刃」日生まれの女性は、専業主婦になると、夫を尻に敷くか、病弱にしてしまいやすい傾向があります。
＊「日刃」日生まれは、出逢いから結婚までを短期間にしないと、予期せぬ三角関係が生じやすくなります。
＊「日刃」日生まれは、天干に「劫財」を透出していると、悲恋を味わいやすく、相手に貢ぎやすくなります。

【日徳】――日干支の組合せが「甲寅」「丙辰」「戊辰」「壬戌」――

＊「日徳《につとく》」とは、先天的に「人徳が備わっている日」という意ですが、成功にはいくつかの条件を必要とします。
＊「日徳」日生まれは、月支蔵干に「正財」「正官」「印綬」「食神」のいずれかがあることが、人徳者の条件です。

＊「日徳」日生まれは、物事に直向《ひたむ》きで信念が発達し、真面目でボランティア精神の強い傾向が見受けられます。
＊「日徳」日生まれは、尊敬や支持も受けますが、敵が出現することも多く、運気による吉・凶が大きいものです。
＊「日徳」日生まれは、年運で「七殺」や「羊刃」の年が来ると、予期せぬトラブルに巻き込まれやすくなります。

【日貴】——日干支の組合せが「丁酉」「丁亥」「癸巳」「癸卯」——

＊「日貴《につき》」とは、神殺の一つ「天乙貴神」が日干支で表出される日で、目上からの引立て運を持っています。
＊「日貴」日生まれは、どんなに困っても必ず〝救いの手〟が差し伸べられる生まれで、衣食住に事欠きません。
＊「日貴」日生まれは、奥ゆかしい部分を持ち、女性の場合は〝結婚運が良く〟相性的にも恵まれた結婚をします。
＊「日貴」日生まれの女性で、「丁亥」日生まれは〝出世する夫〟と結ばれ、「癸巳」日生まれは〝財産家〟と結ばれます。
＊「日貴」日生まれは、客商売や人気商売をすると、有力な後援者がついて、社会的に成功しやすいものです。

【淫欲殺】——日干支の組合せが「乙卯」「丁巳」「庚申」「辛酉」——

＊「淫欲殺《いんよくさつ》」とは、文字通り「淫猥な欲望から窮地を招きやすい」ことを表し、恋愛・結婚に要注意の運命です。
＊多くの推命学書では、多数の〝日干支の組合せ〟を「淫欲殺」としていますが、上記の干支が特に強い日です。
＊「淫欲殺」日生まれは、一度の結婚で済まないケースが多い命ですが、どんな環境でも異性の出現があります。
＊「淫欲殺」日生まれは、肉親縁に支障が生じやすいところがあり、孤独な家庭生活を強いられやすいものです。

＊「淫欲殺」日生まれは、喧嘩の果てに離婚をした場合、男女とも、子供は相手側に渡ってしまう傾向があります。
＊「淫欲殺」日生まれは、不倫など生じやすいものですが、単なる〝遊び〟だけに終わることが出来ないものです。

【妨害殺】――日干支の組合せが「乙酉」「己卯」「辛卯」「壬午」――

＊「妨害殺《ぼうがいさつ》」とは、身内からの反対・干渉などによる「妨害を受ける」ことを表し、特に恋愛・結婚で要注意です。
＊多くの推命学書では、多数の〝日干支の組合せ〟を「妨害殺」としていますが、上記の干支が特に強い日です。
＊「妨害殺」日生まれは、身内から反対・干渉を受けやすいような相手を、無意識に求める傾向を持っています。
＊「妨害殺」日生まれは、恋愛・結婚だけでなく、職業選択の場合にも、身内を敵に廻すような傾向が窺われます。
＊特に「辛卯」日生まれは、恋愛遍歴を繰り返しやすい傾向があり、結婚が一度で済まない傾向が窺われます。

★「日干」と「地支」の組み合わせによる「神殺」には次のようなものがあります。

【天乙貴神】――【陽貴神】と【陰貴神】に分かれています――

＊「天乙貴神《てんいつきじん》」は「陽貴神《ようきじん》」と「陰貴神《いんきじん》」に分かれていて、紫微斗数では「陽貴神」を「天鉞星《てんえつせい》」、「陰貴神」を「天魁星《てんかいせい》」と呼びます。星平会海では「陽貴神」を「貴人星」とし、「陰貴神」を「玉堂星」と呼びます。どちらの場合も、日干から求める星ではなく、年干から求める星として扱われます。
＊「天乙貴神」の表出法についてはさまざまな説があり、どれが〝原初の法〟であるのかは判然としていません。

＊「天乙貴神」は、〝闘争・殺傷に関わりやすい十二支〟とされる「辰」と「戌」の十二支を飛ばす形を採ります。

＊「陽貴神」は、月支は子節～巳節の「陽遁期間」、及び、時支は卯刻～申刻の「昼間」生まれにより強く作用し、「陰貴神」は、月支が午節～亥節の「陰遁期間」、及び、時支が酉刻～寅刻の「夜間」生まれにより強く作用します。

＊本書では、「陽貴神」は実星である「木星（歳星）」と逆行する「歳陰（仮想の星）」の動きを仮借し、「陰貴神」は「歳星」そのものの動きを仮借したものと捉えます。実際の天空上では、十二支の「丑」と「未」で「歳星」と「歳陰」とが交錯します。そして、実星である「歳星」は十二支に逆行して進んで行き、虚星である「歳陰」は十二支に順行して進んでいきます。その「歳陰」十二支が、そのまま「年支」となるので「太歳《たいさい》」とも呼ばれます。

＊基本的に「干支暦」の〝年干支配当〟では、「木星（歳星）」の出発点は「丑」で、それに「甲」を当てているので、実質的には「丑」と「未」の両方に〝「甲」が関わっている〟ということになります。

＊したがって「天乙貴神」というのは、占星術での「木星」に似た意味合いを持っている虚星で、「天のサンタクロース」という異名を持っている「木星」は、干支術的には「天でもっとも貴い神」ということになります。

＊そのような観点から「陽貴神」と「陰貴神」の一般的な表出法を再考すると、「戊」と「己」の表出方が〝逆である〟という結論に達します。その部分だけ入れ替えると、「陽貴神」と「陰貴神」の移動はスムーズになるのです。

	甲	乙	丙	丁	戊	己	庚	辛	壬	癸
	←	←	←	←	←	←	←	←	←	←
陽貴神	未↓	申↓	酉↓	亥↓	子↓	丑―	丑↓	寅↓	卯↓	巳 （陽貴神は十二支を順行）
陰貴神	丑↓	子↓	亥↓	酉↓	申↓	未―	未↓	午↓	巳↓	卯 （陰貴神は十二支を逆行）
	→	→	→	→	→	→	→	→	→	→
	甲	乙	丙	丁	戊	己	庚	辛	壬	癸

＊紫微斗数や星平会海における「天乙貴神」は、「日干」ではなく、「年干」から表出することになっています。これは「天乙貴神」だけではなく、すべて徐子平以前の「年干＝我」主体の「神殺」表出法に従っているからです。

＊子平術以降は「我」は「日干」に移行したので、主として「日干」を基に、すべての地支を対象として求めます。

＊「日干」から求める「天乙」が年支に表出され、「年干」から求める「天乙」が日支に表出されるのを「互換天乙神」と呼び、「天冲殺」「支冲」「支刑」を観なければ〝特別に幸運な人生〟が用意されている人の命とされます。

＊「陽遁期間」の月支や「昼間」の時（刻）支に生まれて「陽貴神」を観れば、より一層〝幸運な生まれ〟で、特に目上からの引立てや経済的恩恵に恵まれる傾向があります。「昼間」の方が「陽遁」よりもやや意味合いが強まります。

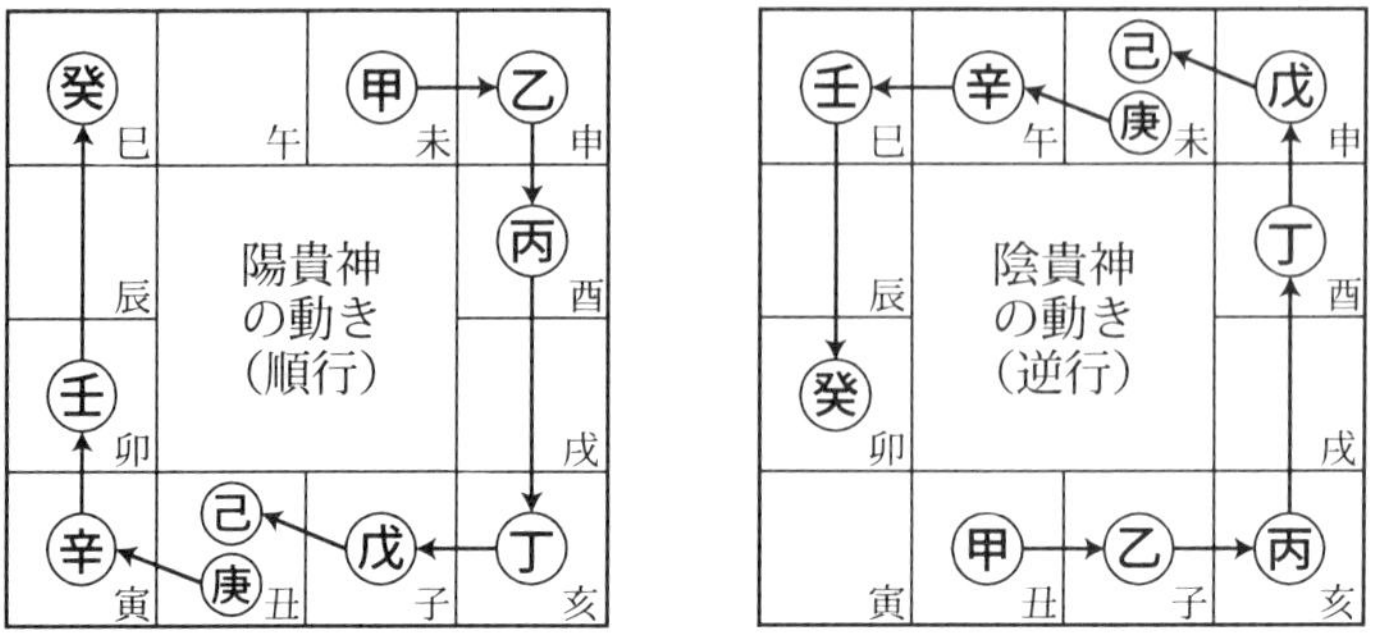

【図表50】陰・陽で対照的な動きをする天乙貴神

＊「陰遁期間」の月支や「夜間」の時（刻）支に生まれて「陰貴神」を観れば、より一層〝幸運な生まれ〟で、特に目上からの贈与や財政的支援に恵まれる傾向があります。「夜間」の方が「陰遁」よりも意味合いが強まります。
＊日干から表出した「天乙貴神」の柱に「天冲殺」あれば、目上から引立てあっても活《い》かしきれない人生です。
＊「天乙貴神」の柱に「食神」が表出すれば、グルメで食生活に恵まれ、生活環境に不自由ない人生を歩みます。
＊「天乙貴神」の柱に「正官」又は「印綬」が出れば、目上から寵愛されて引立て運に恵まれた人生を歩みます。
＊「天乙貴神」の柱が「支合」「三合」となるのは、芸術的な素質と人気運に恵まれ、共同事業でも成功します。
＊「天乙貴神」の柱に「華蓋」（後述）が表出するのは、周りからの人望が厚く、若くして地位・名誉を得られます。
＊「天乙貴神」の柱が「支冲」「支害」となるのは、目上の恩恵が仇となって結果的に苦労の多い人生となります。
＊年運で「天乙貴神」の十二支年がやって来ると、その年は幸運で当選・

入賞等の希望が叶いやすいものです。

【羊刃】　──日干から地支を見て「甲→卯」「丙→午」「戊→午」「庚→酉」「壬→子」となる──

＊「羊刃《ようじん》」とは、「陽刃」とも記して〝「陽」の十干〟のみに表出される「攻撃的で危険な刃」を意味する神殺です。

＊「羊刃」が月支に表出されると、格局としては「羊刃格」となり、プライドが高く攻撃性を秘めた性質となります。

＊推命学書の中には、〝「陰」の十干〟からも「羊刃」を表出する教科書がありますが、作用として微弱すぎます。

＊「羊刃」の中でも、「時支」によって表出される「羊刃」を「真刃」と呼び、もっとも作用が強いものとします。

＊「羊刃」が表出されるのは、〝強烈な個性〟の持ち主であることを表し、我儘な要素を多分に持っています。

＊男性で「羊刃」が二つ以上出現するのは、結婚運が悪くて、再婚や再々婚となりやすい運命の持ち主です。

＊女性で「羊刃」が二つ以上出現するのは、我儘で傲慢な性質を持ち、恋愛トラブルを招きやすいようです。

＊「羊刃」の柱に「七殺」が表出されると、徐々に社会的地位・名誉を得て権力をふるう立場となっていきます。

＊「羊刃」の柱に「正財」が表出されると、お金にまつわるトラブルを生じ易く、身内の財産争いに要注意です。

＊「羊刃」の柱に「傷官」が表出されると、職場での対人面で問題が生じやすく、仕事・職場が落ち着きません。

＊男女とも「羊刃」が二つ以上出現するのは、予期せぬ事故・災難に要注意で、病気手術の可能性もあります。

＊「羊刃」が年支に表出するのは、両親との関係に問題多く、時支に出るのは子供との関係に問題多いものです。

＊「甲」と月支「卯」、「庚」と月支「酉」で表出される「羊刃」は、共同事業でトラブルが生じやすい生まれです。

＊年運で「羊刃」の十二支年に独立して事業・商売を始めると、金銭面や異性から窮地に陥る傾向が顕著です。

【干禄】――日干から地支を見て表出します。

「甲→寅」「乙→卯」「丙・戊→巳」「丁→午」「庚→申」「辛・己→酉」「壬→亥」「癸→子」――

＊「干禄《かんろく》」とは、十干に対する「禄＝報酬」のことで、星平会海では「禄勲《ろくくん》」と呼ばれ、紫微斗数では「禄存《ろくぞん》」と呼ばれる星と同一のものです。したがって、現代的には棚ボタ的要素のある〝広義の金運〟と捉えても良いでしょう。

＊多くの推命学書では、「己」の「干禄」を「午」としていますが、大いに疑問で、本書では「酉」として扱います。

＊「干禄」が年支に出るものを「歳禄《さいろく》」と呼び、月支に出るものを「建禄《けんろく》」と呼び、日支に出るものを「坐《ざ》禄《ろく》」と呼び、時支に出るものを「帰禄《きろく》」と呼びます。したがって月支に「干禄」が出れば「建禄格」の格局が成立します。

＊「干禄」の柱がもっとも嫌うのは「天冲殺」と「支冲」で、これらを表出するとせっかくの「禄」は失われます。

＊「干禄」の柱が「支冲」を見れば、対人関係のトラブルから「禄」を失い、社会的な立場を追われていきます。

＊「干禄」の柱が「天冲殺」を見れば、経済的な面で浮き沈みが多く、財を成しても予期せぬ事情で失います。

＊どちらかと云えば〝「陽」の十干〟から表出した「干禄」の方が、安定した「禄＝報酬」を得られやすいようです。

＊「干禄」の柱に「正官」が表出されると、仕事による報酬が極めて多く社会的地位とともに上昇していきます。

＊「干禄」の柱に「食神」が表出されると、飲食生活では特に恵まれ、仕事を通じグルメな毎日を堪能できます。

＊「干禄」の柱に「正財」が表出されると、貯蓄運が与えられていて、見る見る内に財産を築くようになります。

【文昌】――日干から地支を見て表出します。

「甲→巳」「乙→午」「丙・戊→申」「丁・己→酉」「庚→亥」「辛→子」「壬→寅」「癸→卯」――

＊「文昌《ぶんしょう》」とは、「明らかな文様」の意ですが、現代的には〝芸術的創作能力〟を意味すると考えて良いでしょう。

＊「文昌」は〝表現能力〟の星なので、何らかの形で〝自己表現〟を行わないと、優れた素質が発揮できません。

＊「文昌」の柱に「傷官」「食神」「正財」「偏財」が表出されると、優れた才能を秘め、創作能力が保証されます。

＊「文昌」の柱に「印綬」「梟神」が表出されると、学術分野以外では才能を発揮しても収入に結び付きません。

＊日干がことのほか強く「文昌」が表出されると、若くして独立するタイプの芸術家、技術者として成功します。

【紅艶】――日干から地支を見て表出します。

「甲・乙→午」「丙→寅」「丁→未」「戊・己→辰」「庚→戌」「辛→酉」「壬→子」「癸→申」――

＊「紅艶《こうえん》」とは、現代的に云えば「セクシー・ピンク」を意味し、〝性的な魅力の持ち主〟であることを暗示します。

＊「紅艶」の中でも、「子」や「辰」で表出される「紅艶」は誘惑に弱く、後で窮地に追い込まれやすいようです。

＊「紅艶」の柱に似たような意味合いを持つ「咸池」（後述）も表出されると、〝性的な魅力〟は強まりますが、SEX問題に巻き込まれがちです。

＊「紅艶」の〝性的な魅力〟は、異性相手の仕事ではプラスに作用し、たくさんの異性から熱い支持を集めます。

＊「紅艶」は〝恋愛事件〟を起こしやすい星ですが、芸能などの人気商売では愛嬌があってプラスに作用します。

【学堂】──日干から地支を見て表出します。

「甲→亥」「乙→午」「丙・戊→寅」「丁・己→酉」「庚→巳」「辛→子」「壬→申」「癸→卯」──

＊「学堂《がくどう》」とは、現代的に云えば「学校」とほぼ同じ〝学術研究に優れた素質の持ち主〟であることを表します。

＊「文昌」と同じ柱に表出する「乙」「丁」「己」「辛」「癸」の陰干日生まれは、芸術的素質・才能も持っています。

＊「文昌」と同じ柱には出ない陽干日の生まれは、専門分野や特殊な分野に対し特に優れた素質があります。

＊「学堂」の柱に「正官」が表出されると、仕事上で〝優れた研究成果〟を発揮できる素質の持ち主となります。

＊「学堂」はどちらかと云えば〝専門分野に適する星〟なので、公務員よりもスペシャリストを目指した方が実力を発揮できます。

★「日支」から他の四柱「地支」を見て表出する神殺には次のようなものがあります。

【咸池】──日支から他の地支を見て表出します。

「寅・午・戌→卯」「巳・酉・丑→午」「申・子・辰→酉」「亥・卯・未→子」──

＊「咸池《かんち》」とは、桃源郷にある「天女たちが湯浴みする池」のことで、現代的に云えば〝風俗的な世界〟でしょう。

＊「咸池」の「咸」は、「感」と違って「心」が欠けているので、〝性愛の悦び〟はもたらしても、〝心〟まで

は満たしてくれません。
＊「咸池」は〝三合の法則〟から出た星ですが、中でも「卯」「酉」で出て来た「咸池」がもっとも強く作用します。
＊「咸池」が年支に出る場合、年支から見て日支も「咸池」になっていたなら、〝性愛の快楽〟を人一倍求めます。
＊「咸池」が月支に出る場合、男性なら「女」「酒」「ギャンブル」のいずれかに〝飲まれがちな人生〟となります。
＊「咸池」が時（刻）支に出る場合、男女とも、中高年になってから不倫をするとか〝愛の放浪者〟に変わっていく可能性があります。
＊命式に「咸池」が表出される人は、飲食業など、〝接客業〟や〝異性相手の仕事〟には大変向いているものです。
＊通常「咸池」と「紅艶」の両星が表出されると、異性関係が華やかとなり、恋愛相手が変わりやすくなります。

【駅馬】――日支から他の地支を見て表出します。

「寅・午・戌→申」「巳・酉・丑→亥」「申・子・辰→寅」「亥・卯・未→巳」――

＊「駅馬《えきば》」とは、電車なき時代「各駅に常駐している馬車」の意で、昔の〝移動・交通の代表的手段〟のことです。
＊推命学書によっては、日支ではなく年支から見て表出する方が的中すると主張している教科書もあります。
＊「駅馬」が表出されなくても、「寅」「巳」「申」「亥」の多い人、特に「巳」支が多い人は〝移動運〟を持っている傾向がみられます。
＊「駅馬」の柱に「正財」「偏財」「正官」が出ると、遠方取引・交渉や駐在員に適した才能・素質を持っています。
＊「駅馬」の柱に「梟神」が表出されると、〝移動の多い職業〟につく可能性が高く、転職しやすい傾向もあります。

＊「駅馬」が複数表出する場合、その生涯には移動が多く、常に〝奔走しなければならない人生〟を表わします。
＊「駅馬」の柱に「七殺」が表出されると、〝海外に出向く仕事〟に適性があり、故郷を遠く離れて成功します。
＊「駅馬」の柱が「天冲殺」と重なると、精神的な焦燥感が強くて、〝安住の地〟をなかなか見つけられません。

【劫殺】――日支から他の地支を見て表出します。

「寅・午・戌↓亥」「巳・酉・丑↓寅」「申・子・辰↓巳」「亥・卯・未↓申」――

＊「劫殺《ごうさつ》」とは、現代的には「恐怖体験」の意で、〝死ぬような危険〟を体験しやすい運命の持ち主と言えます。
＊「劫殺」は、中華圏の「運勢暦」では重視されている星で、特に〝方位的に犯してはならない方位〟とされます。
＊「劫殺」は、情勢の変化に対して〝臨機応変の才〟を発揮することもあれば、〝自ら危険を冒す〟こともあります。
＊「劫殺」が複数表出されるのは、衝動性が強く〝凶暴な部分〟を持ち、特に交通事故に要注意の人生です。
＊「劫殺」が表出される方位は、運勢上マイナスに作用しやすく、交際トラブルに巻き込まれやすいものです。
＊「劫殺」の柱に「正官」が表出されると、危険さを伴う〝警察官・自衛隊・レスキュー隊員〟として成功します。

【喪弔】――日支から他の地支を見て、二支とも揃っていた時に限り、両支に対して「喪弔」と記します――

「子↓寅・戌」「丑↓卯・亥」「寅↓辰・子」「卯↓巳・丑」「辰↓午・寅」「巳↓卯・未」「午↓申・辰」「未↓酉・巳」「申↓戌・午」「酉↓亥・未」「戌↓子・申」「亥↓丑・酉」

＊「喪弔《そうちょう》」は、原書では「喪門」と「弔客」に分かれている神殺で、一般の推命学書もそれに従っていますが、

原理的にも実例的にも一支だけで、その作用を決定づけるものではなく、両支あって〝作用が及ぶ星〟と観ます。

＊「喪弔」とは、文字通り「身内の葬儀」を表わす言葉で、〝親の死など家族縁の乏しい運命〟を表わしています。

＊「喪弔」は日支から表出する星ですが、年支から見て〝二つの支〟が揃う場合も、多少似た傾向がみられます。

＊「喪弔」と「華蓋」が同柱すると、身内の「縁」が乏しく、世を捨て信仰の道に入って成功する場合もあります。

＊年運で、一支がプラスされて「喪弔」となるのは、その年に〝身近な人が亡くなる〟可能性を示唆しています。

【白虎】――日支から他の地支を見て表出します。

「子・辰・申→午」「卯・未・亥→酉」「午・戌・寅→子」「酉・丑・巳→卯」――

＊「白虎《びゃっこ》」とは、幕末時の精鋭部隊が「白虎隊」ですが、要するに〝血気盛んな闘争本能〟を意味する表現です。

＊「白虎」が「月支」に表出されると、青春期の恋愛はトラブルを抱えやすく〝喧嘩別れ〟となりやすいようです。

＊「白虎」が「年支」に表出されると、親子間で衝突しやすく、実家から早くに飛び出しやすい傾向があります。

＊「白虎」が「時（刻）支」に表出されると、我が子との関係がギクシャクしやすく、老後にも同居ができません。

●「月支」を基に表出する神殺と「年支」を基に表出する神殺

「占星術」としての神殺の「星」には、大きく分けると、十干から十二支を見て表出する「星」と、十二支の方から十干を見て表出する「星」、そして十二支から十二支を見て表出する「星」の三種類があります。

十干から見て表出する「星」の場合は、「我」である「日干」との関係から生み出される「星」となりますが、十二支の方から見て表出する「星」の場合は、「月支」の〝三合方位〟と関連ある「十干」となります。「天徳」や「月徳」は、占星術的な意味合いが強い〝三合方位の十干〟でなければならないのです。

同じ十二支の中でも、「天干」に対する影響力は「月支」がもっとも強く、他の十二支を寄せ付けません。「子平術」の根幹をなすものが、〝わが精神の源〟である「日干」と、その土壌とも云うべき〝肉体形成の源〟として季節に関わる「月支」なのです。そういう意味では、ここに登場する「天徳貴人」や「月徳貴人」はとても重要なのです。同じ要素は「時（刻）支」にもありますが、影響力ははるかに微弱です。

実は、本書ばかりでなく、推命学書では何十もの「星」を用意しながら、「時（刻）支」から他の十干や十二支を見て表出する「星」というものが存在していません。「占星術」でそれを備えているのは「紫微斗数」で、そういう意味ではもっとも偏りの少ない「占星術」であると言えます。

古典的な「子平術」の中には、出生日の「時刻干支」、特に「十二支」の方を重要視し、そこに意味を持たせて「格局」を選出する方式を述べているものもありました。けれども、その影響力は「月支」と比べると、微弱すぎて実占上で使用しにくいのが現状です。

★「月支」から「天干」や「地支」を見て表出する神殺には次のようなものがあります。

【天徳貴神】――月支から天干を見て表出する神殺ですが、多くの推命書は誤った説を載せています――

＊古典的な推命学原書では、「天徳貴神《てんとくきじん》」の表出法として、次のような古歌を載せています。

《正丁・二坤は中、三壬・四辛は同じ、五乾・六甲は上がり、七癸・八艮は逢う、九丙・十乙に居り、子巽・丑庚は中》

＊古歌に出て来る「坤」「乾」「艮」「巽」というのは、いずれも「二十四山方位」に示されている〝方位〟のことです。

＊古い時代の「二十四山方位」では、「坤」＝「己」、「乾」＝「戊」、「艮」＝「己」、「巽」＝「戊」と記されています。

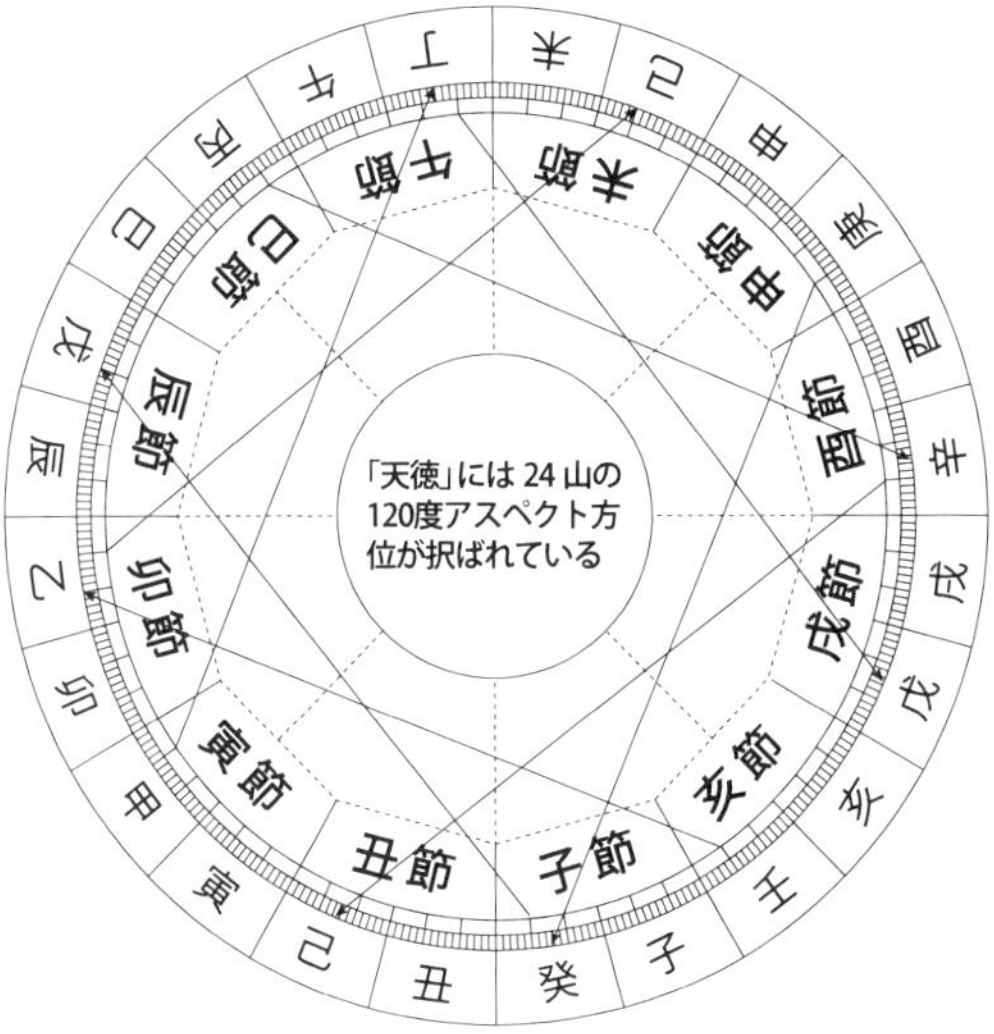

【図表51】「天徳貴神」は24山方位に基づく「三合（120度）」の十干方位

＊元々「二十四山方位」は〝天空方位〟で、「天上の徳が得られる所」という意味合いが強く、地支でなく「天干」を見て表出すべきです。

＊原初の「二十四山方位」を当てはめた場合、月支の〝三合位置〟（占星術で云う百二十度）に当たる十干が「天徳方位」の位置となります。

＊月支から天干を見て表出する「天徳貴神」は、「坤」「乾」「艮」「巽」の位置を十干に転換して用いるべきです。

＊原初「二十四山方位」に法った正しい表出法は、「寅→丁」「卯→己」「辰→壬」「巳→辛」「午→戊」「未→甲」

「申↓癸」「酉↓己」「戌↓丙」「亥↓乙」「子↓戊」「丑↓庚」ということになります。すべて「三合（百二十度）」方位です。

＊「天徳貴神」が「日干」として表出されるのがもっとも理想的で、正に〝天上の徳を備えた生まれ〟となります。

＊「天徳貴神」が「月干」として表出されるのが次に良く、その十干が表す「通変」が幸運な形で発揮されます。

＊同じ「天徳貴神」の中でも、季支である「辰」「未」「戌」「丑」によって表出した「天徳」がもっとも幸運です。

＊「天徳貴神」が「年干」として表出されるのは、目上から寵愛される形で、職場で上司から引立てを得ます。

＊「天徳貴神」が「時（刻）干」として表出されるのは、五十代以降になって社会的地位が得られる生まれです。

＊「天徳貴神」が表出している命式は、その「貴神」方位が〝開運・引立ての方位〟であると暗示しています。

【月徳貴神】――月支から天干を見て表出します。

「申・子・辰↓壬」「寅・午・戌↓丙」「巳・酉・丑↓庚」「亥・卯・未↓甲」――

＊「月徳貴神《げっとくきじん》」とは、元々「月支」から「根」としての〝パワーを得られる十干〟を意味し、それを「陰徳」と結びつけて解釈した吉神です。

＊「月徳貴神」は〝三合の法則〟から導き出されているという点では「天徳貴神」と同様ですが、「二十四山方位」との関わりはありません。季支である「辰」「未」「戌」「丑」が月支の場合は、「月徳貴神」と「天徳貴神」とが同一干となります。

＊「月徳貴神」は、月支を含め「三合支」全て揃うのがもっとも理想的で、〝「徳」を備えた人生〟が約束されます。

＊「月徳貴神」が「日干」として表出すれば、たとえ窮地に陥っても必ず〝救いの手〟が差し伸べられる人生です。
＊「月徳貴神」の柱に「食神」「正財」「偏財」が表出されると、先祖の余徳で経済的に恵まれた人生となります。
＊「月徳貴神」の柱に「梟神」「劫財」「七殺」が表出されると、余徳あっても我儘さが目立つ人柄となります。
＊「月徳貴神」が「時（刻）干」として表出すれば、五十代以降になって周囲から尊敬を得られるようになります。
＊命式に「月徳貴神」と「天徳貴神」の両方が別々にみられるのは、強運ですが事故・怪我に要注意の命です。

【華蓋】――月支から他の地支を見て表出します。

「寅・午・戌→戌」「巳・酉・丑→丑」「申・子・辰→辰」「亥・卯・未→未」――

＊「華蓋《かがい》」とは、「華やかな天蓋」の意で、従者から〝美しい花笠を差してもらえる身分〟となる人を暗示します。
＊「華蓋」は〝三合の法則〟から表出される星ですが、推命学書によっては「日支」を基に出す教科書もあります。
＊「華蓋」は、「天冲殺」や「支冲」の出現を嫌い、それらを見ると〝孤独な人生〟となることを暗示しています。
＊「華蓋」が年支に表出されると、先祖からの〝相続運〟を持っていますが、両親に「縁」の薄い暗示があります。
＊「華蓋」が日支に表出されると、身内に「縁」が薄く、時（刻）支に表出されると子供に「縁」が薄くなります。
＊「華蓋」が表出される人は、芸術分野や宗教分野に進むと才能を発揮し、名誉ある賞や地位を得られます。
＊「華蓋」の柱に「印綬」「梟神」「正官」が表出されると、古典芸術とか伝統技法で活躍する人生となります。

★「年支」から他の「地支」を見て表出する神殺には次のようなものがあります。

【孤臣】

――年支から他の地支を見て表出します。

「亥・子・丑→寅」「寅・卯・辰→巳」「巳・午・未→申」「申・酉・戌→亥」――

＊「孤臣《こしん》」とは、本来は「孤臥《こが》」だったものが「孤臣」や「孤辰」や「孤神」の名称で普及したのだと思われます。

＊本来の「孤臥」は「孤独に横たわる」の意であり、「孤臣」の方であれば「独り身の家来」を意味しています。

＊どちらにしても〝身寄りのない孤独な身の上〟を表わし、「喪弔」と共に命式に出ると、その意が強まります。

＊「孤臣」が「月支」に表出されると、親・兄弟に「縁」の薄い生まれとなり、「駅馬」と重なると故郷を離れます。

＊「孤臣」が「日支」に表出されると、配偶者「縁」の薄い生まれで、合わせて日支蔵干が〝透出〟すると、その意を強めます。

＊「孤臣」が「時（刻）支」に表出すると、子供「縁」の薄い生まれで、同柱に「天冲殺」があると、その意を強めます。

＊「孤臣」が表出している人が〝信仰の道に入る〟と、人々の尊敬や信頼を集め成功していく可能性があります。

【寡宿】

――年支から他の地支を見て表出します。

「亥・子・丑→戌」「寅・卯・辰→丑」「巳・午・未→辰」「申・酉・戌→未」――

＊「寡宿《かしゅく》」とは、直訳なら「寡婦の宿」で〝未亡人の家〟の意ですが、表出法を見ても「孤臣」と同じよう

な意味合いです。
＊どちらかと云えば「孤臣」が男性の方に強く作用し、「寡宿」が女性の方に強く作用する傾向を持っています。
＊「寡宿」と「孤臣」の両方が表出されると、〝親兄弟に「縁」の乏しい生まれ〟であることが決定的となります。
＊「寡宿」が「日支」に表出し、「喪弔」も命式に出ていると、女性は恋人・配偶者と死別する可能性があります。
＊男性で「寡宿」が「日支」に表出するのは、結婚のチャンスに恵まれにくく、多くの場合は「晩婚」となります。
＊「寡宿」と「喪弔」の両星が「時（刻）支」に表出されると、子供が産まれたとしても〝早期に喪う可能性〟があるので要注意です。

【大耗】

——男女で表出法を変えている推命学書もありますが、本書では男女ともに同一です。

年支から他の地支を見て「子→未」「丑→午」「寅→酉」「卯→申」「辰→亥」「巳→戌」「午→丑」「未→子」「申→卯」「酉→寅」「戌→巳」「亥→辰」——

＊「大耗《だいもう》」とは、「大きな損耗」を意味し、予期せぬ形で〝地位が脅かされる〟とか〝財産が消失する〟意味合です。
＊「大耗」は、先天的な命式上の地支だけでなく、年支として廻って来た時にも、似たような出来事が生じます。
＊「大耗」が「日支」に出るのは、恋愛・結婚によって、それまで築き上げた地位や財産を失いやすい暗示です。
＊「大耗」の柱に「天冲殺」が一緒に出るのは、その柱の「神殺」が意味する事象で大きな損耗を蒙る暗示です。
＊「大耗」が「時（刻）支」に出るのは、子供や部下により地位や財産に損耗を蒙る形で「支冲」同柱を嫌います。

第10章　「旺衰十二運」の問題点と活用法

日本の「四柱推命」が、途中から大きく躓《つまず》いてしまった最大の原因は、この「旺衰十二運」にあります。何故なら「日主」の〝強・弱〟の基準を「十二運」に求めたからです。さらに途中から「通変」と「十二運」を合わせ観ることで〝判断する〟という技法が普及してしまったからです。それはそれで〝一つの観方〟ですが、「子平術」としての判断法からは遠のいてしまったのです。

●「子平術」と「占星術」の違い

中華系の占星術としては、これまでにも述べて来た「七政四余」があり、「紫微斗数」があります。これらの占星術は、多数の星を出生図上に表出し、その配置や配合などによって判断していくものです。それが天空上に実在する「実星」であれ、実在しない「虚星」であれ、或いは〝虚・実を合わせ観る技法〟であれ、「星」や「星座宮」そのものに意味があり、判断の基があったのです。

それに対して、「子平術」としての「四柱推命」は、元々が〝陰陽・五行原理に基づく干支術〟で、「十干」「十二支」そのものの組合せや多少が判断の基となるのです。ところが明代に「七政四余」と分離する時、「神殺」と呼ばれる「虚星」を引き連れてきてしまったために、その七割が〝干支術〟で、その三割が〝占星術〟として、継承されることとなったのです。つまり、百％占星術を排除できずに来たため、やや中途半端ともいえる判断方法が確立されてしまったのです。

もっとも、その結果として〝干支術〟だけでは判断できない〝具体的な事象判断〟が可能となっている部分もあることを見逃してはなりません。一部の推命家は、実占上、百％「神殺」占星術を排除していますが、そういう推命家が実際の判断で〝抽象的な判断〟に終始せざるを得ない現実を私は知っています。つまり、運命の大要を判断するのは干支術だけで十分でも、実占の場で〝具体的な事象判断〟を行うのは、干支術だけでは難しい面もあるのが実情です。近年の中華圏で出版された推命学書が「神殺」を全面的に排除していないのは、そういう裏事情もあるからだろうと思われてなりません。

実は、これから述べていく「旺衰十二運《おうすいじゅうにうん》」というのは、通常、日干から支柱の各十二支を見て表出していく「虚星」の一種で、十干ごとに異なる〝十二支の運気判別法〟を「星」として表記したもので、日本の推命学では「通変」と共に重要視されてきた判断方法です。

日本における古典的な推命学の場合、或る意味で「通変」と「十二運」とはセットで、その二つを合わせ観ることでさまざまな判断の方法が論じられたりしました。そのこと自体は必ずしも〝的外れな技法〟とは思わないのですが、本来の「子平術」とは相容れない観方で、推命学を難しくしている一面もあります。

元々「旺衰十二運」には弱点があり、「木」「火」「金」「水」の五行は良いのですが「土」の五行を除いて作成された〝旺衰の判別法〟なのです。したがって、多くの推命学書では「土」の五行日生まれは「火」の五行に寄せて、事実上、同じ五行扱いで判断せざるを得ないよう記されています。

この点を指摘した推命学書もあり、一部の流派（門派）では、「土」の陽干「戊」はこれまで通り〝「丙（「火」の陽干）」に寄せた十二運〟を用い、「土」の陰干「己」は〝「癸（「水」の陰干）」に寄せた十二運〟を用いることで解決しようとしています。けれども、五行の旺衰だけから云えば、「己」と「癸」では違いが大きすぎます。

私の研究では、むしろ「己」の場合は、「癸」よりも「辛」（「金」の陰干）に寄せた方が、五行上の旺衰が適合しているように思われます。事実、古典的な原書の中には、「土」の五行を陽干・陰干共に「金」に寄せて判別している教科書もあるのです。ただ陽干「戊」の「丙」寄りは実占上からも避けがたく、問題は「己」だけなので、本書では「己」の「辛」寄りを推奨いたします。

また、通常、「十二運」は「陰陽生死」と云って、陽干の「死運」に当たる十二支を、陰干では「生運」に持ってくる技法を用います。つまり、十干の「陽」と「陰」とでは〝正反対の旺衰廻り〟を常道とします。

これに対して、陽干・陰干とも同一にすべきと主張する研究家もいるのですが、そうであるなら「通変」や「神殺」のほぼすべてが陰・陽で〝同一十二支を共有していない〟事実を上手《うま》く説明できません。十干における〝陰・陽の違い〟は、子平術の全般で示唆されていて「十二運」だけ一致させることの方が違和感を覚えます。

結局、さまざまな問題点を抱えながら、実占家に重宝されてきたのが「十二運」で、実占の場で広く用いられたのは、それなりの的中性があったからに違いありません。もっとも指摘してきたような問題点も抱えているのが「十二運」で、やはり一番の問題点は「土」五行が〝正規の旺衰運〟として機能していない点です。陽干「戊」を「丙」に、陰干「己」を「辛」に寄せることで、或る程度まで対応できでも〝正規の旺衰運〟として捉えることは出来ません。したがって本書では〝メインとして組み入れていない〟のです。

さらに、もう一つ、日本式の推命学では「日干」の〝強・弱〟を測る目安として、しばしば「十二運」が用いられました。つまり、「我」である「日干（日主）」から、四柱それぞれの〝地支エネルギー〟を読み取る方法として、この「十二運」が用いられたのです。確かに「十二運」個々の名称は、人間の〝輪廻転生を想定した運の流れ〟となっていて、或る種〝生涯における旺衰〟と共通した意味合いを感じさせます。

ところが、この「十二運」に基づいて〝強・弱〟を決めてしまうと、十二支五行との違いが出て来て、「日干」の〝五行強弱〟を複雑なものにしてしまうのです。つまり、「日干」の〝強・弱〟は「月令」四季五行による〝五段階強弱〟、「地支五行」としての〝「根」の栄養分〟、「年干」「月干」「時（刻）干」の〝「党（仲間）」の有無〟――という三原則の観方から外れてはならないのです。

逆の言い方をすれば、そういう原則から外れさえしなければ「十二運」は大いに活用できるのです。

本書における「旺衰十二運」の名称は、若干、一般的なものと異なる部分もあります。基本的にすべてを「一文字」で表しているからです。

つまり、「生《せい》」→「浴《よく》」→「冠《かん》」→「建《けん》」→「旺《おう》」→「衰《すい》」→「病《びょう》」→「死《し》」→「墓《ぼ》」→「絶《ぜつ》」→「胎《たい》」→「養《よう》」の十二運です。一般的な十二運名称は、「長生《ちょうせい》」→「沐浴《もくよく》」→「冠帯《かんたい》」→「建禄《けんろく》」→「帝旺《ていおう》」→「衰」→「病」→「死」→「墓庫《ぼこ》」→「絶」→「胎」→「養」となります。また「算命学」の方では、同じものを「天貴《てんき》」→「天恍《てんこう》」→「天南《てんなん》」→「天禄《てんろく》」→「天将《てんしょう》」→「天堂《てんどう》」→「天胡《てんこ》」→「天極《てんきょく》」→「天庫《てんこ》」→「天馳《てんそう》」→「天報《てんぽう》」→「天印《てんいん》」と呼びます。

●「十二運」を実占上で活用する秘法

まず、「旺衰十二運」の名称を改めて眺めて欲しいのです。特に「墓」→「絶」→「胎」の部分です。

その名称は、人間に〝輪廻転生を想定した運の流れ〟であると述べましたが、この部分について多くの教科書はアッサリと通り過ぎてゆきます。けれども、これが「人間の運命」を扱う推命学書である以上、アッサリと通り過ぎて良い部分ではありません。

「旺衰十二運」の発案者は、明らかに人間の運命が、生まれてから死ぬまでにとどまらず、いったん「墓」となって葬られた後、「絶」として〝闇の世界〟を辿った後、再び「胎」となって母体内に入り込み、子宮内において栄養分を「養」として吸収し、「生」として産声《うぶごえ》を上げることを示唆しているのです。途切れない〝生命の循環〟を示唆しているのです。われわれが「魂」として、或いは「霊」として、何となく認識している〝あの世〟ともいうべき世界を「絶」という名称で暗示しているともいえるのです。

実は「沐浴」も「冠帯」も、貴族の子供だけが行う〝神聖な儀礼〟であり、元々は「前世」の垢《あか》を洗い流すための儀礼が「沐浴」であり、成人した証として冠と帯を着ける儀礼が「冠帯」です。したがって、ここで辿《たど》っている運の流れは、一般的に云う「運が良い」とか「悪い」とかの運勢ではなく、どのような王侯貴族といえども避けられない〝人間の生涯が背負う運の流れ〟を意図しているのです。

その「十二運」ですが、実占的には〝手指を使って表出していく〟のが憶えやすく、時間も掛からず、活用しやすい方法です。「早見表」の方が間違いやすいので、最初は面倒でも〝手指を使って出す〟方法に慣れましょう。

★「旺衰十二運」の表出は次のように行います。

＊まず、手指の中で使用するのは、左手の人差し指から小指まで、そして四指下にある掌上部だけです。

＊四指は、各関節の区切りの筋を「区分線」に観立てると、それぞれが「指先部分」と「中間部分」と「付根部分」に分かれます。さらに、各指「付根の下部分」を加え、一つの指に対し〝四区分〟を想定して使用するのです。

① 「甲」の起点
② 「丙」「戊」の起点
③ 「庚」の起点
④ 「壬」の起点

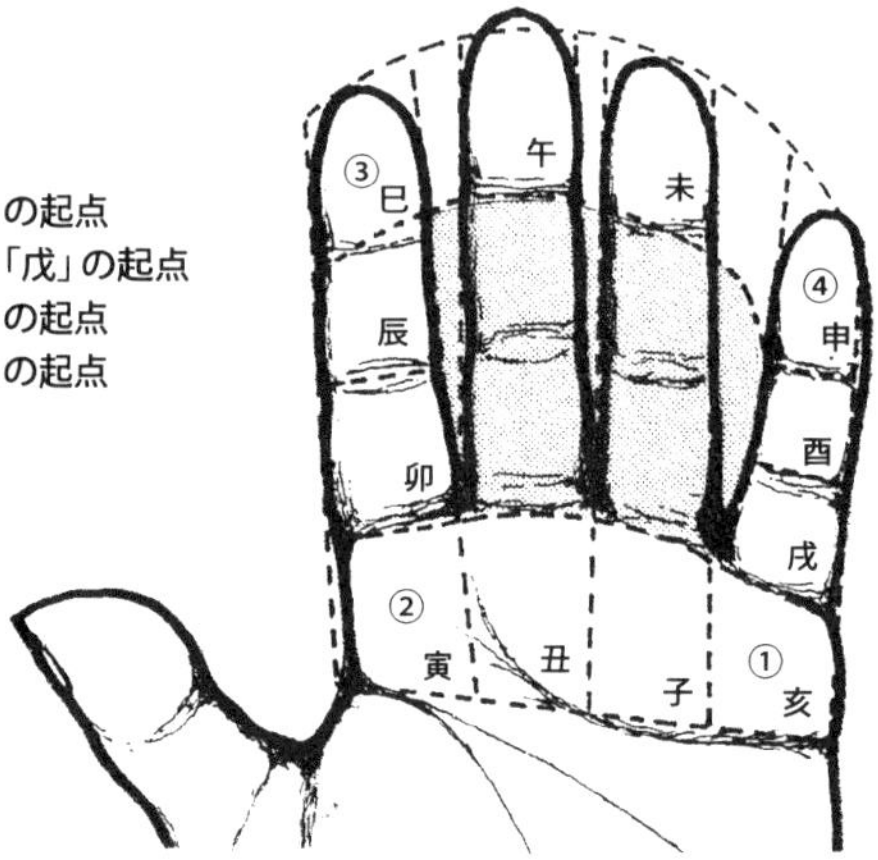

起点は「生」の十二運からスタートして、「生」→「浴」→「冠」→「建」→「旺」→「衰」→「病」→「死」→「墓」→「絶」→「胎」→「養」と順行。陰干は陽干の「死」を「生」として逆行。

【図表52】手指を使って表出する〝旺衰十二運〟

＊実際には四指の中で、中指と薬指は「中間部分」と「付根部分」の二か所は使用しません。つまり、人差し指と小指は四か所の空間、中指と薬指は二か所の空間を使用する、ということです。

＊そして、人差し指「付根下部分」の空間に「寅」を設定し、順次人差し指空間を上昇する形で「卯」↓「辰」↓「巳」…と進んでいくのです。つまり、「巳」は人差し指「指先部分」に位置するはずです。

＊そこから右折し、中指「指先部分」が「午」、薬指「指先部分」が「未」、小指「指先部分」が「申」と進みます。そして、「申」からは下降し、「酉」↓「戌」↓「亥」と下がって、「亥」は小指「付根下部分」に位置するはずです。

＊さらに「亥」からは親指側に、薬指「付根下部分」が「子」、中指「付根下部分」が「丑」となって、ぐるり一周です。

＊これで手指の〝十二支設定〟が完成しました。この〝十二支設定〟を完全に記憶してしまえば、「早見表」など不

要で「星」が表出できるのです。これは私の発案ではなく、中華圏の実占家達が用いている方法です。

＊「十二運」を表出するためには、事実上、四か所だけ記憶すれば良いのです。つまり、「甲」は「亥」からスタートする、「丙」「戊」は「寅」からスタートする、「庚」は「巳」からスタートする、「壬」は「申」からスタートする、この四か所のスタート地点が「生」だと記憶しておけば、すべての「十二運」を表出できます。

＊実質的には、あともう一つ「生」〜「養」までの〝十二運名称〟も記憶する必要があります。例えば生まれ日が「甲」で、年支が「未」というような場合、「甲」のスタート地点である「亥」（小指「付根下」）は、十二運の「生」となっています。したがって、そこから始めて、左に一つ進んで「子＝浴（薬指「付根下」）」↓「丑＝冠（中指「付根下」）」↓「寅＝建（人差し指「付根下」）」上昇して↓「卯＝旺（人差し指「付根部分」）」↓「辰＝衰（人差し指「中間部分」）」↓「巳＝病（人差し指「指先部分」）」右に進んで↓「午＝死（中指「指先部分」）」↓「未＝墓（薬指「指先部分」）」となって、年支「未」の十二運は「墓」だということが解かります。

＊基本的に「陽干日」生まれは、目的の十二支まで順行し、「陰干日」生まれの場合は、陽干日の「死」まで辿り着いたら、そこを陰干の「生」と仮定し、その十二支を起点に逆行して求める支まで進めていくのが基本です。

＊もし「乙」日生まれなら、「甲」日と同じく「亥＝生」からスタートして「午＝死」に達し、そこを「乙」日の「生」に観立て「午＝生」↓「巳＝浴」↓「辰＝冠」↓「卯＝建」…と今度は逆行して各十二支を下っていくのです。或いは「丁」日生まれなら、「丙」日と同じく「寅＝生」からスタートして「酉＝死」に達し、そこを「丁」日の「生」に観立て逆行開始して十二支を求めます。「辛・己」日生まれなら、「庚」日と同じく「巳＝生」か

らスタートして「子＝死」に達し、そこを「辛・己」日の「生」に観立て逆行開始して十二支を求めます。「癸」日生れなら、「壬」日と同じく「申＝生」からスタートして「卯＝死」に達し、そこを「癸」日の「生」に観立て逆行開始して十二支を求めるのです。

＊このような手指を用いて「架空の十二支表」を作成するやり方は、日本では滅多に実占する人を見掛けませんが、中華圏の推命家や占星家はプロらしい素早さで器用に使いこなす人が多いものです。近年はコンピュータ・ソフトで生年月日時を打ち込んだだけで記入され出て来る用紙もありますが、最初からソフトで慣れてしまうと実占的な〝事象判断〟の勘がいつまでも養われにくいものです。

＊十二運の順序である「生」↓「浴」↓「冠」↓「建」↓「旺」↓「衰」↓「病」↓「死」↓「墓」↓「絶」↓「胎」↓「養」の十二文字は特別難しい文字も無く、すべて一文字なので何回か繰り返し呪文のように唱えていれば自然に憶えてしまいます。

●「旺衰十二運」の具体的な意味と役割

【生】——日柱の場合、「丙寅」「戊寅」「丁酉」「壬申」「癸卯」——

＊原意——「出生」や「誕生」の意で、周囲の期待を受けて〝大切に育てられ〟目標を達成する人生を歩みます。

＊性質——依頼心が強く、プライドが高く、研究心の旺盛な性質です。オシャレで身だしなみに気を遣います。何事にも素直なので、目上との関係は良好です。責任感強く、失敗や挫折に弱い弱点があります。

＊運命――新しいことや初めての記録で脚光を浴びます。名誉運を持ち、若々しい外見を晩年まで保ちます。
年柱なら先祖・両親の恩恵があり、月柱なら引立て運で成功し、時柱なら子孫との関係が良好です。
＊相性――十二運では「旺」運や「墓」運の人と相性が良く、「胎」運や「病」運の人とは相性が良くありません。
＊結婚――日柱にあれば、良好な結婚運の持ち主です。年長者や将来性のある人と結ばれる暗示があります。
＊健康――消化器系と呼吸器系に弱点があります。女性は婦人科系に弱点があって生理不順となりがちです。
＊幸運――同じ「生」運でも、「乙→午」、「丙→寅」、「丁→酉」、「辛→子」、「癸→卯」が幸運な生まれの干支配合。

【浴】――日柱の場合、「甲子」「乙巳」「庚午」「辛亥」「己亥」――

＊原意――「沐浴」が本来の名称で、前世の垢を落として髪や身体を洗い流し、再出発を始める意があります。
＊性質――万事に飽きやすく迷いやすい反面、好奇心旺盛な性質です。感情や気分で行動しやすいようです。
流行には敏感で、時流に乗った分野に才能があります。異性関係にだらしのない弱点があります。
＊運命――人気稼業や異性相手の接客業には向いています。移動運を持ち、環境面は変化しやすいようです。
年柱なら幼い頃の環境に変化多く、月柱なら転職しやすく、時柱なら住居に落ち着きがありません。
＊相性――十二運では「衰」運や「絶」運の人と相性が良く、「死」運や「建」運の人とは相性が良くありません。
＊結婚――日柱にあれば、波乱に満ちた恋愛・結婚運です。遠方の人や再婚の人と結ばれる暗示があります。
＊健康――皮膚・アレルギー関連と胃腸に弱点があります。女性は妊娠しても流産や堕胎をしやすいようです。
＊幸運――同じ「浴」運でも、「丙→卯」、「庚→午」、「己→亥」、「辛→亥」、「壬→酉」が幸運な生まれの干支配合。

【冠】――日柱の場合、「丙辰」「戊辰」「丁未」「壬戌」「癸丑」――

＊原意――「冠帯」という元服儀礼の意で、将来的に〝名誉や地位を与えられる〟人生上の第一ステップです。

＊性質――外面が良く、虚栄心が強く、エネルギッシュな性質です。闘争心に燃え活躍する範囲を拡大します。

粘り強く、努力を怠らないので、社会的に成功します。衝突が多く、敵が出やすい弱点があります。

＊運命――華やかな舞台で活躍するチャンスが生まれます。部下・後輩運に恵まれ野望の大きい方が成功します。

年柱なら血統の良い生まれで、月柱なら独立して後に成功し、時柱なら優秀な子供が授かります。

＊相性――十二運では「病」運や「胎」運の人と相性が良く、「墓」運や「生」運の人とは相性が良くありません。

＊結婚――日柱にあれば、恵まれた結婚運の持ち主です。我儘を聞いてくれる人を射止める暗示があります。

＊健康――消化器系と神経系に弱点があります。グルメな食生活やお酒が続くと肝臓疾患を招きがちです。

＊幸運――同じ「冠」運でも、「甲↓丑」、「乙↓辰」、「丙↓辰」、「戊↓辰」、「辛↓戌」が幸運な生まれの干支配合。

【建】――日柱の場合、「甲寅」「乙卯」「庚申」「辛酉」「己酉」――

＊原意――「建禄」が本来の名称で、「臨官」とも呼ばれ〝宮殿的な意味合い〟で成功者として人生を歩みます。

＊性質――独立独歩で、自立心が強く、我が道を進んでいく性質です。融通性に欠けるが堅実で信頼されます。

現実を把握して、着実に実行していくタイプです。働き者ですが協調性が乏しい弱点があります。

＊運命――若くして独立し周囲を引っ張るリーダー型です。マイホーム、又は自社ビルで自分の城を築きます。

年柱なら硬い職業分野が良く、月柱なら親元を離れて成功し、時柱なら子供の援助を得られます。

＊相性――十二運では「死」運や「養」運の人と相性が良く、「浴」運や「絶」運の人とは相性が良くありません。
＊結婚――日柱にあれば、似たタイプと結婚をします。経済的に恵まれても衝突しやすい相手と結ばれます。
＊健康――疲れやすい体質で消化器系に弱点があります。中年以降は循環器系の病気にも注意を要します。
＊幸運――同じ「建」運でも、「甲↓寅」、「丙↓巳」、「丁↓午」、「己↓酉」、「壬↓亥」が幸運な生まれの干支配合。

【旺】――日柱の場合、「丙午」「戊午」「丁巳」「壬子」「癸亥」――

＊原意――「帝旺」が本来の名称で、元々は〝天上の神々〟の意で、祖霊を祭らねばならない立場を意味します。
＊性質――勝ち気で負けず嫌いであり、自己顕示欲の旺盛な性質です。外見的なものを気にする性質です。
自信家で行動力があり、気性の激しいタイプです。妥協性に乏しく、お世辞に弱い弱点があります。
＊運命――先祖祭祀を欠かさず神々を祭れば成功します。出世運を持ち、官公庁や大企業で手腕を発揮します。
年柱なら若くして親元を離れ、月柱なら野心家で成敗が激しく、時柱なら優秀な子に恵まれます。
＊相性――十二運では「生」運や「墓」運の人と相性が良く、「胎」運や「冠」運の人とは相性が良くありません。
＊結婚――日柱にあれば、女性は結婚運の乏しい命です。男女ともに家庭内で孤立しやすい暗示があります。
＊健康――心臓病と血圧異常に注意が必要です。腎臓病や泌尿器系も弱点があって中年以降に要注意です。
＊幸運――同じ「旺」運でも、「甲↓卯」、「乙↓寅」、「辛↓申」、「戊↓午」、「丙↓午」が幸運な生まれの干支配合。

【衰】――日柱の場合、「甲辰」「乙丑」「己未」「庚戌」「辛未」――

＊原意――「衰」は「衰退」の意で、人生の絶頂期を過ぎ〝心身共に安定を求めて〟保守的な人生を歩みます。

＊性質――慎重で気を遣い、目上に従順で、本心を見せない性質です。個性が目立たぬように振る舞います。多少理屈っぽい面もあり、物事の判断は冷静です。理性的で、華やかさに乏しい弱点があります。

＊運命――「虚」から「実」へ切り替え時に重要視されます。安定運を持ち、保守的な姿勢を晩年まで保ちます。年柱なら家系の衰退期に生まれ、月柱なら堅実な人生を択び、時柱なら晩年の持病に要注意です。

＊相性――十二運では「浴」運や「絶」運の人と相性が良く、「養」運や「死」運の人とは相性が良くありません。

＊結婚――日柱にあれば、晩婚の方が良い結婚をします。相性的に合わない相手と結ばれる暗示があります。

＊健康――頭部の疾患と呼吸器系に弱点があります。咽喉など呼吸器系は持病となりやすく注意が必要です。

＊幸運――同じ「衰」運でも、「甲↓辰」、「庚↓戌」、「辛↓未」、「乙↓丑」、「癸↓戌」が幸運な生まれの干支配合。

【病】――日柱の場合、「丙申」「戊申」「丁卯」「壬寅」「癸酉」――

＊原意――文字通り「病気」の意で、入院している状態で〝空想が働き〟夢や理想が分散する人生を歩みます。

＊性質――想像力が逞しく、美意識が強く、感受性の豊かな性質です。ロマンチストで理想の世界を夢見ます。社交性もあり、勘も良いので交際面は良好です。感情に走りやすく、衝動的に動く弱点があります。

＊運命――非現実的で幻想的な世界では脚光を浴びます。身体は弱く、夢や理想が遠のくと体調を崩します。年柱なら幼少時に環境変化し、月柱なら経済的な問題が多く、時柱なら晩年の環境が不安定です。

＊相性――十二運では「胎」運や「冠」運の人と相性が良く、「生」運や「旺」運の人とは相性が良くありません。
＊結婚――日柱にあれば、献身的で尽くす型の結婚となりがちです。病気持ちの人と結ばれる暗示があります。
＊健康――肥満が病気に結び付きやすい弱点があります。家系的な遺伝性疾患や持病の悪化に要注意です。
＊幸運――同じ「病」運でも、「乙↓子」、「丙↓申」、「丁↓卯」、「庚↓亥」、「壬↓寅」が幸運な生まれの干支配合。

【死】――日柱の場合、「甲午」「乙亥」「庚子」「辛巳」「己巳」――

＊原意――文字通り「死亡」の意で、すべて一時的に停止され〝静寂世界〟から生まれ変っていく人生を歩みます。
＊性質――諦観的な意識が強く、流れるまま、環境変化に従う性質です。新たな自分を発見すると変身します。
独特のユーモアを持ち、癒しの素質を持ちます。受け身の社交性があり、逃避的な弱点があります。
＊運命――過去を捨て、生まれ変わることで脚光を浴びます。家系的な絆を逃れて、自由な老後を望みます。
年柱なら先祖・両親の縁が薄く、月柱なら畑違いの仕事に挑み、時柱なら子孫の関わりは希薄です。
＊相性――十二運では「建」運や「養」運の人と相性が良く、「浴」運や「衰」運の人とは相性が良くありません。
＊結婚――日柱にあれば、空虚な結婚運の持ち主です。日常会話の減っていく人と結ばれる暗示があります。
＊健康――家系的な遺伝的疾患と眼病に弱点があります。何の前触れもなく突然、死に至る病を発症します。
＊幸運――同じ「死」運でも、「甲↓午」、「乙↓亥」、「丁↓寅」、「辛↓巳」、「癸↓申」が幸運な生まれの干支配合。

【墓】——日柱の場合、「丙戌」「戊戌」「丁丑」「壬辰」「癸未」——

＊原意——「墓庫」が本来の名称で、貴族の大規模な〝埋葬儀式〟の意で、何かと収蔵物の多い人生を歩みます。

＊性質——信仰心が強く、凝《こ》り性であり、探求心の旺盛な性質です。血統を重視し、墓や宗教を存続させます。何事にも慎重なので、急激な変化は望みません。忍耐強いが、時代の変化に脆い弱点があります。

＊運命——古の伝統を復活させることで脚光を浴びます。相続運を持ち、現役後も部下・後輩から慕われます。年柱なら没落した家系に縁があり、月柱なら不動産で成功し、時柱なら子孫との関係は希薄です。

＊相性——十二運では「卯」運や「生」運の人と相性が良く、「冠」運や「胎」運の人とは相性が良くありません。

＊結婚——日柱にあれば、晩婚型、又は再婚型となりがちです。貯蓄心の強い人と結ばれる暗示があります。

＊健康——遺伝的要素の強い病気に縁があります。また中年後は糖尿病や泌尿器系の疾患にも要注意です。

＊幸運——同じ「墓」運でも、「甲↓未」、「丙↓戌」、「戊↓戌」、「辛↓辰」、「壬↓辰」が幸運な生まれの干支配合。

【絶】——日柱の場合、「甲申」「乙酉」「庚寅」「辛卯」「己卯」——

＊原意——文字通り「絶命」の意で、いったん現世を離れ〝肉体と隔絶される〟霊界修行として人生を歩みます。

＊性質——衝動性が強く、持続力に欠け、閃《ひらめ》きで勝負する性質です。体形・体調一定せず、変化の多い暮らしです。誰とでも仲良くなれて、交際範囲は広くなります。取り越し苦労が多く、迷いやすい弱点があります。

＊運命——親元や故郷や本業を離れてから幸運を掴《つか》みます。移動運を持ち、公私共一か所に落ち着けません。年柱なら親や故郷に縁がなく、月柱なら何が本職か判らず、時柱なら晩年が孤独になりがちです。

＊相性――十二運では「衰」運や「浴」運の人と相性が良く、「建」運や「死」運の人とは相性が良くありません。
＊結婚――日柱にあれば、変化が多い結婚運の持ち主です。遠方の人や外国人と結ばれる暗示があります。
＊健康――ホルモン・バランスや循環器系に弱点があります。極端に太り出すとか痩せ始めるのは要注意です。
＊幸運――同じ「絶」運でも、「丙↓亥」、「丁↓子」、「戊↓亥」、「壬↓巳」、「乙↓酉」が幸運な生まれの干支配合。

【胎】――日柱の場合、「丙子」「戊子」「丁亥」「壬午」「癸巳」――

＊原意――文字通り「受胎」の意で、母親子宮内に宿り〝生命として肉体化して〟舟を漕ぎだす人生を歩みます。
＊性質――気が変わりやすく、好奇心旺盛で、多芸多才な性質です。常に誰か頼りになる相手を必要とします。
素直で吸収が早く、環境への順応性は抜群です。信念に乏しく、物事にルーズな弱点があります。
＊運命――未完成の分野とか発展途上領域で才能を発揮します。愛情運は強く、いつまでも恋愛し続けます。
年柱なら幼少期に問題が生じやすく、月柱なら転職で成功し、時柱なら子孫が増える可能性大です。
＊相性――十二運では「病」運や「冠」運の人と相性が良く、「旺」運や「墓」運の人とは相性が良くありません。
＊結婚――日柱にあれば、不安定な結婚運の持ち主です。多く「出来ちゃった婚」で結ばれる暗示があります。
＊健康――俗に云う「癌体質」で腫瘍が生じやすい弱点があります。女性は婦人科系で子宮筋腫に注意です。
＊幸運――同じ「胎」運でも、「甲↓酉」、「辛↓寅」、「丙↓子」、「丁↓亥」、「癸↓巳」が幸運な生まれの干支配合。

【養】――日柱の場合、「甲戌」「庚辰」「乙未」「辛丑」「己丑」――

＊原意――元々は「羊水」の意と思われ、胎児・出産を手助けする〝羊水に守られ〟保護された人生を歩みます。

＊性質――全てに無邪気で受け身なところを持ち、甘えん坊タイプです。誰からも嫌われない得な性質です。大らかでユーモアもあり、目上との関係は良好です。意志が弱くて、努力を嫌がる弱点があります。

＊運命――独特の雰囲気を持っていて人気に恵まれます。「養子」としての養育・結婚のケースもあり得ます。年柱なら養子・片親の可能性もあり、月柱なら寵愛されて成功し、時柱なら子供達から愛されます。

＊相性――十二運では「死」運や「建」運の人と相性が良く、「衰」運や「浴」運の人とは相性が良くありません。

＊結婚――日柱にあれば、親同居型の結婚運の持ち主です。遺産相続運を持つ人と結ばれる暗示があります。

＊健康――運動不足からの諸病と肝臓に弱点があります。女性は妊娠しやすい体質なので注意が必要です。

＊幸運――同じ「養」運でも、「乙→未」、「戊→丑」、「甲→戌」、「己→丑」、「癸→辰」が幸運な生まれの干支配合。

●「十二運」のもう一つの判断法

日本の「四柱推命」の〝最大の弱点〟は、日干の強弱を知るために「十二運」を用いてしまったことなのですが、その一方で、中華圏にはない〝独自の判断方法〟を産み出した点も見逃してはなりません。

その一つは「通変」とセットにしての〝運命判断〟であり、もう一つは「日干支」を基にした〝性格判断〟でした。ところが、「通変」とセットにしての〝運命判断〟は四柱八字としての〝命式全体の組み合わせ〟を無視することにつながりやすく、当然のことながら当たり外れが生じやすいのです。

「日干支」を基にした〝性格判断〟の方も、事実上、「月令」による〝五段階の強弱〟とか、「蔵干」から透出した〝「通変」による性質〟などを無視することになりやすく、偏りを生じ易い結果となりやすいものです。「十二運」そのものだけで考えても、命式上に表出される「十二運」は、実際には「年支」「月支」「日支」「時支」の四か所あって、それらが〝どう組み合わさっているのか〟も重要な観点なのです。

ところが推命学の教科書に、その〝組み合わせの捉え方〟について論究した教科書は一冊もありません。

そこで、ここではそういう「十二運」の全体的な観方、考え方について、記してみたいと思います。

まず、考えなければいけないのは、〝強弱論的な観方〟についてです。例えば、「算命学」の方では「十二運」に対して「エネルギー指数」のようなものを定めています。各十二運の「数値」は次のようになります。

★「生＝9」「浴＝7」「冠＝10」「建＝11」「旺＝12」「衰＝8」「病＝4」「死＝2」「墓＝5」「絶＝1」「胎＝3」「養＝6」

これは一見、日干の〝強弱〟を計るのに有効であるかのような印象を与えますが、同じ五行でも「陽干」と「陰干」とでは〝十二運の進み方〟が逆なので、五行の生剋が一致していないのです。したがって、この「エネルギー指数」をそのまま用いると、総じて「陽干」生日の方は強弱が大体適合していますが、「陰干」生日の方は強弱が適合せず、五行理論そのものを無視した数値となってしまうのです。

この指数を、もし日干の強弱に用いるのであれば、陽干はそのままでも良いけれども、陰干の方は〝新たな基準〟を作り直す必要性があります。つまり、陽干日生まれと陰干日生まれをこの数値のまま〝同じ土俵〟に載せてはいけないのです。

実は「十二運」には、いくつかの重要な事実があります。

例えば、どの出生日でも、必ず、十二運の「建」と「旺」の部分は、「月令」で云えば「旺令」に当たる十二支となっています（厳密に言えば、「土」行日生まれは別）。

それ故に、陽干日生まれは、十二運が「建」「旺」「衰」と揃うと、出生日五行の〝方合する三支〟を得ることになり、「生」「旺」「墓」と揃うと、出生日五行の〝三合する三支〟を得ることになります。また、「絶」「胎」「養」と揃うと、出生日五行が相剋される〝方合三支〟を得てしまうことになり、「病」「胎」「冠」が揃うと、相剋される〝三合三支〟を得てしまうことになります。

一方、陰干日生まれの方は、十二運が「冠」「建」「旺」と揃うと、出生日五行の〝方合する三支〟を得ることになり、「養」「建」「死」と揃うと、出生日五行の〝三合する三支〟を得ることになります。また、「墓」「絶」「胎」と揃うと、出生日五行が相剋される〝方合三支〟を得てしまうことになり、「浴」「衰」「絶」が揃うと、相剋される〝三合三支〟を得てしまうことになります（厳密に言えば、「金」行日生まれなどは別）。

これらの法則を利用することにより、〝日干に対する全体的な強弱〟を知ることが出来るだけでなく、それぞれの十二運が揃った場合の〝固有の特徴〟を探り出すことが可能になるものと思われます。一般的には、十二支の「三合」や「方合」が揃っているのは、その五行が「日干」だけでなく、他の「天干」や「月支蔵干」に存在している場合は、社会に打って出る力が強く、その「五行」や「通変」が表している分野での成功を招きやすいと言われています。逆に、その五行が「日干」にも「天干」や「月支蔵干」にも見当たらなければ、優れた素質・能力を持ちながらも、世の中に打って出るチャンスが授けられにくいものです。

また、実質的に十二支の「方合」や「三合」となっている場合、日干との同一五行なら格局の「従旺格」とか「一行得気格」が成立する可能性も高く、日干以外の「天干」との同一五行なら「棄命従児格」「棄命従財格」「棄命従殺格」「棄命従勢格」が成立する可能性も高いものです。そういう意味では、陽干日の「生」「浴」「冠」の十二運、及び「病」「死」「墓」の十二運は「従格」側の「方合」の組み合わせであり、陰干日の「養」「生」「浴」の十二運、及び「衰」「病」「死」の十二運も「従格」側の「方合」の組み合わせです。これらも含めて関連ある〝三つの十二運〟が表出しているのは見逃せない命式なのです。

十二支の「方合」や「三合」は、二支だけが存在していて〝もう一支〟が加われば「方合」や「三合」が成立する、というケースも多いものです。このような場合、「年運」として〝もう一支〟が廻って来ることによって「方合」や「三合」が一時的に成立し、その年のみ「特殊格局」が成立して〝異様なほど社会に押し出される年〟がやって来ることもあります。但し、その年が過ぎると〝世間的需要は一気に失われてしまう〟のが特徴です。

どの十干出生日であっても、十二運の「冠」「衰」「墓」「養」の四つは〝「土」の十二支〟となるので、これらの十二運が多くみられる命式は、「後継者・相続運」や「不動産運」を備えているケースが多く、粘り強くチャンスを窺《うかが》う人の命と観ることが出来ます。一気に伸びていく運勢とは言えませんが、地味に着実に実績を積み重ね、周囲からの信用を高めて、徐々に力量を発揮していくのが特徴です。四柱八字の組み合わせによっては、先天的に「家庭運」に問題を持っていて、〝身内が次々喪われてしまう命式〟となるケースや、〝実の親・兄弟と離れ離れとなりやすい命式〟となるケースも見受けられます。

一つの十二運だけが、三つも四つも出現している命式も稀にあります。当然、同じ「十二運」が三つも四つも出現するのは意味のあることで、まずは、その十二運としての意味合いが強まります。特に「月支」と「日支」の両方に同一の十二運が表出するのは、これまで記して来た「十二運」としての性質や運命が、強く示唆されていることになります。さらにもう一つ、その十二運が暗示している年代、つまり「生」〇〜十歳、「浴」十〜二十歳、「冠」二十〜三十歳、「建」三十〜四十歳、「旺」四十〜五十歳、「衰」五十〜六十歳、「病」六十〜七十歳、「死」七十〜八十歳……それ以外は〝前世的な年代〟が、運命に強く関わっていることを示唆していると考えられます。

五行の「生・剋」という観点から、改めて「十二運」を捉え直すと、「木」「火」「水」出生日は比較的〝十二運的事象と五行の生・剋〟に矛盾点が少なく、「土」「金」出生日は〝十二運的事象と五行の生・剋〟に矛盾点が多いと感じられます。したがって、「生・剋」の面だけから云うなら、「木」「火」「水」出生日に出現した「十二運」の方が、「土」「金」出生日に出現した「十二運」よりも信じられる面が多いよう感じられます。

なお、「十二運」を物差しとして「年運」や「月運」の占断をしている日本の実占家は少なくないのですが、元々単独で判断する指標として作られたものではないので、「十二年間」や「十二か月間」の〝全体的な運気の流れ〟として把握し、応用するなら良いと思いますが、その場合でも「地支」としての〝季節作用〟〝五行作用〟〝蔵干作用〟〝位相作用〟も踏まえた上で応用するのが〝正しい観方〟だと理解してください。

あとがき

私が本書執筆の上で何よりも心掛けたのは、日本人にしか書けない内容の本格的な推命学書で、総合的に理解しやすく、後進の若い人達にとって実際に役立つ本でありたい、というのが一番の願いでした。その願いが達せられているかどうか、読まれた方達の反響を待つしかありません。

これまで比較的一気に一冊の書物を書く私としては、今回は書き上げるのに予想以上に時間が掛かってしまいました。多数の史料を駆使し、歴史的なタブーにも挑戦している本書は、考古学者や歴史学者が読んでも、それなりに得るものを含んでいる可能性はあります。ただ、それらを含めて、いかにわかりやすく、興味深く、どこまで掘り下げるか、そのギリギリの接点を探るのが難しかったのです。

純粋に「占いの本」とすべきか、それとも「歴史ミステリーを含む謎解き」とするか、そこでも悩みながらペンを進めました。占いの結果だけを重視する人たちからすれば、前半部分は余分なことを書きすぎているかもしれません。

けれど自分自身が読みたいと思う占いの書物を選択するとき、求めることの一つが〝血の通っている本〟であり、筆者の占いに対する情熱や息遣いのようなものが感じられなければ、特にページ数の多い本は読み切るのが難しいものです。そういう良質の本にしたいとの想いから、さまざまな箇所に〝新鮮な驚き〟を加えて、飽きずに読んでもらえることを念頭に置きました。

こういう本の理解には実例命式が不可欠ですが、実質的に本書はページ数の関係もあってあまり載せることが出来ませんでした。その代わり、実占に不可欠な実際の判断方法を多角的に記して、実用性重視の教科書ともなっています。そのうち機会があれば、多数の実例命式と、具体的な項目別の判断について、一冊の本にまとめたい考えを持っています。

本書内でも触れましたが、複雑な組み立てを持っている「子平術」としての推命学は、順序良く学ばないと方向性を失い、迷路の中を進んでいく〝迷子の研究者〟となりがちなものです。そうならないためにも、推命学の根本的な原材料である「干支暦」「十干・十二支」「蔵干」「月令」「強・弱」「通変」「格局」「用神」「神殺」について、他の推命学書とは違った角度から徹底的に解説しました。

私はこれまで、さまざまな占い分野の本を手掛けて来ました。西洋式手相を書き、西洋占星学を書き、風水家相を書き、心易占を書き、古代エジプト占法を書き、和式手相を書き、今また四柱推命を書いて、正に古今東西の占術を〝波木流〟で味付けしながら、読者に提供してきました。多分、古今東西の占術を吸収・消化して、現代的な視点から蘇らすのは、日本人がもっとも適しているだろうと思うからです。

一つには日本人が先天的に持っている〝客観的で公正な視点と理解力〟が、他の民族よりも優れているからです。そういう意味では、他の分野に比べて、今一つきちんと吸収・消化しきれず、中華圏の研究に後れを取っているのが「四柱推命」の分野なのです。

本書を土台として、五百年も前の『滴天髄』に縋《すが》ることなく、これまでの中華圏にはない、日本式ともいうべき〝完成された子平術〟が誕生していくことを筆者として願わずにはいられません。

■主要参考文献一覧

『暦の漢字学』水上静夫　雄山閣出版
『よみがえる文字と呪術の帝国』平勢隆郎　中公新書
『甲骨文字と商代の信仰』陳捷　京都大学学術出版会
『中国占星術の世界』橋本敬造　東方書店
『中国天文・暦学と星占学』西澤宥綜　五立命学会
『密教占星術』矢野道雄　東京美術
『陰陽五行説』根本光人監修　薬業時報社
『古代中国の文化』白川静　講談社
『古代中国 天命と青銅器』小南一郎　京都大学学術出版会
『中国古代文明の謎』工藤元男　光文社
『淵海子平』徐升撰　竹林書局
『窮通宝鑑』余春台編著　育林出版社
『子平眞詮』沈孝瞻撰　集文書局
『三命奇談「滴天髄」』阿藤秀夫　中国五術研究発展協会
『星平会海全書』水中龍撰　竹林書局
『命理通鑑』尤達人　上海印書館
『命理探源』袁樹珊編著　香港潤徳書局
『命学講義』韋千里　大衆書局
『滴天命理新論』張紹金　聚賢館
『完全定本四柱推命大全』鍾進添　河出書房新社
『子平推命基礎大全』梁湘潤　太玄社
『最新四柱推命理論』陽史明　遊タイム出版
『中国推命術』中井瑛祐　中尾書店
『十干占術』竹内一景　成星出版
『先天八字大占術』鮑黎明　サンデー社
『推命学の革新』朝田啓郷　日本推命学会
『四柱推命』林秀静　池田書店
『四柱推命・生れ日の神秘』徳田絢女　私家版
『女の四柱推命』槇玉淑　主婦と生活社
『桃花殺占い入門』青山白蘭　現代書林
『算命術精義』有山茜　東洋書院
『推命判断秘法』中村文聰　悠久書閣
『四柱推命の完全独習』三木照山　日本文芸社
『定本四柱推命大運勢』内田明道　フットワーク出版
『聖帝五龍占術』不二龍彦　学習研究社
『中国算命術』洪丕謨・姜玉珍　東方書店
『独学四柱推命』坂東荏土子　ＪＤＣ
『緯書と中国の神秘思想』安居香山　平河出版社
『四柱推命学講論』生田開山　私家版
『新推命学 上・下』増永篤彦　東洋書院

新装版《しんそうばん》 四《し》柱《ちゅう》推命《すいめい》の謎《なぞ》と真実《しんじつ》

2021年11月10日　初版第1刷発行
2023年 1月25日　初版第2刷発行

著　　者　波木星龍
発 行 者　堀本敏雄
発　　行　八幡書店
東京都品川区平塚2-1-16 KKビル5F
TEL：03-3785-0881　FAX：03-3785-0882
印刷・製本　イシダ印刷

装　　幀　齋藤視倭子

ISBN978-4-89350-853-9 C0076 ¥2800E